MUNDO EM COLAPSO

pessoas em declínio absoluto

CB015134

Editora Appris Ltda.
1.ª Edição - Copyright© 2023 do autor
Direitos de Edição Reservados à Editora Appris Ltda.

Nenhuma parte desta obra poderá ser utilizada indevidamente, sem estar de acordo com a Lei nº 9.610/98. Se incorreções forem encontradas, serão de exclusiva responsabilidade de seus organizadores. Foi realizado o Depósito Legal na Fundação Biblioteca Nacional, de acordo com as Leis nos 10.994, de 14/12/2004, e 12.192, de 14/01/2010.

Catalogação na Fonte
Elaborado por: Josefina A. S. Guedes
Bibliotecária CRB 9/870

Oliveira, Divino Antônio de
O482m Mundo em colapso : pessoas em declínio absoluto / Divino Antônio
2023 de Oliveira. - 1 ed. - Curitiba : Appris, 2023.
232 p. ; 23 cm.

ISBN 978-65-250-5313-4

1. Deus. 2. Sabedoria. 3. Família. I. Título.

CDD - 231

Appris editora

Editora e Livraria Appris Ltda.
Av. Manoel Ribas, 2265 - Mercês
Curitiba/PR - CEP: 80810-002
Tel. (41) 3156 - 4731
www.editoraappris.com.br

Printed in Brazil
Impresso no Brasil

Divino Antônio de Oliveira

MUNDO EM COLAPSO

pessoas em declínio absoluto

Appris editora

FICHA TÉCNICA

EDITORIAL	Augusto Coelho Sara C. de Andrade Coelho
COMITÊ EDITORIAL	Marli Caetano Andréa Barbosa Gouveia (UFPR) Jacques de Lima Ferreira (UP) Marilda Aparecida Behrens (PUCPR) Ana El Achkar (UNIVERSO/RJ) Conrado Moreira Mendes (PUC-MG) Eliete Correia dos Santos (UEPB) Fabiano Santos (UERJ/IESP) Francinete Fernandes de Sousa (UEPB) Francisco Carlos Duarte (PUCPR) Francisco de Assis (Fiam-Faam, SP, Brasil) Juliana Reichert Assunção Tonelli (UEL) Maria Aparecida Barbosa (USP) Maria Helena Zamora (PUC-Rio) Maria Margarida de Andrade (Umack) Roque Ismael da Costa Güllich (UFFS) Toni Reis (UFPR) Valdomiro de Oliveira (UFPR) Valério Brusamolin (IFPR)
DIAGRAMAÇÃO	Renata Cristina Lopes Miccelli
CAPA	Daniela Baumguertner

AGRADECIMENTOS

Agradeço primeiramente a Deus, que me preenche de forma espiritual, me dando direção e entendimentos para muitas coisas que não consigo entender sozinho. Agradeço muito à minha família, que sempre está ao meu lado. Junto deles, eu reafirmo meus princípios e acredito nos valores familiares, que precisam se manter firmes diante de situações em que ideologias vazias tentam tornar a família ultrapassada. Eu digo que a família é a única responsável que ainda segura o mundo para não desmoronar de vez.

APRESENTAÇÃO

O livro *Mundo em colapso: pessoas em declínio absoluto* é uma vertente da realidade que todos nós, seres humanos, estamos infelizmente vivendo nos dias atuais, por conta de várias situações que nós, as pessoas, fizemos acontecer de forma bem direta, e outras, que fomos permissivos pela omissão e o descaso por coisas que não eram para ser como estão, e acabaram se tornando grandes problemas que oprimem e destroem vidas. O livro retrata a grandiosidade do mundo e tudo que garante que a vida possa existir, mas, que está sendo transformado em uma terra de ninguém, por conta do desamor e da falta de cuidado das pessoas, que estão sufocando tudo que existe de bom no planeta, por meio dos abusos e desrespeitos.

Em especial, está a classe política, tendo em vista que a grande maioria está vendendo a alma para o diabo para conseguir ter o que tanto almejam por estar no poder e querer viver a todo custo seus sonhos absurdos, fazendo da corrupção a sua carreira política muito bem-sucedida mas, sem se preocupar se estão transformando o mundo em um inferno, em que a incompetência gera sofrimento para muitas pessoas. A arrogância tem transformado esses políticos em mafiosos muito poderosos e bem organizados, que se instalam no poder somente para atender a seus interesses pessoais, deixando muito a desejar em relação aos cuidados que o povo e o mundo tanto precisam.

O livro é um ponto de vista bem crítico sobre certos assuntos que estão retratados de forma bem acentuada e muito fácil de ser entendida. É também, uma sacudida, que pode levar até as pessoas o desejo de querer fazer algo melhor e mais consciente em prol de algumas melhorias que o planeta e nós, as pessoas, tanto precisamos em nossas vidas, para que, as próximas gerações, possam ainda ter o que viver.

O tema deste livro quer mostrar o quanto nós, as pessoas, temos deixado a desejar em relação à vida de um modo geral. Quando eu falo da vida, não me refiro somente à humana, mas sim, a tudo que é vivo e merece cuidado e bem mais respeito do que está tendo por parte de nós, seres inteligentes e dotados de condições para tornar a vida no planeta mais valorosa e respeitada. Ao contrário disso, estamos destruindo tudo que é significante para a vida, e fazemos isso de forma tão egoísta, que o interesse pelo bem financeiro está refletindo bem mais na vida das pessoas, do que o valor que torna a vida possível de existir tendo a simplicidade como fator de decisão, mas, que foi trocada pela arrogância, pelo egoísmo e pela frieza de amor. O livro é, sem dúvida, bem duro, direto, e quer ter com você uma reflexão mediante a falta de atitudes, por parte de muitos, que brincam com tudo de ruim que está acontecendo, não se importando com toda a situação que já é grave demais, e vem crescendo mais e mais ao longo dos dias.

O mundo está entrando em COLAPSO por decisões impensadas e absurdamente egoístas, por maior parte, daqueles estão no poder da máquina pública e fazem disso um palco de negócios para fins próprios. Quem tem mais poder dita as regras e atropelam vidas, criando situações tão preocupantes que fazem o mundo parecer uma enorme bomba, que está preste a explodir a qualquer momento.

A verdade é que estamos tendo que conviver em um mundo entrando em COLAPSO mais e mais a cada dia. E as pessoas estão brincando de vidas perfeitas, ostentando seus luxos, e tendo muitos descasos pelas coisas que são essenciais e mantêm a vida existindo. A grande vertente da realidade do mundo entrando em COLAPSO se faz tão bem definida, quando, as pessoas conseguem pensar fora da caixa e ver os acontecimentos não somente com os olhos, mas com o sentimento, que faz nossos corações ficarem apertados pelas injustiças que se apresentam como algo que devemos aceitar mesmo sendo mentiras empurradas goela a baixo. Isso é a maior prova de que tudo está muito ruim e desmoronando sobre nossas cabeças.

Este livro é na verdade, um grande convite a todas as pessoas que ainda acreditam em possíveis melhorias para o nosso planeta e suas vidas. É um pedido de socorro em prol daquilo que ainda devemos e podemos fazer de positivo, e que terá uma grande diferença no contexto do que iremos deixar para as gerações futuras. Por isso, tem que ser entendido como o grande propósito de querer fazer a diferença, de querer fazer algo agora, que consista em ajudar o que está tão destruído e pede socorro de forma desesperada. Este livro foi projetado e escrito com o objetivo maior de tentar tirar as pessoas de seus cômodos lugares, fazendo-as verem um pouco mais de perto com qual realidade devemos nos identificar, dentro de um cenário de tantas coisas erradas que nós fizemos acontecer diretamente, ou estamos contribuindo em seu crescimento e destruição de forma indireta, e sendo coniventes com a coisa toda, ajudando a destruir o planeta, cada pessoa ao seu jeito.

O livro retrata dentro da mesma concepção de possíveis melhorias, uma boa educação dos pais para seus filhos, as drogas como sendo a maior forma de escravidão e destruição que o homem já pôde experimentar em sua vida. Fala do desrespeito do homem por jogar lixo por toda a parte, e por não cuidar como deveria do meio ambiente, que está sendo contaminado com todo tipo de sujeira e morrendo mais a cada dia. Mostra o quanto o homem se deixou sucumbir pela corrupção que se alastrou por toda a humanidade, como se fosse uma doença incurável. Fala do amor ao próximo que parece não existir mais entre as pessoas, e da ganância tão ambiciosa por querer sempre mais, em que o poder e o dinheiro parecem ser a maior fé, que as pessoas conhecem como valor em seu propósito existencial.

Leia com atenção, e terá para sua vida um grande aprendizado, pois muitas colocações que estão apresentadas aqui, são para te deixar mais consciente da realidade que ofusca, mas, que não deixa de ser real. Quero lembrá-los também que *Mundo em colapso: pessoas em declínio absoluto* não é somente o título de um livro, é algo que precisamos entender que está acontecendo e pode destruir todos no planeta, de forma que muitos sinais da própria natureza, e alguns sistemas criados pelo próprio homem já apresentam um certo descontrole grave, e já mostram isso, melhor do que eu com minhas palavras.

Fiquem com Deus, e boa sorte em suas decisões para ajudar a fazer melhorias ou, continuar a destruir ainda mais o que resta de bom em nosso planeta.

Divino Antônio de Oliveira

Autor e escritor

SUMÁRIO

1

A SOCIEDADE PRECISA ACORDAR PARA REAGIR CONTRA O COLAPSO QUE ESTÁ VINDO EM NOSSA DIREÇÃO

O mundo, em sua imensa expressão de tamanho, forma, mistérios e belezas, está em sua totalidade passando pelo que podemos chamar de falência de múltiplas forças, ou pode se dizer com mais clareza que está entrando em COLAPSO total, declinando a raça humana e todo tipo de vida do planeta a viver sob uma pressão fundamentada por conceitos e mentiras, que descaracterizam a verdade e criam a ilusão e influências ideológicas com base em achismos e questões muito duvidosas, que envolvem a humanidade em um ciclo de incertezas tão grande que olhar para o mundo e não ver a sua decadência de forma muito clara é aceitar a própria destruição e não se importar com tudo de pior que está acontecendo. Tudo tem acontecido por meio de ideias manipuladoras de um tempo que irá se sucumbir mediante a aceitação e a complacência das pessoas e a conivência com o mal que se apodera da Terra e transforma a vida das pessoas em mentiras sendo contadas e aceitas como verdades.

O mundo está doente e declinando a raça humana, a um absoluto e verdadeiro, ciclo de extinção, por meio de ações estúpidas e gananciosas que o homem promove contra si mesmo, tendo como finalidade, o poder e o enriquecimento a todo custo, que faz tudo ser tão patético e desumano, considerando o preço que está sendo cobrado por tamanha irresponsabilidade de muitos que vivem em busca da riqueza e vaidade, criando um descompromisso nas pessoas pelo ciclo natural da vida e sua simplicidade, que muitos não reconhecem mais como sendo a raiz que sustenta o equilíbrio da vida em sua melhor condição para estar o mais próximo possível de Deus.

Olhar para toda a condição humana vivendo em um complexo e emaranhado processo de grandeza materialista, é o mesmo que subjugar o nosso fim e pensar ser alguém imortal, com base em querer ter tantos recursos financeiros além, do que de fato, precisa. Por conta disso, o mundo está se tornando caótico e insuportável, pois, a ganância do ser humano tem transformado tudo que existe de mais valoroso para a vida de um modo geral, em uma mera situação sem valor algum, fazendo do respeito, apenas mais uma formalidade qualquer, entre outras tantas.

Tudo de ruim que está acontecendo no mundo não é mais surpresa para ninguém. Se muitos ainda não se deram conta do tamanho do estrago existente precisam acordar e reagir de alguma forma, e isso deve acontecer rápido, para que todos possam se ater para uma realidade que está tão evidente, que todos os dias nos manda um resumo, de muitas formas possíveis, sobre os acontecimentos atuais, e do que ainda estar por vir contra a humanidade.

Todo o agravante do que estamos vivendo de ruim no mundo já vem sendo anunciado há tempos, mas, as pessoas parecem fingir não querer ver a realidade como de fato ela está acontecendo, e nem ouvir a verdade sobre os fatos, que são incontestáveis e definem muito bem que, um COLAPSO em nosso mundo, será algo muito natural, porque o homem está criando essa condição, que será inevitável, considerando nossas ações desrespeitosas e altamente destrutivas, que estão causando dentro do planeta um processo destrutivo tão avassalador que o COLAPSO será o resumo de todas as atrocidades promovidas pelas mãos de quem deveria estar cuidando e preservando ao máximo tudo que está ao seu alcance, para que tudo fosse contrário ao que estamos vendo acontecer de ruim, na prática.

Em teoria, muitos estão se dando muito bem e pensam até que são indestrutíveis e "imortais", olhando tudo acontecendo de cima, por conta de uma arrogante condição que foi criada por muitos, em que, ser superior a outros torna suas vidas tão diferentes da grande maioria, que esses pensam estar isentos da culpa e responsabilidade que precisa ser imputado para todos, e não somente para os mais fracos, que acabam sendo responsabilizados pelas sujeiras que a elite faz, e que nunca assumem a verdadeira responsabilidade pelos atos desumanos mas, muito lucrativos para eles.

Só não vê o tamanho do problema que temos nas mãos para ser resolvido quem realmente não quer se comprometer com a verdade que precisa ser falada e também recebida de forma realista. Pensar em tudo que está acontecendo, pode ser o começo de uma reação em que haja um melhor discernimento sob todos os acontecimentos, e quem sabe, obter um pouco mais de respeito e mais responsabilidade para com seus atos, que até então, eram sem noção, fazendo dessas pessoas, destruidores em potencial de um mundo que não suporta mais tantas ações destrutivas.

A grande questão é que muitas pessoas preferem continuar vivendo de mentiras e alimentando suas ilusões e seus vícios diversos, que alucinam e tornam a realidade uma mera condição em que estar chapado de alguma forma, parece ser uma opção que muitos escolhem para ter uma fuga do mundo real, não querendo entender, nem acreditar, que a nossa realidade esteja tão ruim assim, não se importando com nada disso que está sendo falado aqui. Essas pessoas não querem olhar de cara limpa para os muitos problemas existentes que precisam ser resolvidos. Mas, será que mediante a tudo de ruim que temos para viver, a melhor saída é ignorar os fatos inerentes do descaso de tantos, e seguir em frente apenas pensando nos prazeres momentâneos, como sendo para esses, o escape que os faz acreditar, que do jeito que tudo está acontecendo no mundo, para eles, não faz muita diferença? Eu digo que, se você está vivo(a), ainda tem solução para você também! Conforme o mundo precisa de ajuda, nós também precisamos em determinados momentos. Tudo que precisa acontecer em primeira mão, é saber qual decisão a pessoa quer de fato tomar em relação à sua vida e ao mundo, que é o chão que ela pisa e o ar que ela respira. Para ambos os casos, um compõe o outro.

Quando nos damos conta da realidade tão ruim em que estamos vivendo, podemos partir desse ponto e nos tornarmos diferentes de alguma forma, se essa for realmente a decisão verdadeira, muito pode ser feito em prol de várias melhorias, começando pela vida da própria pessoa. Com o mundo precisamos ter a mesma decisão, ou nos levantamos contra a destruição generalizada, ou continuamos fingindo que não estamos vendo tudo acontecendo e participamos do crescimento do COLAPSO, sem querer assumir a culpa, que de uma forma ou de outra, já está definida como nossa também.

Muitas pessoas vivem suas vidas fingindo uns para os outros que estão bem e que vivem felizes, mas, na verdade, as coisas não são bem assim. Muitos que vivem de fingimento estão com vários problemas, mas, preferem a mentira a ter que encarar a realidade e enfrentar seus demônios e libertar-se deles. O que se passa com o mundo é exatamente o que se passa na vida dessas pessoas.

As pessoas estão levando a coisa toda no fingimento e na brincadeira, não estão respeitando os tantos sinais e condições que mostram claramente o tamanho do problema que existe, e que é de todos nós. Fingir que isso não é com você também é uma grande mentira! Todos estamos dentro do mesmo planeta e vivendo o mesmo problema que não vai se resolver sozinho, os muitos sofrimentos estão por toda parte, mas, muitos preferem fingir que estão fazendo o certo, aquilo que é preciso para que tudo não se desgrace de vez mas, na verdade, não fazem nada direito, e tudo que estão tentando mostrar são mentiras e mais mentiras, que só tornam tudo ainda pior, pois, além de não fazerem nada direito, ainda criam a ilusão para outros que também decidem fazer do mesmo jeito, ou seja, nada.

As pessoas precisam deixar de ser mesmices, vivem se copiando, e o pior nisso tudo é que estão copiando mais o que não presta do que os bons exemplos a serem seguidos. Pessoas assim vivem de mentiras e estão maquiando uma realidade que não suporta mais tantos maus-tratos em diversas ordens. Não respeitam o sofrimento e a dor que causam nas pessoas, e muitos não entendem que o comodismo e a falta de consciência estão tornando tudo que conhecemos e gostamos tanto, em um risco total de extinção da espécie humana, que por consequência destrói também outros tipos de vidas existentes.

A verdade é que estamos destruindo o mundo, e comemoramos vitórias por coisas banais que conquistamos sem ter a devida consciência do que de fato estamos fazendo para obter sucesso na vida. As pessoas estão tratando seu semelhante e os lugares em que vivem de forma muito irresponsável e sem amor, fazendo dos direitos, da liberdade e da privacidade, em todos os sentidos, como se fossem uma relação, em que somente uma das partes envolvidas pode ter o direito de falar, ou viver bem, sob o efeito do poder apresentado e ostentado pelo dinheiro, ou pelo abuso de poder, que torna as pessoas em monstros sem precedentes, que usam disso para impor sob os outros, uma condição que pareça torná-los seres de outra espécie, em que o lado humano deixa de existir, mostrando de fato no que as pessoas podem se transformar quando perdem a noção da realidade de quem de fato deveriam ser.

2

O PODER POLÍTICO MANIPULA AS PESSOAS E TORNA O MUNDO DOENTE

Somos um grande número de pessoas pelo mundo vivendo cada um o seu tempo, e ninguém pode decidir pelo outro como viver sua vida. A questão é que muitos momentos dentro de cada tempo, têm tornando o planeta um lugar tão ameaçado pela destruição generalizada, em que os mais "espertos" e poderosos se beneficiam como querem, se apoderando do que precisam, e também do que não precisam, mas, querem acumular ainda mais as suas riquezas, deixando pessoas e lugares sem recursos necessários que permitam sua existência de forma digna e próspera.

Muitas pessoas estão na verdade, aniquilando certos lugares, e também pessoas, para conseguirem o que querem e pronto. Depois de fazerem isso, estão deixando somente o resto, o que literalmente sobra, para as classes inferiores e para natureza, somente lixo ou morte como herança de um poder destruidor e sem limites imposto pelo homem e sua insaciável ganância. Eles, a classe superior, em grande parte, se deleita há tempos com o que há de melhor no mundo, não se importando nem um pouco com aqueles que não têm muitas vezes comida para alimentar seus filhos, ou lugar para morar com decência. Isso não se trata somente de desigualdade, mas, de muita injustiça e abusos de diversas formas, em que poucos se apoderam do muito, e a grande maioria fica com tão pouco que a palavra direito nem parece existir nesse cenário humano descabido e injusto da realidade mundial.

O abuso de poder que existe no mundo distorce a condição dos direitos humanos, e os tornam desrespeitosos por se tratar de situações totalmente ofensivas, uma vez que são constituições estabelecidas por leis, em que isso deveria garantir mais benefícios para as pessoas e menos abusos por parte de quem deveria cuidar melhor do seu povo, e não fazê-los sentir medo ou ter dúvidas quanto à idoneidade das pessoas que se colocam à frente da política para resolver os problemas do povo, como os governantes, que para chegarem ao poder que tanto almejam, prometem condições e soluções que poderiam até se tornar possível, se houvesse honestidade e respeito em suas falas milagrosas. O que há de verdade realmente no que eles falam são apenas interesses pessoais, fazendo promessas de melhorias que só atendem a si próprios. Por conta da política dos poderosos e ditadores, que pensam serem donos do mundo, tudo está cada vez mais descontrolado e abusivo.

As ameaças de guerras são uma realidade sustentada por fortes armamentos nucleares e disputas por um poder que, se acontecer de fato uma terceira guerra pelo mundo, a raça humana e a integridade natural do planeta seriam colocadas à prova em definitivo, e a estupidez do homem chegaria ao auge da sua arrogância.

Infelizmente, o retrato das pessoas que torna um estado de COLAPSO possível de acontecer, é de alguém que não tem amor pela sua própria vida e nem temor a Deus. Pois, quem se importa com seu bem-estar e também com o do seu próximo, vive pelos valores que Deus nos ensina, e jamais promoveria guerras ou tornaria o mundo ainda mais destruído por conta de suas ações sem consciência e ou respeito pela vida de um modo geral. Pessoas que não ligam para esses valores que vem Deus, não se importam nem um pouco se o mundo está sendo destruído, e nem se eles estão contribuindo para que isso aconteça. Tudo que de fato importa para essas pessoas, geralmente ambiciosas e totalmente voltadas para as práticas egoístas, pecaminosas e materialistas, são as vantagens que geram ganhos financeiros, fazendo as mesmas olharem para o restante do mundo, sem conseguir ver muito valor. Penso que se Deus existisse na vida dessas pessoas que vivem dispostas a destruir o planeta em busca de poder, ou simplesmente porque não se importam mesmo com nada que represente melhorias, justiça, amor entre outras coisas, teríamos respostas mais positivas em relação ao que tanto precisamos uns dos outros em prol da vida.

Se isso acontecesse, a justiça prevaleceria com certeza, e faria uma grande diferença no cenário global. Infelizmente, isso parece não ser algo muito possível de se conseguir, levando em conta que as pessoas não querem saber de Deus e de seus ensinamentos passam longe. A política é um bom exemplo para ser mencionado sobre quando não tem temor a Deus, pois, se deles viessem um bom exemplo com Deus, onde, fizessem prevalecer a justiça e o respeito para com o povo, tudo poderia ser bem diferente em vários sentidos, porém, Deus não é um convidado muito aclamado por eles, isso poderia mudar seus planos, e antes de ter temor a Deus, precisam ter muito dinheiro.

Uma coisa é certa, os grandes poderes políticos poderiam fazer a diferença pelas melhorias e evitar tantas destruições se de fato quisessem, mas, são vazios de Deus, loucos e gananciosos por mais poder, só pensam nas possíveis manobras e especulações que apontam em uma única direção, que não é exatamente para o povo, nem infelizmente para as melhorias que tanto precisamos para que o mundo não entre em COLAPSO total.

Tudo que muitos desses políticos sujos e corruptos querem na verdade, é ver o circo pegar fogo! Para eles, o povo nunca foi prioridade, e sim, os degraus que os possibilitam chegar onde tanto querem.

3

O PODER QUE EMANA DO POVO TEM A FORÇA NECESSÁRIA PARA MUDAR O MUNDO

As pessoas precisam pelos menos ter fé, ter voz, e aprender a falar mais alto, e quem sabe até gritar quando for preciso reivindicar direitos e cobrar deveres. O entendimento e o conhecimento são armas que as pessoas precisam ter em mãos, que as façam ter argumentos, e uma narrativa que seja pela justiça, diante de um processo político mundial tão opressivo, que distorce a verdade das pessoas e usa os menos entendidos como se fossem os peões em um jogo de xadrez, em suas batalhas pela reeleição e pelo poder que pode ser bem sujo.

Algo que precisa ficar bem claro para todos, é que o mundo não é regido, como se pensam, pelos poderes políticos e por alguns bilionários com disposição para querer ser donos de tudo e todos, quem de fato tem o poder nas mãos é o povo. O povo forma as nações e define quem fica e quem sai do poder político, quando de fato querem isso. No entanto, infelizmente o povo vive seus dilemas, em que o medo imposto por ameaças vindas de cima e a censura, fazem calar a voz de quem passa a não ter mais direitos diante de tantas atrocidades e abusos oferecidos como respostas de um poder que é perigoso, e ganha força à medida que se une com mais pessoas da mesma laia suja da política e certos empresários, que não medem as consequências de seus atos criminosos contra o povo e o mundo em busca de seus interesses.

Em muitos países, a política é de fato regida pelo povo, nada acontece sem que o povo de fato aceite e aprove tais condições, mas, na grande maioria, outros países vivem uma verdadeira opressão política, em que além do povo não ter voz, vivem com muito medo da perseguição, são censurados e ameaçados até de morte.

O mundo está entrando em COLAPSO muito rápido, e não dá mais para as pessoas ficarem caladinhas e vendo tudo se tornar pior do que já está. Muitos estão apenas assistindo tudo acontecer e as vezes reclamando sem nada fazer para melhorar algumas questões, que possivelmente, estão ao alcance do seu entendimento. Devemos mostrar a nossa indignação sobre a injustiça e todo tipo de sujeira que são jogadas em nosso mundo por pessoas que não se importam com quase nada que não seja dinheiro, vida fácil, prazeres e vícios de alguma forma. Precisamos nos tornar xerifes dentro de nossos espaços de convívio, e não ser mais pessoas permissivas, somente olhando tudo acontecer a nossa volta, sendo apenas espectadores de uma destruição tão clara, sendo omissos e apenas assistindo a tudo sendo destruído, e nos calarmos, aceitando que aquilo continue, e até piore.

Ser apáticos diante de qualquer situação eminente ao COLAPSO que está cada dia mais próximo de todos nós, é um estado de covardia, é aceitar que as coisas ruins aconteçam, fingindo ser indiferente diante de certas coisas, que não podemos mais fazer vista grossa. Precisamos ter voz diante dos abusos, das ameaças e agressões de todos os tipos, contra a liberdade e integridade de nossos direitos. Podemos evitar que muitas coisas ruins aconteçam, que continuem e até mesmo cresçam, se não deixarmos mais que a nossa fraqueza, ou falta de capacidade e autoridade em dizer "NÃO" para algumas coisas que não agregam nenhum valor para ninguém, e somente servem para a destruição da vida e do mundo, interfiram em nossas atitudes para o bem.

4

PESSOAS PREGUIÇOSAS SÃO COMO PARASITAS, SÓ VIVEM ESPERANDO QUE OS OUTROS FAÇAM POR ELAS O QUE SÃO SUAS OBRIGAÇÕES

A diferença entre tudo que acontece de certo ou errado no mundo ocorre quando as pessoas não conseguem ver tão claramente a falta de humanidade tão grande dentro de si mesmos, o que é ridículo olhar para coisa toda e não se indignar com tantas impunidades e desrespeitos uns com os outros, e as pessoas seguem vivendo suas vidinhas "perfeitas", sem se preocupar de verdade com o quanto poderiam fazer um pouco melhor suas obrigações e deveres, que quando não são feitos da forma que deveriam, sempre implicam em mais problemas, causados pela omissão e descaso de muitos preguiçosos e verdadeiros parasitas, que só sabem viver encostados nos outros, sugando de alguma forma, a boa vontade e disposição de pessoas que não se acomodam diante da suas reponsabilidades em fazer o melhor em seu processo existencial, cumprindo seu propósito em servir, de forma honesta, justa e exemplar, em que para muitos isso será visto como bons exemplos para seguir crescendo na vida.

Infelizmente no mundo existe todo tipo de gente, mas graças a Deus, entre a grande multidão existente, boa parte tem compromisso com a verdade e respeita os direitos dos outros, sendo pessoas de Deus e que lutam pela existência do bem em comum. Se não fosse por esses que acreditam em Deus, lutam por justiça e procuram servir em seu propósito de vida, o mundo já teria sido destruído por completo há tempos!

A significância do ato prestado a favor do que é justo, nunca deixará de ter o seu verdadeiro valor, mesmo quando for imputado sobre ele uma força poderosa do mal, que tentará inibir e constranger pessoas que não se sujeitarão às mentiras contadas na intenção de confundir e corromper os valores e conceitos privados pela verdade e pela justiça, que jamais podem deixar de existir.

Todo desequilíbrio do mundo se dá por conta de tantos erros vindos de pessoas que permitiram se tornar objetos usados para manipular outros, que não conseguem discernir por si só, e sempre precisam de algum modelo os guiando por alguma direção. A questão é, quem aceita ser manipulado se tornando objeto nas mãos de outras pessoas são os preguiçosos, que pensam levar alguma vantagem se tornando aliados daqueles que só querem destruir ainda mais tudo que já está muito abalado, tirando proveitos das pessoas e deixando a bagunça e a sujeira, para outros arrumarem. Esse é o retrato fiel da realidade do mundo atual, onde parte das pessoas não se importa muito com tantas sujeiras, desonestidades, sofrimento alheio, corrupção, e todo tipo de situação que envolva um pouco mais de trabalho ou reponsabilidades que precisem vir delas. Esses são definitivamente os preguiçosos, parasitas e usurpadores dos direitos alheios. Você conhece pessoas assim?

5

A CLASSE POLÍTICA SEMPRE SERÁ A RESPONSÁVEL POR GRANDE PARTE DA DESTRUIÇÃO DO PLANETA

Muito do que foi dito anteriormente, pode ser visto com mais frequência na classe política. Esses métodos citados para a manipulação de pessoas têm a ver com eles, que envolvem pessoas em suas mentiras e tiram proveito ao máximo de tudo que conseguem antes de deixar suas posições de parasitas e usurpadores dos direitos dos outros. Quando se fala de um COLAPSO no mundo, parece ser algo tão estranho, pois, o nome é diferente e parece que ninguém consegue ver isso acontecendo de fato, como está sendo colocado por mim! O que quero que todos entendam, é que isso não é uma ficção, é real, e está chegando para todos!

O efeito negativo que o estado de COLAPSO irá causar em nosso mundo, quando ele estiver bem instalado em nosso meio, fará de nossas vidas algo inimaginável, levando em conta, que não teremos mais grande parte de tudo que hoje ainda podemos fazer uso, mesmo algumas coisas já estando bem precárias. Isso será algo estranho de verdade!

Aqui, iremos falar muito dos grandes poderes e suas falhas e contribuições, como também, das pessoas simples, mas, que tem sua participação bem significativa dentro desse processo irresponsável e destrutivo do nosso planeta. Sendo assim, todos nós estamos fazendo o COLAPSO acontecer! No entanto, os problemas são tantos que não podem ser imputados somente para eles: os políticos! A classe mais baixa, dentro desse efeito todo de destruição do planeta, também tem sua grande parcela de culpa e deve ter consciência sobre isso.

Falamos dos poderosos e do poder que eles têm nas mãos, e como usam desse poder para se beneficiar de muitas formas, mas, não usam para salvar o planeta de tantos maus tratos. Isso é verdade, e é muito fácil de constatar, pois, muitas coisas feitas erradas de um modo geral, são cobradas bem mais dos pobres do que dos ricos e poderosos! Basta entender um pouco mais das leis, que ficará mais fácil ver que os direitos do povo se tornam recursos para os poderosos se esbaldarem em suas ostentações pessoais e corruptas em busca de fortunas, sem se importar muito com o bem-estar das pessoas abaixo deles, e nem, com a destruição do planeta, como muitos deles, dizem estar tão preocupados! A questão é que às vezes a classe mais fraca, que é o "povo", quer apontar para a classe poderosa, e dizer que todos os problemas do mundo são diretamente culpa deles.

Grande parte das pessoas acham que os políticos, por conseguirem mexer manipulando com todo o sistema que envolve o resto da população, são responsáveis sozinhos por tudo de ruim que ocorre no mundo, mas, isso não é bem assim. Eles são responsáveis sim por grande parte da destruição do planeta, pois, poderiam com suas decisões políticas criar leis que fossem cumpridas e favorecessem mais a preservação da vida como um todo, e tivessem mais respeito para com o povo, onde pudessem trabalhar juntos para uma melhor disciplina, educação, saúde, segurança e bem mais respeito em tudo que se diz ser público, ou do povo. Mas, ao contrário de inibir o mal e fortalecer junto ao povo o bem, eles facilitam e permitem que certas coisas aconteçam mesmo com condições que tornam a vida das pessoas ainda pior do que já estava.

A política se torna suja quando é permissiva e facilita certas situações que não poderiam jamais serem aprovadas. Certas permissões criam diretamente o ato da conivência e corrupção, onde uma política limpa jamais poderia ser conivente com aquilo que corrompe a confiança do povo, e destrói o planeta por ações tão impensadas, isso torna a política suja como tanto conhecemos. Por isso digo: Se o mundo está sendo destruído da forma que está, é porque a política mundial é conivente com boa parte de tudo que tem acontecido de ruim pelo mundo!

A verdade sobre o problema chamado COLAPSO que está prestes a acontecer definitivamente em nosso planeta, não pode em sua totalidade ser imputada somente para os políticos. Embora eles deitam e rolam usando do poder que tem nas mãos, nem tudo de ruim que acontece no mundo é culpa deles! Todas as pessoas têm sua contribuição destrutiva, de uma forma ou de outra nesse processo de destruição global, não se engane quanto a isso.

Mas, isso não quer dizer que pelo fato das pessoas estarem em classes sociais diferentes, ambas precisam agir uma contra a outra, e transformar o planeta em uma zona de guerra, destruindo tudo a sua volta, tentando colocar a culpa da sua irresponsabilidade e incapacidade em cima dos outros, e depois ficar sem o próprio chão, sem ter onde pisar. O fato é que se o mundo está entrando em COLAPSO, a culpa se estende tanto para os políticos poderosos e corruptos, que parecem não ter noção do tamanho das besteiras que estão fazendo em não usar o poder que tem nas mãos para arrumar o mundo e não desarrumar tanto como tem feito, através de decisões tão erradas, destruindo tantas coisas importantes, que garantem mais condições de vida para todos, quanto a todas as outras pessoas.

Uma coisa te digo: Os fracassados sempre justificam seus erros, mas, os vitoriosos sempre os assumem e ainda aprendem com seus erros, se tornando pessoas melhores. São de pessoas que assumem seus erros e se tornam exemplos positivos que o mundo precisa!

Será que você se enquadra nesse perfil?

Nossos erros não determinam o fim daquilo que somos, mas, podem estabelecer em nossas vidas, aprendizados importantes e tomadas de decisões para o resto dela, em que os ensinamentos com os nossos erros, serão argumentos que iremos usar para estabelecer uma nova etapa de vida que não seja mais de erros e fracassos, e sim, renovo e possibilidades para se redimir da própria culpa por não ter tentado acertar por mais vezes... O maior problema na vida do homem não é errar, e sim, permanecer no erro sem se dar conta do que está transformando.

6

O MUNDO ESTÁ ENTRANDO EM COLAPSO E MUITOS ESTÃO DE BRAÇOS CRUZADOS SOMENTE OLHANDO TUDO ACONTECER

Em outras palavras, o egoísmo quando toma conta do ser humano o transforma em um bicho totalmente irracional e muito feio acima de tudo. Isso faz da vida um completo e sem sentido modo de viver, de servir e também de entender as necessidades que precisam ser aceitas em condições e ações práticas, faladas e apresentadas, de forma simples, mas, decisiva, para que não se feche os olhos para as coisas essenciais que tornam tudo tão evidente e particularmente pessoal.

Cada pessoa deve se manifestar do seu modo contra a destruição do que representa liberdade e direito de justiça, descruzar os braços e agir, fazendo aquilo que precisa ser feito por ela, pois cada um de nós, nascemos com um propósito único, por isso, ninguém é igual ao outro, e cada pessoa precisa cumprir seu propósito existencial da melhor forma possível! Somos pessoas únicas em todos os sentidos existenciais, e cabe a cada um, fazer o que é sua missão dentro do processo que define a razão e a lógica de ser de cada tempo e situação em que se vive.

Poder, é saber, e quando sabemos, nos tornamos mais fortes e podemos combater o que tanto nos fere e nos transforma em pessoas impotentes diante dos tantos abusos, impostos por quem pensa ser melhor do que o outro... A preguiça e a ignorância são duas doenças que podem até não matar a pessoa em questão, mas, com certeza sobrecarregam em muito quem precisa da ajuda dessas pessoas na prática, e recebem desculpas como respostas. Lembram dos parasitas, que vivem às custas dos outros?

Falar do COLAPSO acontecendo no mundo, é tratar da nossa existência de forma responsável. É querer de fato ver, o que precisa ser visto e entendido, sem hipocrisia ou medo de encarar a verdade, que anseia por justiça e igualdade. Quando aceitamos a verdade que mostra que o mundo está insuportável em vários sentidos, é possível ver a vida se tornando oprimida de tal maneira, que sonhar com um futuro melhor, é algo que parece não ter mais tanto sentido!

Não podemos continuar somente olhando tudo a nossa volta sendo destruído e nossos direitos cada vez mais corrompidos, sem querer entender melhor, o que de fato precisa ser feito por nós, por cada um, e pelo menos tentando evitar mais destruição e procurar saber melhor, em que momento entramos nessa luta, seria muito bem vindo, em se tratando de consciência e querer fazer algo positivo que defina realmente qual é a nossa posição diante de tudo que estamos vendo acontecer, e que não é algo bom a favor da vida um modo geral! Precisamos definir se somos ajudadores, ou destruidores, isso deve ficar bem claro para nós, que entendemos e nos preocupamos com a atual condição do mundo em que vivemos e está entrando em COLAPSO muito rápido!

Fazer melhor a nossa parte, não significa que pelo fato de não estarmos fazendo algo grande contra a vida de forma direta, não seja necessário olhar para os detalhes e não mais ser permissivos com nenhum tipo de situação negativa. A omissão é praticamente uma permissão, não se importando por exemplo, com nenhuma ação negativa que gere destruição de alguma forma, como por exemplo a poluição, onde evitar jogar um palito de dente, ou papel de balinha nas ruas, já terá alguma significância de melhoria! Ter consciência é ter respeito pela vida de um modo geral, quem faz de forma positiva a sua parte no processo de mundo melhor, faz uso da consciência respeitando a vida.

Todas as pessoas estão sendo manipuladas e controladas de alguma forma pelos meios políticos e pela cúpula da nova ordem mundial, que acabam usando a política para introduzir na sociedade suas determinações e controle da humanidade, como se fossem animais presos em um curral, esperando para irem para o matadouro, de acordo com as suas decisões.

Nada mais acontece sem uma intervenção política, ligadas aos sistemas, que só servem para tirar mais e mais recursos das pessoas, sem ter o retorno que se espera pelo tanto que se tira de cada um. As pessoas vivem sob uma expectativas que deveria assegurar um equilíbrio no avanço de tudo que se refere de forma justa aos direitos já adquiridos por lei, mas, que são praticados de forma que deixam a desejar, criando um caótico senso de indignação ao que se refere aos direitos públicos, em que toda a classe política por todo o mundo se apoderam de parte dos recursos financeiros do povo, deixando os mesmos, sem os devidos recursos de direitos, e criando, o que gosto de chamar de buraco negro no setor público!

Sabe por que eu chamo de buraco negro? Porque é algo que nunca tem solução, e engole as necessidades das pessoas o tempo todo sem ter um culpado processado e julgado por omissão de recursos e corrupção do dinheiro público, por um tempo determinado pelas leis, como manda o direito de justiça, que deveria ser aplicado para todos, e não somente para alguns!

Tudo que se diz respeito a política, se tornou na verdade uma grande interrogação, em que os políticos desfilam por muitos mandatos, sem que as pessoas acordem e consigam ver o quão despreparados são muitos deles o quais, são eleitos pelo povo para representá-los, mas, na verdade, em muitos casos, tudo se torna um verdadeiro pesadelo que parece nunca ter fim, e que se espalha pelo mundo todo e torna esses repetidos meliantes de ternos e gravatas, disfarçados de "mocinhos e mocinhas" que vendem a alma para o diabo para conseguir chegar a todo custo ao poder e se tornarem carrascos do povo, em absolutos em se dar bem com o dinheiro público.

O mundo está entrando COLAPSO, por questões óbvias e repetidamente aceitas por cada pessoa que não se importa de verdade com a vida das novas gerações. Quando vivemos pensando somente em nós, não nos preocupamos em deixar para aqueles que ainda irão chegar nesse mundo, uma base que possam existir de forma digna. Muito do que fazemos hoje não pode ser mais para nós, e pensar diferente disso, é muito egoísmo e falta de amor ao próximo. Devemos lembrar que tudo que plantarmos hoje, será colhido amanhã, e não seremos nós que iremos colher aquilo que está sendo plantado de forma tão egoísta, estúpida e desumana! Pensem nisso.

Forças ligadas ao tráfico e corporações poderosas, formadas por empresários e políticos, garantem aos traficantes um caminho exclusivo que gera muitos lucros que são muito bem divididos, satisfazendo os grandes interesses, e tornando o mundo, um palco aberto em que pessoas se deleitam com todos os tipos das drogas que mais gostam, deixando de ser pessoas humanas, e se tornando zumbis em cantos escuros, onde o COLAPSO já existe dentro dessas pessoas de forma muito destrutiva, e que mesmo sabendo de todos os riscos, decidem colocar em seus corpos, substâncias químicas que alteram o humor e suas vidas, de algum modo, para sempre! Para essas pessoas, o COLAPSO chegou mais cedo em suas vidas, não destruindo somente elas próprias, mas também, suas famílias, que sofrem a mesma dor ou algo ainda maior!

Quando alguém decide usar algum tipo de droga com a finalidade única de se entorpecer e fazer disso uma fuga da sua realidade, tudo que se pode concluir dessa pessoa, é que o mundo ao qual ela pertence, não tem mais a mesma sensibilidade como para outros muitos, que não praticam da mesma necessidade, e conseguem ver e entender além da culpa e do medo de encarar a vida de cara limpa e cabeça erguida, sem estar em COLAPSO consigo mesmo!

A grande questão que abrange a política em todo o mundo, fazendo dela uma vilã muito forte, dentro do contexto destrutivo do planeta, tendo transformado os grandes poderes em setores que não geram mais confiança na população e fazem de tudo que são parecer uma grande mentira, que diante de suas condutas mentirosas e discursos em que dizem que o povo é a sua referência de trabalho em cumprimento do dever público, que por sinal eles são muito bem pago para fazer um trabalho para o povo, mas que nunca acontece como deveria, não convencem mais ninguém como antes, pois, tudo se tornou muito duvidoso, nojento, sem valor, e de fato, muito repulsivo e dessa forma, eles não conseguem mais reverter o seu favor junto ao povo.

As pessoas entenderam que o pouco dos recursos públicos que chegam até o povo, não passa de migalhas e muitos abusos, que tornam muito deprimente olhar na direção de um político e não sentir nojo da sua conduta corrupta e usurpadora de recursos que são direitos das pessoas, mas, que muitos não conseguem ter acesso, e isso acaba tornando suas vidas miseráveis e sofridas, como se isso fosse até um castigo para elas. Mas na verdade, esse castigo tem nome, e está espalhado pelo mundo todo, e se chama, classe política absurdamente corrupta!

Falar de COLAPSO e não associar esse monstro primeiramente dentro da classe política, seria até um crime, pois, é de lá que está saindo grande parte de tudo que poderia ser evitado, inclusive as drogas que entorpecem e matam todos os dias milhares de pessoas. Esse grande mal poderia ser eliminado ou reduzido em muito, se houvesse de fato empenho no cumprimento das leis, se tanta gente do alto escalão político não fosse tão beneficiada por essa, que é uma das grandes destruições da humanidade, mas, que gera fortunas incalculáveis de dinheiro sujo que alimenta cartéis e políticos mafiosos e altamente corruptos. Esse é o retrato da formação do COLAPSO em nosso mundo! É disso que se trata a destruição do planeta! Essa é uma parte que está destruindo o mundo em grande escala, por contas das omissões e descasos e muita ganância do ser humano por dinheiro.

Acreditar em um político é o mesmo que vender a alma para o diabo! Quem pode garantir receber do diabo o que ele prometeu pela sua alma? Assim são os políticos em sua grande maioria, nada confiáveis!

A politicagem pelo mundo todo, é algo tão sujo e tão corruptível que ninguém consegue se manter limpo por muito tempo após ter se unido a esse grupo de gente que pensam ser superiores as leis, que poderiam resguardar bem mais os direitos das pessoas e não torná-los tão burocráticos e distantes da realidade da grande maioria que tanto precisa. Para os políticos, o que de fato representa estar ocupando cargos públicos, não é servir o povo, considerando o que a maioria deles fazem contra o povo, e não para o povo! Onde, o grande objetivo sempre é conseguir ter muito dinheiro em seus bolsos, e alcançar um poder que lhes darão além do dinheiro, muita força e respeito, mesmo que esse "respeito", seja de forma opressiva.

Para muitos políticos, o povo não passa de degraus que servem para levá-los até onde eles querem muito chegar. Depois de eleitos, o povo deixa de ser os degraus, e se torna o problema. Por traz da coisa toda, existem conspirações tão grandes entre eles, que suas disputas não significam lutar pelo povo e seus direitos, e nem manter o mundo livre de um COLAPSO, como está prestes a acontecer, mas sim, defender melhores condições para eles mesmos, não querendo perder suas regalias que tornam suas vidas uma posição bem privilegiada, se considerarmos o quanto os políticos conseguem envolver as pessoas com tantas mentiras e ainda continuar se dando "bem" através de suas vidas luxuosas regadas com o dinheiro público!

7

O IMPACTO DO COLAPSO PELO MUNDO SERÁ UM CAOS TOTAL

O COLAPSO, que está se aproximando mais e mais da nossa realidade, irá tornar tudo que conhecemos em possíveis e precárias condições de sobrevivência para a grande maioria das pessoas. Mas, para os políticos, com certeza, isso não terá o mesmo impacto, pelo menos, não de imediato!

Tudo que acontece no mundo, tem manobra política e intenções diretas em controlar com mais força, toda população mundial! Tudo que as pessoas estão vivendo, está sendo muito bem controlado de alguma forma, restringindo acessos e limitando ao máximo informações que possam tornar o povo mais sabido e com autoridade para cobrar mais de quem deve respostas! Tudo está sendo limitado na vida das pessoas, menos direitos e mais cobranças.

O controle via sistemas não permite que as pessoas saiam muito do o que torna os acessos difíceis e perigosos! Com menos direitos, e custo de vida cada vez mais alto, o ser humano está se tornando refém de um sistema, que não só controla seus passos, mas também, direciona o indivíduo na condição que eles acharem mais conveniente para que o sistema faça seu trabalho de forma mais abrangente tendo o máximo de informações de cada pessoa. O mundo todo está sendo vigiado e muito bem monitorado por aqueles que usam do poder para torna a vida das pessoas, uma verdadeira prisão invisível...

Estamos fazendo parte de um sistema, que não é favorável para um controle do bem! Isso é um fato, e não pode mais ser contestado! Esse controle só favorece os grandes poderes, que se denominam como sendo eles, o poder absoluto, que podem fazer e desfazer as coisas que existem dentro do planeta quando eles quiserem e acharem necessário. E mais uma vez, o povo é visto como massa de manobra e vivem reféns dentro de um planeta que não tem para onde correr! Quando o caos pelo COLAPSO chegar, todos serão atingidos!

Todo controle usado para monitorar as pessoas pelo mundo, estão diretamente ligados a uma política dominadora, que se diz estar controlando para proteger as pessoas de possíveis situações a favor da sua própria integridade. Mas na verdade, tudo que parece ser mais provável, é que monitorar tem a ver com manipular, e dessa forma, tudo que se passa nos grandes centros fica nas mãos de um poder que além de corrupto, ainda usa a seu favor, todas as informações obtidas. Estamos sendo vigiados e isso não é algo saudável!

A questão toda sobre esse alto controle por meio de vários sistemas, onde pessoas poderosas estão administrando a vida do povo e tirando sua privacidade quase que total, está tornando a vida no planeta em uma situação muito complicada, e mesmo assim, mediante a tudo que está acontecendo, a grande maioria das pessoas ainda não se deu conta disso, e falar sobre isso é um grande exagero. Muitos pensam que essa realidade não passa de uma ficção apresentadas em filmes, e que entre nós, no mundo real, isso não é possível de acontecer.

Por muitos motivos estamos entrando em COLAPSO, e isso será avassalador em todos os sentidos imagináveis. Dentre eles, o controle e manipulação dos sistemas que são corruptos e devastadores contra a natureza de tudo que existe tentando manter a vida limpa e segura pelos meios ainda convencionais e bem mais seguros...

Não fazer parte do sistema, que hoje representa um controle quase que absoluto sobre tudo que conhecemos, é muito complicado e praticamente impossível, ninguém consegue ficar invisível por muito tempo! Tudo está muito entrelaçado via sistemas e quase nada funciona sem estar ligado a algum dispositivo eletrônico, que de uma forma ou de outra, controla parte do que está sendo feito por todas as pessoas. O fato é que, praticamente todas as pessoas passaram a depender de algum tipo de sistema, para que suas vidas funcionem.

O que esses poderosos, que estão no controle político e financeiro do mundo pensam querendo controlar tudo e todos, não tem nada a ver com direitos públicos e preservação do mundo, ou qualquer outro direito que seja.

O fato é que as pessoas que estão abaixo deles, são tratadas por eles, como se fossem lixo, ou coisa pior, que somente tem algum valor, em vésperas de eleições, ou para manter o equilíbrio funcional da máquina operária que nunca pode parar. Descartar pessoas que se opõe aos seus interesses, é algo muito comum para eles, e muito perigoso para quem tenta enfrentar esses monstros vestidos de bons samaritanos. Nada que represente ameaça para o poder dessas pessoas, fica totalmente impune!

Infelizmente, muitas pessoas não conseguem ver tudo acontecendo conforme estou tentando colocar. O fato também é, que pessoas estão sendo compradas por migalhas e pensam estar sendo vistas por eles de forma respeitosa ou tendo algum direito merecido. Mas, isso não passa de mais uma manobra e uma estratégia que fazem as pessoas que se sujeitam a eles cegas, surdas e mudas em relação aos seus atos ilícitos, mantendo calados aqueles que pensam estar jogando do mesmo lado dos lobos em pele de cordeiro. Acredito que seja por isso, que tudo ainda exista dessa forma tão desumana e mentirosa!

O mundo está sendo destruído e as pessoas estão sendo compradas para ficar com suas bocas caladas, aceitando que tudo seja ainda pior do que já está, por omissão e fraqueza corrupta, que torna a pessoa em questão, em um verdadeiro peão dentro do jogo defendendo peças poderosas e que precisam ficar escondidas, mas, alimentando o jogo de lugares que não podem ser atingidas muito facilmente. Será que você é um desses peões e ser humano corrupto, que defende bandidos, agindo de forma egoísta e sendo como judas Iscariotes, traindo pessoas honestas e ajudando a destruir o planeta? Traindo um povo que merece mais respeito e igualdade, direitos e justiça?

As pessoas pagam tão caro para viver em um mundo que foi apoderado por poucos de forma muito poderosa, achando que são donos de tudo e todos que existem de melhor no planeta! Será que você está fazendo sua parte no processo de melhorias e mais igualdade para o seu próximo e também do planeta? Ou será que você é um desses, que só pensa em você mesmo, e não está nem aí, se o mundo entra em COLAPSO ou não? Ou para você tanto faz, e o que realmente importa é somente o dinheiro e os prazeres momentâneos?

Quando se fala em sistemas, nada parece ser tão ruim como de fato o que está acontecendo em nosso meio, de forma tão significativamente negativa, sob o ponto de vista do alto controle e a vulnerabilidade dos direitos que garante as pessoas, a liberdade de expressão e o livre acesso sem ser manipulado e coagido, ou, o ir e vir de cada indivíduo, sob o pretexto de que os sistemas estão aí para assegurar a integridade das pessoas. Infelizmente, nem tudo que parece ser algo bom, de fato realmente é! Nesse caso dos sistemas, o alto controle obtidos por meio deles, tem tornando a vida das pessoas, uma verdadeira situação onde, a liberdade e a privacidade praticamente não existem mais!

8

CRISE CIBERNÉTICA FAZ A TECNOLOGIA ENTRAR EM COLAPSO

O COLAPSO vai acontecer de forma tão avassaladora e silenciosa contra todo tipo de sistema tecnológico e vida no planeta, que tudo que conhecemos e de certa forma nos garante ainda algum controle de produtos e serviços, será atingido por uma sobrecarga absurda e totalmente nociva aos controles dos grandes centros, que dependem em sua totalidade de muitos sistemas para conseguir manter funcionando todo um aparato de mecanismos que são alimentados por sistemas interligados que sofrerão um apagão geral.

O pânico cibernético se fará existir por meio do COLAPSO, que agregado as necessidades humanas farão do mundo um lugar em que a destruição será eminente por conta do caos gerado pela falta de sistema e também pelo egoísmo do ser humano por fazer do poder, uma causa insolente em que somente o controle máximo e absoluto fosse visado com anseios tiranos que tornarão o mundo um lugar com vários prenúncios de guerras em meio ao caos devido à forte demanda por líderes de muitos países, que não permitem ficar abaixo da sua pretensiosa intensão de domínio, maior do que já tem em mãos e pensam poder tomar de outros países o que precisam para não perder sua grandeza perante o mundo, mesmo o planeta estando em COLAPSO.

Tudo já está acontecendo tão debaixo do nariz das pessoas, e elas parecem não querer ver a coisa toda acontecendo bem pertinho de suas vidas! O fato é que os sistemas, de um modo geral, que envolvem a relevância do atendimento as pessoas, em todo tipo de comércio e serviço, sendo esses, públicos ou privados, já estão operando de forma precária, porque existem sistemas dentro de sistemas fazendo o controle de tudo que acontece no planeta. Para que, um sistema maior que está no comando geral e que possui um poder manipulador, possa ter todo acesso possível, e com isso, mais controle sobre todos os outros, que passarão a ter em mãos, o controle absoluto do planeta e da vida das pessoas como se tudo fosse realmente um jogo, em que as pessoas são apenas peças sem muito valor e nenhum poder de decisão!

Sendo assim, nenhum sistema irá suportar tanta pressão, e muitos desses já mostram sinais graves de que estão sucumbindo sem conseguir controlar alguns mecanismos tendo que sair do ar, por alguns momentos, para se restabelecerem, muitas vezes, deixando a população sem serviços em diversas áreas, que sem esses sistemas, a vida de muitas pessoas já começa a mostrar alguns tipos de dificuldades, por dependerem diretamente desse tipo de controle, via sistemas. O COLAPSO atingirá proporções terríveis, em que as respostas para quase todo tipo de situação decorrente do problema que será global, não serão respondidas, e as pessoas irão ficar perdidas, sem ter a quem recorrer, mesmo tendo dinheiro.

O que hoje todos pensam ser o máximo, como ter um aparelho celular moderníssimo que conectado à internet possibilita muitos acessos e todo tipo de apresentação visual possível o qual as informações chegam tão rápidas, suprem de tal forma que ninguém nem sente mais tanta necessidade presencial das pessoas.

Tudo está acontecendo muito rápido e as pessoas pensam estar no controle de suas vidas em absoluto mas, estão muito enganadas, pois, o mal está à espreita, e os momentos tecnológicos e avançados em tempos modernos, que muitos acham o máximo, e tudo que fazem com seus aparelhinhos sofisticados, não passam de verdadeiras distrações, em que a tecnologia implantada serve para rastrear e mapear quase tudo que existe sobre a vida da grande maioria de nós, as pessoas equipadas com nossos sistemas operacionais. Quem manda todo tipo de informações por estes aparelhinhos, alimenta todos os sistemas e limita cada vez mais, a nossa própria liberdade. Isso está sobrecarregando os sistemas e empurrando tudo na direção e formação do COLAPSO, que será inerente aos abusos de todas as formas e descasos que o homem está fazendo questão de permitir que seja tão destrutivo como está sendo, e muito breve irá mostrar a sua verdadeira face opressora para todos que pensam que eu sou louco em escrever tudo isso sobre o COLAPSO em que o mundo está entrando.

O mundo moderno representa para muitos, o avanço e o crescimento de tudo que são. Mas, se olharmos para os avanços sem os deslumbres, o lado progressivo dos avanços tecnológicos tem tornado as pessoas seres altamente viciados em facilidades, em que tudo que passamos a ter, vem atrelado a uma necessidade de tantos mimos e brinquedinhos que torna a grande maioria das pessoas, doentes pela dependência tecnológica, a qual muitos, não fazem nem questão de querer conhecer o próprio chão que pisa.

Quando acontecer o COLAPSO, e ele estiver bem generalizado pelo mundo, esses aparelhinhos tão inteligentes, que não deixam mais ninguém ter privacidade na vida, serão uma peça quase inútil, pelo fato de que, a internet não mais existirá, e sem esse recurso, os celulares não terão sua alma, e sem ela, a vida desses amiguinhos inseparáveis da maioria da humanidade, se tornará algo obsoleto e extremamente inútil, como também, todos os tipos de aparelhos eletrônicos que usam a internet para dar vida a eles, ficarão também como os celulares, sem muita utilidade! Agora, imagina você, o mundo sem internet, como será essa condição, quando tudo acontecer? Acredito que pessoas vão enlouquecer de tanto desespero! Pois, hoje em dia, muitas pessoas só existem por conta desses meios, sem eles, o que será da vida dessas pessoas?

A vida não pode ser pautada somente pelo dinheiro, pelos recursos tecnológicos ou por outras tantas condições que fazem a vida perder a sua verdadeira originalidade, mas, isso tem acontecido em grande escala, onde pessoas, não parecem mais com seres humanos! Por sermos pessoas tão inteligentes, a vida precisa existir sem que aja uma total entrega, do que de fato somos, para um modernismo absurdo e destrutivo, contra uma realidade que independente de tantos avanços tecnológicos deve existir e que sempre existirá como de fato nasceu para ser! Aceitar os fatos e encarar a realidade que mostra quem somos realmente, independentemente de qualquer tecnologia existente, define por razões simples, que o mundo está sendo detonado, mas não ainda em sua totalidade!

Quando aconteceu a pandemia da covid-19, deu para ver, e também sentir, o quão vulneráveis podemos ser diante de situações tão difíceis como foi enfrentar um vírus tão mortal como aquele. Mas, independentemente de qualquer tecnologia existente, o ser humano consegue se adaptar e dar a volta em situações que podem até parecer ser o fim, porém, a originalidade do ser humano, vai muito além de qualquer sistema e ou tecnologia para continuar existindo.

Nós somos a natureza mais completa entre todas as outras. Por isso, precisamos ficar muito atentos aos acontecimentos e não entregar nossas vidas como se fossemos seres descartáveis, pois, quando tudo de fato entrar em COLAPSO, quem tiver melhor preparado para resistir da forma mais simples, sem tantas dependências para compor suas vidas, conseguirá se sobressair diante do caos e da dependência por muitas coisas a qual, muitos não conseguem se imaginar vivendo sem...

Os preceitos de um COLAPSO estão previstos de forma direta para os grandes centros, nos quais a vida humana tem se tornado totalmente escravizada por inúmeras situações, que tornam tudo muito vulnerável em praticamente todos os sentidos. Mas, se partimos por exemplo, para os Andes, ou interiores de qualquer país, encontraremos a vida sendo vivida sem tanta tecnologia, ou nenhuma. Esses lugares em especial não sofrerão de igual modo, os mesmos impactos, tão negativos, vindos de um COLAPSO, como será nos grandes centros!

Ao contrário dos lugares do interior, os grandes centros urbanos estão sucumbidos por tudo que se pode imaginar de ruim, e milhões de pessoas vivem suas vidas, espremidas dentro de um processo, que torna suas vidas um inferno a céu aberto, em se tratando dos locais e horários além de outras tantas situações e condições, que na verdade, o que os grandes centros só tem para oferecer, são stress e uma teoria sobre a vida que não convence pela sua performance tão opressora e insegura, que vai matando as pessoas de forma bem lenta, mas, que não deixa de ser um grande problema que muitos estão vivendo e não sabem como sair de dentro dele.

Se compararmos as duas realidades, em termos de vida saudável, a diferença em termos de qualidade de vida, entre uma e outra, seria algo humilhante. A verdade é que os impactos de forma indireta do COLAPSO nos grandes centros já estão acontecendo, porém, de forma ainda sútil, mas, irá se mostrar realmente em breve! Lembro bem que na decorrência da pandemia, muitas pessoas se refugiaram em lugares distantes dos grandes centros urbanos, ficando literalmente isolados de tudo. Muitas dessas pessoas conseguiram ver que voltar a viver de forma simples e sem tantos recursos tecnológicos, pode ser uma grande saída, quando a vida pede socorro e é necessário voltar as suas origens para continuar existindo. Esse é o ponto, conseguiu entender onde eu queria chegar?

As palavras: estresse, ansiedade e depressão, nunca estiveram tão bem associadas à vida urbana e fazendo as pessoas seres condenadas a viver um sofrimento sem uma possível cura, simplesmente porque o que causa essas doenças são os meios em que as pessoas vivem. A tecnologia de um modo geral acontecendo na vida das pessoas é algo sem dúvidas muito bom. Mas, em meio aos tantos avanços tecnológicos, o ser humano está perdido e totalmente viciado a todo tipo de situação, que tira dele, a própria saúde e liberdade, causando um grande mal invisível, e através disso, o mundo irá sofrer consequências terríveis e o COLAPSO, será o efeito colateral de tanto avanço e desrespeito do homem por criar tantos caminhos que não podem ser controlados. O homem está colocando a corda em seu pescoço e espera ainda continuar vivendo depois disso! Isso já é um prenúncio do COLAPSO chegando cada vez mais perto das pessoas de diversas formas.

Para muitas pessoas que só se importam com o dinheiro em suas vidas, o COLAPSO será ainda pior. Talvez no primeiro momento isso ainda não seja tão ruim, mas, logo depois, perceberão que o dinheiro não pode mais permitir tantos acessos como antes do COLAPSO ter acontecido e que sem nenhuma tecnologia para dar base ao dinheiro, que naquele momento ainda terá seu valor, nada, jamais será como antes do COLAPSO! Mas para aqueles que não se importam em destruir o mundo, visando ganhar ainda mais dinheiro com suas ações desumanas e egoístas, e que pensam poder controlar tudo na vida das pessoas, ganhando ainda mais dinheiro através de meios para conseguir alguma vantagem inerente da condição tão precária que a população estará passando logo de início, com toda aquela bagunça e desorientação global acontecendo, o COLAPSO será mais uma forma de controle que eles usarão por um tempo, como artifícios contra o povo, que estará desesperado.

Até parece que estou falando de uma guerra mundial com proporções terríveis e sofrimento por todo lado. Mas, te garanto que aquilo a que estou me referindo, ainda não é uma guerra mundial, porém, tudo caminha a passos largos para que essa fatídica condição também aconteça, pois, fortes rumores sobre isso não são novidades, principalmente, depois da guerra da

Rússia contra Ucrânia, onde, tudo ficou ainda mais aceso e muitos países chegaram a colocar os dedos nos gatilhos de seus poderosos armamentos nucleares de alta destruição.

Com a falência dos sistemas, decorrente de um COLAPSO mundial, o caos se instalará, e as pessoas irão viver algo parecido com o que foi na pandemia da covid-19. As pessoas estão acostumadas a viver sob certas comodidades, que quando o COLAPSO de fato acontecer, muitos não resistirão.

9

A CULPA PELA DESTRUIÇÃO DO MUNDO É TODA DO SER HUMANO

Sobre tudo que estamos falando, e de fato está acontecendo com o mundo, a culpa toda é nossa! Isso já foi dito antes e acredito que ninguém contesta essa minha colocação. Nós somos os culpados pela parte que deixamos o diabo entrar em nossas cabeças e nos convencer das mentiras e por tomarmos decisões erradas que nos fazem tão feios e fracos, como muitos se tornaram e fazem questão disso, para não perder sua vaidosa "vida" de luxúria e poder, riquezas e muitas ostentações, em que para muitos, a aparência é tudo.

Acredito, que para muitos, seja bem mais importante a aparência, do que o próprio Deus em suas vidas. Isso mesmo, o diabo faz as pessoas cegas, fracas e doentes! Quando damos legalidade a ele, ele mexe com nossas cabeças, causando tantas dores e sofrimentos decorrentes de decisões impensadas em que o impulso foi a maior influência, seguida por uma necessidade de ter alguma coisa que fosse diferente e causasse algum impacto na vida das outras pessoas, e que as fizessem pensar, que aquilo as tornava melhores de alguma forma.

É isso que o diabo faz com as pessoas, ele as engana e faz certas coisas erradas parecerem que são corretas e lícitas! Ele convence as pessoas que somente um pouco daquilo que tanto elas querem não fará mal algum! A questão é que depois desse pouco, sempre vem um querer mais daquilo que foi obtido, e logo depois, não sabemos mais quem somos. Somos culpados pela fraqueza que nos corrompe e nos faz tão mercenários por dinheiro e prazeres.

Estamos espalhando a sujeira que tornou o mundo tão poluído, contaminado e tão desgastado que dá pena olhar tantas coisas, que nós tanto precisamos, sendo destruídas sem o mínimo de culpa ou respeito pela vida. E tudo isso, em grande parte, por conta do dinheiro, que corrompe as pessoas muito facilmente. Os vícios que entorpecem e tiram a razão das pessoas e as tornam irresponsáveis e brutalmente vulneráveis, tornando-as monstruosas pelo egoísmo e pela arrogância em querer se destruir de forma tão diabólica, e sem se preocuparem com quase nada a sua volta. A palavra de Deus diz: **1º Timóteo: 6-10 "Porque o amor do dinheiro é raiz de todos os males; e alguns, nessa cobiça, se desviaram da fé e a si mesmos se atormentaram com muitas dores".**

Tudo que existe no mundo está tão desgastado por conta do sofrimento e da injustiça, da ganância e do descaso pelas pessoas que não acreditam em Deus, e nem sentem culpa por não terem consciência pelos seus atos tão pecaminosos, que promovem dentro de uma sociedade ainda conservadora e que tenta manter ao máximo o equilíbrio das famílias que resistem aos ataques do diabo, o qual procura de todos as maneiras destruir esses pilares de Deus aqui na terra.

Um estado de COLAPSO pode ser instalado em qualquer condição que permita a formação do caos tirando o controle de suas vias normais. O diabo está no mundo para: matar, roubar e destruir, assim diz a palavra de Deus! Da forma que os entorpecentes foram se tornando tão acessíveis para as pessoas, o mundo ficou mais perigoso. Quando cito os entorpecentes, quero fazer referência às pessoas que se destruíram por conta desse mal, e fizeram de suas famílias um palco dos horrores, em que o diabo entrou com o vício e transformou tais famílias em pedaços, desestruturando todo o equilíbrio emocional, financeiro e também abalou em muitos casos, com a fé daqueles que não estavam tão firmes com Deus.

O diabo está se levantando contra a humanidade com muita força e tem conseguido convencer mais e mais pessoas de suas ações em um plano de destruição, em que todo tipo de vandalismo, mentiras, corrupções, prazeres e desamor pelo próximo, tem transformado o mundo em um tormento tão cansativo, que ao olhar para tantas ações sendo despejadas contra os preceitos de Deus, só me faz concluir que o COLAPSO que iremos enfrentar, trará bem mais prejuízos espirituais do que materiais. Pois, a grande maioria das pessoas estão vazias de Deus e não querem saber de salvação! Mas, quero que saibam, que no fim das contas, quando a vida se acaba, somente o espírito responderá pelo que fomos em vida. Fortalecer nossa vida espiritual fará toda diferença quando o tormento chegar. Quando estamos próximos de Deus passamos a entender melhor o significado da vida de forma espiritual!

Quando abrimos esse mesmo efeito destrutivo para dentro das famílias, tudo fica muito claro sobre as intenções do diabo e seu plano satânico para destruir o mundo todo. Sem destruir as famílias, ele não tem a força necessária para envolver todo o planeta como ele gostaria. Tudo que temos como respostas em uma mesma linha de conclusão fatídica, a qual coloca o diabo dentro de fenômenos inexplicáveis, mas, podendo ser visto de forma espiritual, tudo que está acontecendo, por todo o planeta, deixa suas ações muito claras: Destruição das famílias de muitas formas possíveis, pessoas vivendo sob o efeito de tantas drogas e se tornando dependentes químicos cada vez mais jovens, e sendo mortos de formas estúpidas além de guerras sendo anunciadas e pessoas vivendo em meio a isso tudo, sem ter para onde correr.

Essa não é somente uma advertência sobre um possível COLAPSO no mundo, mas, um prenúncio do fim dos tempos, onde, o diabo reina em absoluto no meio das pessoas e muitos parecem até gostar da sua companhia. Sei que tudo pode parecer loucura, mas, a loucura as vezes é a forma mais saudável para se entender certas situações que a grande maioria da humanidade não quer ver por estar tão acostumada com tudo isso, em meio a tanta correria, que já se encontra ofuscada!

As pessoas estão com suas mentes cheias de dúvidas, medos e um cansaço que se tornou uma rotina por questões em que o cotidiano apresenta de forma constante os mesmos problemas com influência negativa para toda a humanidade. Olhar para o mundo e vê-lo se degradando dia após dia é um imenso paradoxo, que nos faz andar em uma direção e querer olhar para outra. Detalhando um pouco melhor o que acabei de escrever foi que olhar para o futuro dá medo, mas, ao olhar para o passado conseguimos ver um tempo em que as pessoas sonhavam e conseguiam viver seus sonhos sem o peso esmagador de uma dúvida sobre a atual realidade, pois hoje, sonhar se tornou uma frustrante possibilidade de futuro, em que o homem mexeu tanto com tudo que existe no planeta, que a certeza de um fim muito triste está tão evidente, que não dá mais para ignorar os fatos que apontam que o futuro ficou muito duvidoso, e entrando em COLAPSO se tornará ainda muito pior!

Quem ainda não está acreditando que estamos vivendo os prenúncios de um COLAPSO eminente de uma realidade exposta à tempos, que apresenta o efeito colateral dos desmandos e abusos que o homem fez questão que fosse desse jeito, precisa deixar de viver de ilusões e se ater a uma realidade que praticamente todos nós participamos cada um ao seu jeito, e de forma negativa, que nos colocasse nessa condição.

O mundo já vem flertando com um COLAPSO há muito tempo, mas, nos últimos anos, tudo está sendo revelado de forma muito clara, e vem mostrando para quem de fato quer ver, os reais acontecimentos, e o tamanho do problema que já existe e que ainda teremos que enfrentar, em breve, de forma aterrorizante e sem nenhuma perspectiva agradável de um futuro feliz. O mundo não é mais um lugar seguro por vários motivos, mas, o que faz disso um risco muito grande é a falta de amor nas pessoas!

Deus é amor, mas, as pessoas não querem saber de Deus, e isso tem tornando o mundo um lugar insuportável por vários motivos, em que o amor e a compaixão nem parecem mais existir. Muitas pessoas já não conseguem mais lidar com tantas situações difíceis de contornar e que parecem realmente não ter mais solução! Tudo de ruim que já existe, vai ficar ainda muito pior, pois, é isso que a realidade nos mostra, infelizmente!

Quando o diabo foi jogado na terra, ele se enfureceu com Deus e determinou que iria destruir a espécie mais amada dentre as criações de Deus. De lá para cá, o diabo e seus muitos demônios, vem dando tudo de si para cumprir seu plano de destruição e acabar com a raça humana em sua totalidade. Quem não acredita em nada disso que estou escrevendo, comece a ler a Bíblia, e terá resposta tão condizentes, que isso tudo que escrevo aqui, terá mais sentido para você!

Tudo que o diabo mais quer nesse momento, é desorientar as pessoas e fazer parecer que o mundo e tudo que tem nele, é maravilhoso, e tudo que é falado contra essa ilusão, que muitas pessoas insistem em querer viver, não tem fundamento algum. Mas, quando não fechamos os olhos para a realidade dos fatos que estão bem a nossa frente e tenta nos ofuscar, tudo se torna muito relevante pelos termos que envolvem a mão do homem, e sua maneira de tratar as questões em que dele deveria sair respostas e ações complacentes voltadas ao interesse de mais pessoas, sendo beneficiadas com mais respeito, amor e com a verdade, podendo viver de forma justa, que aliviasse a pressão pela insegurança e medo do que virá amanhã para se viver.

Quando decidimos não querer ver as coisas como de fato ela são, criamos labirintos que nos deixam perdidos, e com isso permitimos que as mentiras sejam contadas junto de nós, e aceitamos que aquilo exista em nossas vidas, tornando a realidade, uma dimensão ilusória que acreditamos que fazendo isso, estamos evitando preconceitos, discriminações, e ou qualquer outra coisa que precisa da verdade para libertar as pessoas de seus enganos absurdos...

Às vezes, vivemos tão enganados pelas ilusões que nos mesmos criamos que nos tornamos pessoas irreconhecíveis em alguns momentos de nossas vidas. Essa é uma situação clássica e também de extrema habilidade, onde, precisamos ficar atentos aos acontecimentos a nossa volta e não permitir que sejamos coniventes com situações que de nada servirão, a não ser para destruir nossas convicções pelos valores e princípios que não podem mudar.

Cada situação que se apresenta em nossas vidas, pode nos trazer muitas surpresas e desafios imensos que teremos que enfrentar com muita sabedoria e acima de tudo, ter a verdade como a base que define toda e qualquer situação independentemente de qual nos for apresentada. Esse sem dúvida é um dos grandes problemas que o mundo enfrenta, por conta das mentiras que muitos tentam transformar em verdades. Isso tem provocado um efeito colateral tão grande na vida das pessoas, que por conta disso, passamos a não acreditar muito facilmente no que as pessoas dizem nos dias de hoje!

O efeito da mentira é produzido pelo engano que as pessoas usam para benefício próprio, em que distorcem os fatos reais e determinam uma outra condição favorável ao desejo de ser daquela pessoa em questão, que precisa desse efeito para conseguir convencer, e até conquistar algo que jamais seria possível se a verdade fosse apresentada.

Não tem como olhar para o mundo e não ver que a vida está envolta em uma espécie de ilusão maquiada e induzida a dizer o contrário da verdade, a qual, torna a mentira uma base que sustenta muitas crenças ideológicas sem sentido, que faz a vida de muitos, um engano sem precedentes, seguindo em um caminho que só cresce dentro dos conceitos mundanos formados para iludir e promover ainda mais ilusões seguidas de muito sofrimento.

O declínio da humanidade, está por toda parte, e criando cada vez mais um caminho sem volta, em que entrar por ele significa aceitar as condições em viver em um mundo sob o domínio que é do diabo, que tem suas condições muito bem estabelecidas. Mas, o homem que é muito vaidoso, pensa ser dele todas as ações de ordem maldosa e convenientes com as suas ideias em se dar bem em cima dos outros, usando as táticas da esperteza e malícia sem limites, sem se dar conta do quanto está sendo usado pelo diabo, para promover tantas maldades e querer tornar as mentiras que conta em possíveis verdades que o fazem ser menos feio, do que de fato é!

O consumismo das pessoas, parece não ter fim, elas estão tão obcecadas e com um consumismo tão grande, que estão criando com isso uma situação sem propósito, pois, muito do que compram não satisfazem mais suas necessidades, e o prazer de comprar compulsivamente colocam muitos em situações de endividamentos, trazendo para suas vidas um estado de depressão criando, um COLAPSO interno, e tornando a vida de muitos um verdadeiro inferno, em que a mente dessas pessoas fica tomada por uma pressão tão grande, que muitas delas, quase enlouquecem por estar vivendo aquele intenso momento sem saber ao certo quando irão sair daquele tormento, o qual, elas mesmos criaram sem pensar nas consequências...

As pessoas às vezes reclamam estar passando por dificuldades financeiras, mas, quando conseguem algum dinheiro, não sabem viver sem a condição de ter que gastar tudo que tem em compras desnecessárias, e muitas vezes, fazem isso somente para mostrar para os outros, ostentando de alguma forma, e não porque precisam de fato do que realmente estão comprando. O que acontece é que isso se tornou um modo de vida, em que muitos usam desse meio para tentar não pensar na pressão que realmente estão vivendo por outros motivos, e tentam distrair suas mentes, comprando coisas supérfluas...

O efeito do COLAPSO na vida das pessoas acontece através dos excessos, das extravagâncias e falta de compromisso, em que há o descontrole, o descaso e muita desobediência pelas coisas que não deveriam estar acontecendo, e no fundo, as pessoas sabem que aquilo está de alguma forma, errado! O que cria esse mostro na vida das pessoas, está ligado diretamente a isso, e para completar o que já estava ruim, vem as drogas e lacra na vida de quem aceita viver essa condição, o custo é alto em todos os sentidos, e em um estado de COLAPSO o qual a pessoa pode estar vivendo, aquilo pode ser a sua ruína final.

Quando o COLAPSO acontecer de forma bem evidente, primeiramente dentro dos sistemas, e todos reconhecerem que realmente ele de fato existe, esse fenômeno sem precedentes, criado pelo homem, como se fosse um bicho de estimação, que foi alimentado sem o medo do seu ataque, mas, que agora irá tentar devorar quem o criou, mexendo com as estruturas de quem pensa ser intocável, irá transformar a vida de todos no planeta de tal maneira, que ficará difícil entender como as coisas que tanto gostamos irão continuar existindo depois que o COLAPSO se instalar em nosso meio, de forma surpreendentemente anunciada, mas que a grande maioria da humanidade preferiu ignorar os avisos e continuar a fazer o monstro crescer, mais e mais...

Tudo que muitos pensam ser o máximo para suas vidas hoje, como acessos tecnológicos e outras regalias trazidas pela internet, infelizmente não será mais possível acontecer pelas vias normais e fáceis como temos a todo momento nos dias de hoje. O declínio da humanidade irá acontecer justamente porque não estão vendo como deveria a degradação de todas as coisas, de forma tão evidente, mas, que parece não ser real o verdadeiro impacto que isso está causando porém, vai se tornar ainda maior, quando o COLAPSO acontecer publicamente e dentro de cada vida, devido, aos impactos negativos que causará a cada pessoa.

10

A MOSTRUOSIDADE DO HOMEM PARECE NÃO TER LIMITE

A definição que mais afirma a nossa culpa dentro desse imenso estado de calamidades em que o planeta está morrendo e a humanidade sendo dizimada por suas ações estúpidas e diabólicas, se dá quando conseguimos ver o homem não sendo capaz de preservar nem o bem mais valioso e vital para sua vida!

O homem se tornou tão sujo e incapaz por não ter consciência, e tão moderninho para ter condições de avaliar seu desequilíbrio com base em Deus e tudo aquilo que garante a vida de maneira simples, mas, verdadeira, em que a água doce, que significa vida para o homem e para todo tipo de vida do planeta está se acabando, não pelo alto consumo, mas, pela incapacidade do ser humano de cuidar e protege esse bem tão necessário que não pode substituído! Além de não proteger as fontes e os mananciais que produzem o nosso bem mais precioso, muitas pessoas ignoraram completamente essa regra de proteção e destroem de propósito essa artéria que jorra água e pode ser traduzida facilmente em vida!

Inconsequências, desrespeitos, desobediência e a falta de amor dentro do ser humano tem transformado o planeta, e tudo aquilo que mais gostamos, em algo que ainda não existe adjetivo capaz de referenciar, o que será do mundo, se o homem não parar tudo que está fazendo de errado agora e começar a pensar de forma inversa, sobre tudo que já fez de errado ao longo de sua vida, e como isso afetou de muitas formas, sua própria vida, a do próximo e também do planeta. Se o mesmo tiver consciência e capacidade para entender tudo de errado que já foi feito pela sua pessoa, poderá a partir daí, usar sua inteligência para desfazer pelo menos parte do mal causado, pois, essas atitudes erradas, contribuem negativamente e fazem o mundo entrar em um COLAPSO total, o qual será devastador e não sobrará muito o que deixar de positivo para as futuras gerações.

A água doce é uma das coisas existentes no mundo que não tem como substituir jamais! Mesmo assim, está sendo contaminada e destruída de forma abusiva e sem respeito, que nem parece ser algo tão importante assim para muitos, que sequer conseguem entender que esse agravante descaso de fato está acontecendo, a contaminação do alimento mais vital para a vida de todo o planeta!

Assim como a água, existem também outras muitas coisas de grande relevância para vida e que estão sendo pisadas e ignoradas como se não fossem necessárias preservar com muito cuidado! Mas a água, em particular, deveria ser algo tão bem cuidado, e de forma tão especial pelo homem, onde qualquer pessoa que tenha de fato consciência não poderia sujar ou contaminar esse bem tão precioso, que sem ele, a vida de um modo geral, se acaba instantaneamente!

O ser humano consegue sobreviver sem comer por até 21 dias, ou mais. Agora sem água, pode ficar apenas três dias e depois a morte por falências de órgãos acontece! O corpo sem água entra em COLAPSO e morre muito rápido! Esse ponto é crucial e mostra o quão inconsequente, irresponsável e monstruoso é o homem, que mesmo se destruindo como está, não reconhece suas falhas e nem tenta se redimir pelo menos em parte. Não percebe que a sua estupidez e arrogância, tem transformado tudo que somos, em uma história triste, com um final ainda pior do que aquilo que está sendo contando hoje! Assistir o mundo entrar em um estado de COLAPSO, fará o ser humano pensar, pelo menos um pouquinho, em tudo de ruim que tem feito contra a sua própria existência! É como dizem, quem não aprende pelo amor, aprende pela dor, ou, acaba morrendo da pior forma, sem ter aprendido o que era possível e necessário através do próprio sofrimento.

Tenho certeza que se o homem agisse por instinto e não por decisão pensada com tanta inteligência, o mundo ainda seria praticamente igual ao que existia desde do início de tudo. Mas, por ser a raça humana tão inteligente, a evolução de seu tempo e a forma de pensar sobre tudo que existe, tornou o mesmo, a pior criatura existente no planeta, que está até se autodestruindo! O termo, efeito colateral, se aplica tão bem para o homem, que sua herança de futuro, será a sua própria exterminação! A questão é que poluímos e corrompemos tudo a nossa volta, e ainda não admitimos que somos culpados pela destruição do planeta.

As pessoas são muito políticas em relação ao compromisso que deveriam ter por suas ações nada compromissadas com a verdade, e preferem justificar seus atos, nem sempre corretos, no que diz respeito a não querer fazer melhor aquilo que sabemos ser o necessário para nossas vidas e demais pessoas que dependem das nossas boas ações, através de mentiras e da preguiça.

As vezes justificamos nossos erros e não queremos ver o quanto estamos sendo prejudiciais para o mundo, fazendo coisas sem a devida noção sobre pequenos detalhes, em que para muitos, as pequenas ações destrutivas, não tem a relevância que possa significar destruição e problemas sérios, na contribuição e formação do COLAPSO, como está acontecendo. Mas, são através dos detalhes que podemos fazer toda a diferença, seja ela positiva ou negativa! Somos nós que alimentamos, ou não, o que acontece de bom ou ruim no mundo! Todos os acontecimentos dependem de forma única e exclusiva de cada um de nós, para que chegar onde estão ou do que ainda podemos fazer, para que o futuro das novas gerações, não seja tão sem sentido, e eles não tenham somente a dor e o sofrimento para compartilhar... Nós somos a destruição de nós mesmos!

Quero dar um exemplo sobre isso por meio da classe política, o qual, as pessoas comuns são envolvidas dentro do processo mentiroso que a política cria para conseguir seus feitos, não se importando nem um pouco com os efeitos colaterais que estão causando na vida delas e também no mundo, através de certas manobras sujas e totalmente repulsivas, em se tratando das manipulações e intenções voltadas somente em obter poder e ter muito dinheiro. Pouco do que vem da política, tem a ver com cuidados para com o povo, ou com o planeta.

Falar da política de forma tão incisiva, é uma forma de protesto contra tantos abusos vindos daqueles que deveriam fazer mais em prol da justiça e do dever de cada um. Além de ocupar cargos públicos, essas pessoas fazem disso um palco, em que suas atuações, apresentam para fins próprios, um trabalho que deveria ser para o povo. Muito do que se vê acontecendo na política por todo mundo além de vergonhoso é incompetente. Ela tem apresentado uma versão de sua conduta que não agrada por se tratar das tantas corrupções descobertas, e mesmo assim, os mesmos que foram descobertos roubando o povo são quem, de alguma forma, continuam no poder fazendo as mesmas coisas de antes...

A manipulação política tem transformado o mundo em um lugar muito contaminado por todo tipo de situação, que faz das pessoas, reféns de um tempo que não apresenta muitas possibilidades de se ter um futuro de paz e prosperidade. Tudo hoje está muito controlado, e a favor do povo está somente Deus, quando decidem buscar por Ele, e por sua justiça santa e misericordiosa. Caso contrário, todos dentro desse mundo estão pedidos, e quem não tem uma boa referência como a de Deus em suas vidas, além de perdidos, ainda estão servindo ao diabo, como muitos políticos tem feito, com base em suas condutas e palavras.

11

A INJUSTIÇA FAZ CRESCER A POLÍTICA SUJA, TORNANDO O DIREITO DO POVO LIMITADO

Essa é a conclusão da falta de justiça e da mentira que o diabo está usando para acabar com o mundo, por meio da fraqueza das pessoas que não acreditam que ele existe, e nem que a mentira seja realmente um grande problema na vida das pessoas. Quando o homem mente pensando em se dar bem, e quando a mentira o afasta literalmente de Deus, ele se torna a pior espécie do planeta. Cada ato sobre nossas decisões erradas terá consequências sem precedentes que fazem crescer ainda mais, tudo que não presta em nosso planeta e nos cobra alguma reação, que quando não acontece, o que era um probleminha, se torna um problema imenso, quase impossível de se resolver, fazendo do tempo em que o mal é predominante, em um estado de sofrimento e de muitos questionamentos sem nenhuma resposta!

Quando nos deixamos levar pelas influências negativas dos outros, nos tornamos pessoas sem decisão e contribuímos em muito, para que os significados positivos, perante as mudanças que são necessárias acontecer, tenham resultados diferentes do favorável, pelo que seja de fato justo. Nossas decisões podem significar a grande diferença, entre algo muito bom, ou, ruim demais, não somente para nós, mas também para o outro!

O mundo é regido pelo cenário político que apresenta ser a maior força mundial, em que todas as outras, como a parte empresarial, procuram seguir a mesma linha, apoiando e também ditando suas regras, com um único intuito, que é, desarticular a oposição e concluir seus projetos, em que idealizações pessoais, definem o pragmatismo que faz da política por todo mundo, um verdadeiro ponto de interrogação, sobre sua legitimidade, diante da verdade e do real compromisso com suas promessas de campanha...

O fato é que a política mundo a fora tem deixando a desejar em muitos sentidos, os quais suas propostas não tem a ver com o povo, mas sim, com seus interesses pessoais e com a formação de um grupo que estabeleça no poder uma força que consiga dominar e controlar, manipulando o maior número de pessoas possíveis, em apoio as suas ideologias, muitas vezes loucas, com fundamentos voltados somente no sentido da grandeza de interesses que reforçam ainda mais suas estratégias, em que o povo não passa de formiguinhas que trabalham e tornam os formigueiros cheios de suprimentos, para engordar aqueles que vivem dentro dos formigueiros e se esbaldam com tantas variedades de suprimentos que estão ao seu alcance.

A política por todo o mundo é exatamente como esse exemplo das formigas! O COLAPSO, que se anuncia de forma tão crescente, tem apresentado suas condições e feito entender que seu acontecimento não será passageiro, e sim definitivo e devastador para os grandes centros urbanos, em particular. Aqueles que não estão vendo o contexto da realidade sendo escrito de forma muito dolorosa para o futuro e acreditam em contos com um final feliz para os dias vindouros, não são pessoas otimistas. Ao meu ver, são pessoas que estão vivendo de ilusões e não sabem ainda qual é a diferença entre verdade e mentira, realidade e fantasia, Deus e diabo!

12

O MUNDO JAZ NO MALIGNO

A palavra de Deus diz que o mundo jaz no maligno! Confesso que quando leio isso, consigo ver a magnitude do que isso de fato quer disser para as pessoas. Isso não é somente um lembrete de Deus, dizendo que o diabo está no mundo, isso quer dizer na integra de seu contexto muito sério, que o mundo está tomado pelo diabo, e ele se faz príncipe desse século com seus muitos demônios, e que as pessoas estão envolvidas por essa força maligna, em que o pecado e a naturalidade das coisas, camuflam muito bem, as ações satânicas que já existe na vida delas, e muitas nem percebem esse efeito sendo produzido, e acontecendo de forma tão triste e espiritual.

A sutileza do diabo na vida das pessoas é como um bichinho de pé, que vai entrando bem devagarinho, e quando se percebe a coceirinha, ele já está alojado, tendo formado uma batata, que vai incomodar muito! No caso do diabo, ele cria situações pertinentes aos seus interesses e vai se tornando possuidor daquelas vidas em questão, produzindo efeitos contrários, aos preceitos que vem de Deus.

Voltando um pouco para os políticos, acredito que eles trabalham em parceria bem acirrada com o diabo, pois, suas ações são tão permissivas para fins próprios e tão desumanas para com as necessidades das pessoas, que gritam por melhores condições, e recebem promessas como respostas de um trabalho que sempre deixa a desejar no contexto geral. O diabo por incrível que pareça, faz a mesma coisa com as pessoas. Ele oferece muitas facilidades e condições que até parecem um milagre, tais situações, tão ao alcance das mãos, podendo ser: muito dinheiro, prazeres de todos os tipos, e até saúde temporária, em troca da alma de quem aceita suas condições... Está vendo como é muito parecida a forma de agir dos políticos corruptos e o diabo?

Para muitos políticos corruptos, suas ideologias de implantação de sistemas sociais, que não apresentam benefícios para o povo, mas sim, para eles, servem para tornar ainda mais, o poder deles, maior e quase intocável, tendo em vista que quanto mais miserável o povo fica, mais controle eles conseguem sobre as pessoas. Isso é algo tão real, que é possível ver acontecendo em alguns países, em que os sistemas políticos deram tão errado para o povo, que sem condições para ter uma vida melhor, estavam comendo até cachorros, para não morrem de fome.

Casos como esse citado acima, são verdadeiros absurdos e até parecem exagero mencionar algo assim. Mas, tudo que estou escrevendo tem relevância com a destruição do planeta e com o COLAPSO, que se aproxima mais e mais da realidade de todos nós! Essa infelizmente é a mais pura verdade, onde os fatos, não me deixam mentir!

Políticos sendo os guardiões do povo e lutando pelos seus direitos, de forma prática, só se vê acontecendo raramente, ou em suas mentirosas falas em véspera de companha eleitoral! As políticas sujas e corruptas estão destruindo o mundo sem muita preocupação com quem está morrendo e nem como isso está acontecendo. Para eles, tudo que mais importa, não são as pessoas que morrem, mas, as que estão vivas e questionam suas ações satânicas e voltadas somente ao bem comum de seus interesses pessoais.

13

FAZENDO A DIFERENÇA E ALIVIANDO PARTE DA PRESSÃO

Quando digo que a política suja e corrupta é a propulsora de um COLAPSO em todo mundo, não estou exagerando e nem querendo perseguir essa classe, a qual não tenho nenhuma admiração, mas, também não posso fazer justiça com minhas próprias mãos, ou palavras! Tudo que faço é apresentar meu ponto de vista, olhando para uma realidade que me fornece em seu conteúdo, tudo que preciso para dizer a verdade dos fatos e concluir com um sentimento espiritual o qual sinto que Deus está presente em parte de tudo que escrevo...

O homem nunca poderá ser inocentado sobre a culpa da sua condenação por estar destruindo o próprio planeta! Independentemente da classe social que cada um tenha dentro do planeta, a sentença será imputada para todos, sem nenhuma exceção! Cada um de nós deve ter compromisso com a verdade dos fatos que conhecemos e com as ações que fazemos acontecer. Não agindo assim, estamos sendo aliados da destruição do mundo! Com certeza você não gosta disso, mas, essa é a realidade que decidimos viver, gostar ou não da nossa realidade, tem a ver com melhores ou piores atitudes que estamos permitindo sobre tudo que vivemos! Se você não faz sua parte no processo de construção de um mundo melhor, você acaba fazendo o contrário! Só existem estas duas opções: construir arrumando tudo que está ao seu alcance, ou continuar não tendo a consciência devida e destruir ainda mais, o que já não suporta tantos abusos e omissões!

Os muitos sinais vindos da natureza têm mostrando de forma muito clara, que as coisas não estão muito bem a tempos em nosso mundo. Esses sinais estão aí para quem quiser realmente ver e constatar, sem nem uma influência do homem em tentar manipular essas informações, que vem da própria natureza, e tem feito o homem de vítima da sua própria desgraça, apresentando para quem quiser ver, muitos sinais de uma força contrária e destruidora, como resposta a tantos efeitos dos descasos e abusos, que o ser humano tem permitido acontecer contra a natureza.

Os efeitos climáticos totalmente descontrolados têm mostrado um grande desequilíbrio de forma que esse fenômeno, têm alterado a vida de muitas pessoas que precisam seguir o clima certo, para conseguir obter condições para plantar e também colher seus alimentos, que irão chegar até as nossas mesas. Mas, isso tem mudado por todo o mundo e junto as mudanças climáticas, tem acontecido consequências desastrosas, promovendo destruições pela natureza em proporções nunca vistas antes.

Viver se enganado e tentando enganar outros que parecem não perceber sozinhos a realidade de tantas coisas ruins acontecendo ao mesmo tempo, é ficar parado esperando o mundo ser destruído e nada fazer de diferente que alivie a pressão em alguns sentidos. Esse tipo de gente que não faz nada para amenizar parte da pressão destrutiva, que também faz delas pessoas escravas do mesmo sistema opressor, tem dificultado uma reação, pois, as pessoas estão se mantendo acomodadas em seus cantinhos isolados do resto do mundo, sem dar a devida atenção aos fatos tão reveladores, sem ter alguma iniciativa que poderia conter, o ato de não mais jogar em qualquer lugar, um palito de picolé que seja, ou uma latinha de cerveja ou refrigerante! Essa seria uma iniciativa, e um começo, em que cada pessoa poderia ter a mesma consciência, educação e respeito, por tudo que vive, e por estar entendendo a gravidade da situação que se encontra a humanidade. Qualquer ação positiva, mesmo que seja pequena, ajuda em muito na formação de novos conceitos de responsabilidades, e mais respeito pela vida! Lembrem-se disso sempre e mude seus hábitos errados, os detalhes fazem muita diferença!

Quando permitimos que o comodismo tome conta de nossas vidas, nos tornamos pessoas inúteis no processo de conduta exemplar, em que aquilo que não fazemos de positivo em prol da vida como um todo, poderá existir de forma negativa graças a nossa não participação, com atitude e interesse em não ser apenas uma mesmice em um momento tão difícil, em que o problema de um, é também o problema de todos! Precisamos ter voz, ação, e nos colocar de pé diante de certas situações que são muito prejudiciais ao planeta.

14

O MUNDO PRECISA DE VOCÊ PARA CONTINUAR EXISTINDO, NÃO SEJA UMA MESMICE

Mesmo quando tudo que mais gostamos está sendo ameaçado por um COLAPSO o qual está sendo anunciado por meio de livros e por meios de comunicação sérios, que tem compromisso com a verdade e em apresentar os fatos eminentes de uma realidade que se tornou muito difícil de olhar e não ver o tamanho do problema que existe e só cresce ainda mais ao longo dos dias, mesmo assim, as pessoas não querem entender que o mundo precisa delas, de forma mais consciente e eficiente. É necessário que elas entendam também que precisam mudar sua forma de pensar e de agir diante da necessidade de fazer da sua existência, um compromisso melhor do que tem feito, em que ações impensadas acabam gerando situações ruins, que não podem continuar acontecendo como tem sido.

Pois, o mundo em sua totalidade, já não suporta mais tantos atos errados em diversas situações, que estão sendo destruídas, em relação aquilo que as pessoas tem permitido que aconteça, tendo um grande descaso, de um modo geral, no que tange a cuidar, preservar e ter posições firmes, no que diz respeito a não permitir que aconteçam mais, certas situações, que podemos com algumas palavras, ou algo que esteja ao alcance das nossas mãos, evitar que continue acontecendo do mesmo jeito...

Às vezes fico pensando quão inteligente é o ser humano, e ao mesmo tempo tão apático em relação ao que poderia ser feito de positivo, evitando tantas coisas erradas, que são tão fáceis de serem resolvidas! Mas, por que não resolvem então? Por que deixar de lado, sem querer fazer o certo em determinadas situações tão importantes que podem ter uma significância muito grande, dentro do efeito destrutivo do planeta? A resposta para essas perguntas é bem simples! As pessoas não fazem aquilo que precisa ser feito, evitando mais destruição para o mundo, porque não se importam com mais nada, estão sem perspectiva de vida, estão frustradas, tristes e doentes por conta de suas ações erradas e por estarem vivendo as consequências disso tudo de ruim que já fizeram na vida. Para completar a fadiga e omissão, ainda não tem Deus em suas vidas!

A falta de Deus nas vidas das pessoas as torna em seres diabólicos, doentes e mortos espiritualmente! E o diabo se aproveita disso tudo, cegando-as, não deixando elas terem visão de futuro e coragem para moverem uma palha, em favor da vida, pois, o propósito do diabo na terra é matar, roubar e destruir! Será que ele está preocupado com um COLAPSO acontecendo no mundo, e tornando as pessoas ainda mais escravizadas pelo pecado e pela dor, que tudo isso irá gerar? Claro que não! O egoísmo tem sido dentro desse cenário de horrores que o mundo tem vivido sendo destruído pelas mãos do homem, um dos maiores entraves, que torna o ser humano, um bicho racional muito feio e sem amor para dar ao próximo. Quando isso acontece, Deus realmente está faltando na vida das pessoas!

Quando não me coloco disposto a ser alguém útil de verdade em meu propósito de vida, o que faço não tem base que servirá de referência para que outros olhem para mim e respeitem aquilo sou. Se fossemos olhar a utilidade e inutilidade das pessoas, em todo mundo, conseguiríamos entender facilmente, o porquê de o mundo estar entrando em COLAPSO!

A mesmice torna as pessoas seres inúteis! O termo mesmice representa pessoas que só fazem aquilo que outros já estão fazendo, sendo essas feituras, um estilo de vida largado e tomado por algum tipo de modismos, que torna uma parte da sociedade muito parecida, tendo uns nos outros, o mesmo reflexo, podendo ser na imagem que passam, nas atitudes e comportamentos, tipos de falas, ou visão de mundo, por uma perspectiva nada animadora, se tiverem que fazer algo que seja colocar a mão na massa, e participar de forma positiva, em tudo que envolve o bem estar de tudo que tem relação com as melhorias que podem tornar a vida em sua totalidade, em um tempo mais saudável. Em que, juntamente com outras ações também positivas, de pessoas realmente dispostas e comprometidas com um mundo melhor, consiga possibilitar para todo tipo de vida existente, condições mais favoráveis para todos.

Geralmente, pessoas classificadas como mesmice são preguiçosas e não ligam muito para a opinião de outras pessoas. Seu estilo de vida está agregado a uma conduta sem compromisso em fazer a diferença, em relação às atitudes inovadoras, e gostam de seguir outros para não ter que tomar decisões sozinhos, em relação aos acontecimentos a sua volta.

Pessoas que não pensam que seja possível agir de forma mais positiva, deixando de fazer algo que depõe contra o bem-estar de um modo geral, não ligam para certos atos negativos e corriqueiros, que às vezes acabam fazendo, por hábito, e nem ligam se o que estão fazendo vai prejudicar de alguma forma a vida de alguém. Às vezes, essas pessoas não tiveram uma educação que os ensinassem os deveres e direitos que se aprendem em casa, e que cada pessoas precisa ter para com a natureza e sociedade. Para que não haja um ciclo de pessoas que herdarão uma educação mal ensinada, permitindo que continue existindo ao longo das novas gerações, os mesmos erros absurdos na formação do filhos, que ao invés dos pais criarem pessoas melhores para o mundo, cobram sem fazer direito, a sua parte, na educação de seus filhos, um mundo melhor para os mesmos. Será que isso está certo? Será que aqueles que não fazem direito o seu papel naquilo que lhes cabe como responsabilidade e dever têm o direito de cobrar de alguém, algum resultado em melhorias? Essa é a grande questão que fica para se pensar um pouco mais sobre o assunto!

15

O COLAPSO É UMA REALIDADE ANUCIADA

Para as pessoas sem muita visão de mundo e sem ação nas atitudes que tornam o meio em que vivem em um lugar melhor, falar sobre a realidade de um COLAPSO que está muito próximo de acontecer no planeta, não é algo que irá impactar muito o comportamento e o compromisso, de forma que muito facilmente elas irão pensar que tudo isso que estou escrevendo não passa de paranoia da minha cabeça, que estou querendo causar pânico e criar uma situação, para vender livros e conquistar fama de alguma forma.

Mas, digo a você que não estou inventando um COLAPSO para o mundo, e nem dizendo nenhuma mentira, quando digo em vários momentos no livro, que a culpa de todo mal existente no planeta, são das pessoas e suas decisões erradas, que comprometem o bem-estar e a integridade física e moral, de tudo que existe, e tudo isso de forma bem generalizada. É disso que se trata o tema do livro! É nisso que temos que pensar de forma bem reflexiva e tomar algumas decisões em relação ao antes, e depois de ter lido esse livro. Serão essas colocações aqui apresentadas loucuras da minha cabeça? Ou tudo que tem acontecido de tão ruim em nosso meio são questões bem típica de pessoas que estão criando o caos com as próprias mãos, e não conseguem admitir suas falhas, assumindo o descaso, a falta de respeito e responsabilidades pelo que é simples e tão importante para vida de um modo geral? Ou será que essa loucura do escritor não seria o dedo na ferida daqueles que estão fazendo sempre as mesmas merdas, e esperando resultados diferentes?

Sobretudo, tenho muita consciência e muita responsabilidade no que estou fazendo, escrevo sobre um tema que é muito polêmico, chamado mundo em COLAPSO, que avança contra a humanidade, e irá se apresentar de forma muito crescente, como foi com vírus da covid-19, que em um dia infectava e matava uma grande quantidade de pessoas, pelo mundo todo, e no outro, o número dobrava de forma muito rápida, sem ninguém conseguir ter solução para os problemas. Essa trama da covid-19 o mundo já conheceu bem de perto, agora o efeito do COLAPSO por uma ação tão coletiva será ainda pior!

O homem sabe o que é viver em um estado de COLAPSO, mas, está subestimando sua força em um âmbito bem maior do que tem visto acontecer. Quando algo entra em COLAPSO, transforma aquilo que foi afetado, em falência total, quando essa falência se trata de pessoas, a vida das mesmas, quase sempre, entra em um estágio fatal, à medida que se encontra em um estado de COLAPSO interno por conta da saúde debilitada.

O COLAPSO sobre o qual estou escrevendo irá pegar muitos despreparados de surpresa! Entre essas pessoas, vão estar os zombadores, os preguiçosos e acomodados, os sem visão de mundo, os parasitas, os que vivem suas vidas sob a opinião dos outros, os que não acreditam em Deus, mas, acreditam em papai Noel, e no homem que criou em maior proporção de tamanho por descaso, as condições para que o monstro invisível chamado COLAPSO, invada a vida de todos nós, e torne tudo que criamos, e amamos tanto, em improváveis condições para que se viva uma vida de forma mais saudável e segura.

Só não vê as nuvens negras formando a tempestade em nosso mundo e transformando o mesmo em trevas, quem não entende o significado de nuvens negras, e não reconhece que trevas seja algo diabólico e muito nocivo! Ou, quem de fato não se importam com nada a sua volta! Para muitos, certos sinais que estão vindo da natureza, ou do próprio homem que promove todo esse efeito destrutivo, são detalhes sem muita relevância para eles. Ocupar suas mentes com coisas que não sejam relacionadas aos prazeres aos quais estão acostumados a viver de forma intensa, é perca de tempo, pois, para essas pessoas, o mundo está ferrado, e curtir o momento, é o mais certo a se fazer, enquanto ainda se pode.

Se começarmos a pensar dessa forma também, é possível concluir que independentemente de um fim muito triste que o homem esteja criando para ele próprio, por conta de suas ações erradas, o mundo ainda suportará ser agredido por um tempo, que não pode ser exatamente previsto. A questão é que ficar acomodado vendo tudo desmoronar bem a nossa frente, não é algo mentalmente saudável. O que penso, e acredito ser muito sensato e inteligente em dizer, é que o homem deveria ter mais consciência, e pensar nas crianças que ainda são tão pequeninas, e nada sabem das tantas coisas feias, e ruins, que estão sendo deixadas para elas.

O que está sendo deixado para as futuras gerações é algo muito triste de se ver, e pior ainda de acreditar, que muitos pais estejam sendo tão incapazes de aceitar que precisam mudar certas ações para promover situações, que irão construir um caminho melhor para que seus filhos possam ter um futuro com condições de vida menos deprimentes e mais direitos para formar um futuro, que hoje, parece estar muito ameaçado, se nada for feito por quem entende e acredita ainda ser possível pensar no amanhã para seus filhos e netos.

Essa com certeza é uma consideração muito forte, que precisamos levar em conta e pensar de forma diferente, sobretudo que estamos fazendo com nossas atitudes e decisões egoístas, e irresponsáveis, que já contribuem em muitos acontecimentos ruins, e ainda continuam da mesma forma, permitindo que um COLAPSO aconteça mais rapidamente em nossas vidas, e se estenda para um futuro que não terão muito o que viver as próximas gerações, se o quesito consciência não for mudado, e as pessoas entrarem no módulo salvar o planeta urgente!

Se não conseguimos entender a necessidade de algumas mudanças sobre ter mais consciência e respeito por estar tornando o mundo um lugar pior, pela falta de responsabilidade e amor, que torna o ser humano que é racional, em um bicho bem pior do que um animal irracional, que vive pelo instinto, mas, preserva o mundo que vive, de forma que o homem não consegue fazer igual, então tudo realmente está de fato perdido.

16

SOMENTE DEUS TEM AS RESPOSTAS PARA AS NOSSAS PERGUNTAS

Um fato totalmente relevante sobre tudo de ruim que vivemos nos dias atuais, é que as pessoas estão sem consciência na vivência do dia a dia, e cegas na parte espiritual! Não querem saber de Deus em suas vidas e estão fazendo dos valores morais, éticos, familiares entre outros, algo banal, e sobre Deus, profanam seus ensinamentos e zombam do que ele pode significar para outros que acreditam em seu poder e sobretudo, em seu amor.

A decadência pelos valores que asseguram os bons costumes tem transformado a vida de muitos, como por exemplo, as pessoas que prezam pela família. Essas, estão sofrendo com os descasos e a destruição desses valores importantes para a continuidade de suas vidas pelos fundamentos familiares, onde muitos acreditam ser os pilares que ainda sustentam o equilíbrio do que resta de bom no mundo. Na verdade, o mundo tem se tornado um lugar muito difícil de se viver, considerando que, uma boa parte da humanidade, não tem se empenhado em cuidar mantendo o que é de fato importante para vida ter uma continuidade saudável, para que as próximas gerações possam desfrutar ainda de algum benefício e não somente da destruição.

Algo que podemos usar para entender um pouco melhor o que está acontecendo com as pessoas, e consequentemente com o mundo através dessas pessoas, chama-se: distanciamento do homem para com o seu criador. Deus e seus tantos ensinamentos, que pelo sim ou pelo não, são a verdadeira e única base que sustenta o homem que dentro de seus devaneios loucos e capacidade incrivelmente absurda de tornar tudo que toca, em destruição e muita sujeira de todos os tipos.

Sem Deus, não tem conversa, todo assunto fica vazio de alguma forma! Sem Deus, a vida não existe com o equilíbrio necessário para ser respeitada! Somente Deus é a resposta para todas as nossas perguntas! Sem vida espiritual, a carne fica vagando sedenta pelos prazeres sem um propósito definido, e morre como se fosse um animal qualquer, sem ter entendido o sentido sobre o que está vivendo. As pessoas estão passando por cima do que realmente representa fortalecimento necessário, e isso tem nome, chama-se vida com Deus!

Ninguém além de Deus poderia dar a cada pessoa a sua base no entendimento de ensinamentos importantes que moldam e estabelecem limites, esclarecem conceitos e criam uma sustentação espiritual que não deixam ninguém que entende o que isso de fato significa se tornar um simples objeto nas mãos de outros, que usam e tratam como querem, os despreparados, que não conhecem o que é ter uma vida espiritual, ou presença de Deus em suas vidas.

Muitos pensam que quando se fala de vida espiritual, ou de Deus e Jesus Cristo, automaticamente a questão religiosa tem que estar presente de forma obrigatória. Mas, digo que nada tem a ver uma coisa com a outra! Se não for uma decisão da pessoa em questão, em querer seguir uma religião, e associar Deus a essa religião, nada irá mudar em relação à fé da pessoa por Deus, Jesus ou salvação. A vida espiritual tem a ver com Deus e Jesus Cristo, que sempre trataram a religião de forma democrática sob o efeito de que ser uma pessoa espiritual, não quer dizer que a pessoa precisa ser religiosa! A religião muitas vezes tira a espiritualidade das pessoas, que se projetam tanto, dentro das igrejas, que esquecem os verdadeiros ensinamentos de Deus, passando a olhar muito para o homem, como sendo a referência da igreja a ser seguida.

Certas igrejas fazem as pessoas seres egoístas e fanáticas! Sendo assim, muitas pessoas pecam mais dentro das igrejas, do que fora delas, pelo fato de olhar para os outros que estão de fora e julgá-los como se por estar dentro das igrejas, fossem pessoas melhores por estarem sendo religiosas. Isso nada tem a ver com espiritualidade, e sim, com fanatismo e até loucura!

Outra coisa que distancia muito as pessoas da verdade espiritual, é que Deus e sua espiritualidade, não conseguem coabitar no meio de tantos interesses financeiros e materialistas. Essas atitudes profanam o verdadeiro Deus, criando-se um outro, que habita dentro das religiões, distorcendo as palavras do verdadeiro Deus e ensinando que a idolatria é algo espiritual, e utilizam do enriquecimento, visando a fé das pessoas, para arrecadar mais recursos. As igrejas, templos, mesquitas, mosteiros, centros de diversas entidades religiosas e qualquer outro seguimento que buscam referenciar de alguma forma o lado "espiritual", o Deus verdadeiro de Israel, só tem de fato a participação do ato espiritual se houver uma entrega verdadeira, sem que o homem não use disso para ter alguma vantagem em usar o nome de Deus, e de Jesus, que são santos e imaculados, para fins pessoais.

Infelizmente essa distorção tem acontecido quase que em todos os eventos religiosos. Me arrisco em dizer ainda mais sobre isso, e aponto um fato muito triste, em que muitas igrejas que tantos usam o nome de Deus e de Jesus Cristo de forma aparentemente íntima, estão em um verdadeiro COLAPSO e um total declínio, em relação a posturas e ao efeito humano, conduzindo pessoas que se deixam levar por influências dentro das igrejas, que são do homem, e não de Deus.

Tudo que as pessoas mais querem quando vão para as igrejas é ter um encontro com Deus, tornar mais leve o peso de seus erros e suas culpas, tentar se perdoar junto a Deus, e poder relaxar, sabendo que Deus irá ouvi-las. Mas, o homem entra na frente, antes que isso aconteça e transforma o tempo das pessoas com Deus, em um portal da felicidade, em que precisa ser pago um acesso, fazendo a pessoa passar a acreditar em tudo que é ensinado pela religião, seja ela qual for!

Igreja hoje em dia se tornou sinônimo de renda, se tornando empresas com CNPJ e faturamentos mensais muito bem contabilizados, com distribuição de renda para vários departamentos, em que muitos possuem cargos influentes, recebendo altos valores como salários, de um dinheiro que deveria ser para fazer a obra de Deus, junto às pessoas que precisam de fato de ajuda, e não para tornar pessoas ricas, usando o nome de Deus e Jesus Cristo, como plataforma de lucros e vida boa para poucos, o que se assemelha muito a política suja por todo mundo!

A grande verdade sobre religião é que o homem descobriu dentro desse conceito que aproxima as pessoas de Deus, usando o que está na Bíblia, para sensibilizar e convencer muitos, que as igrejas são os únicos caminhos que as pessoas precisam, para se encontrar com Deus e ter uma comunhão sobre salvação, aceitando Jesus Cristo e tentando se firmar na presença verdadeira de Deus. Mas, infelizmente as igrejas estão muito corrompidas com as ideologias humanas e uma insaciada grandeza por dinheiro.

Com isso, os benefícios são grandes, e ministérios por todo o mundo, tem se enriquecido às custas da provisão de pessoas simples, que sacrificam doando dízimos e ofertas, acreditando no que os homens dentro das igrejas dizem, e que nem sempre, tem a ver com a palavra de Deus, e sim, no que o homem diz por conta própria, sobre o que de fato querem, dos que estão ali como membros e buscando uma resposta de Deus para suas aflições. Pois, nem sempre Deus é convidado de fato a estar nas igrejas, quando o assunto é dinheiro, a conversa acaba sendo do homem e para o homem.

Muito do que falam dentro das igrejas, Deus não faz parte, porque ele não pactua com interesses humanos que tirem do outro para se beneficiar, quando esses interesses só dizem respeito a grandeza religiosa, em que o homem tem falado para outras pessoas, como se fosse o próprio Deus. E muitos idolatram essas pessoas! É claro que isso não se aplica para todos os líderes e igrejas, mas, para uma grande maioria! Agora tire você suas próprias conclusões. E não seja uma pessoa religiosa, e sim, temente a Deus. Pois, entre uma coisa e outra, existe muita diferença!

17

A RELIGIOSIDADE E A GANÂNCIA DO HOMEM CORROMPEM OS ENSINAMENTOS DE DEUS E FAZEM DE MUITAS IGREJAS UMA VERGONHA

Que o mundo está em COLAPSO mais e mais a cada dia, isso é um fato notório e quem não está vendo isso acontecer, vive de ilusão em um mundo arrasado de todos as formas possíveis pelo próprio homem, e não acredita que tudo seja relevante e também muito preocupante. Mas, ver as igrejas também fazendo parte desse cenário comum, de mundo corrompido, e contribuindo para que o COLAPSO seja ainda mais pertinente com base nas condutas errôneas do homem, me deixa triste e totalmente desacreditado na conduta das pessoas.

Isso me mostra o que ainda parecia possível de acontecer antes de Jesus voltar, como uma remota possibilidade de renovação por meio das igrejas, se tornar algo muito distante! Ver as igrejas também vivendo um declínio por conta de suas manobras financeiras, sendo corrompidas pelo dinheiro, fazendo dos líderes de ministérios, pessoas famosas e milionárias, ostentando suas riquezas como se aquilo fosse uma benção de Deus somente para eles, enquanto muitos dos membros de seus respectivos ministérios, passam fome e vivem como pessoas miseráveis. Isso faz tudo ser uma grande ironia, ver o tamanho desse efeito de bênçãos acontecendo somente para alguns dentro das igrejas, enquanto outros, vivem de cestas básicas, e as vezes ajudados por outros ministérios. Isso tudo é o que referencia o COLAPSO em nosso mundo!

São tantas coisas erradas acontecendo por toda parte, onde parece que ninguém está livre dessa contaminação que transforma o mundo, em um lugar não somente destruído, mas, também corrompido de todas as formas! A verdade é que, independentemente de quais religiões existem, a configuração sobre o efeito da profanação sobre o que de fato Deus deixou para ser repassado para todos os povos, está sendo acometido pela ganância e a luxúria, por certos ministérios muito ricos e conhecidos por todo o mundo, que concorrem com outros ministérios, por um público membro, como se fosse uma loja de conveniência qualquer, vendendo um produto, e não ensinando sobre salvação e a palavra de Deus.

Para muitos ministérios, esse comércio bilionário de religiosidade por todo o mundo serve para enriquecer ainda mais seus patrimônios valiosos, onde as igrejas são empresas com faturamentos altíssimos, e o dinheiro fica acima dos verdadeiros e ensinamentos de Deus. Onde mais uma vez, o homem consegue manipular pessoas a se corromperem em benefício da sua grandeza material e sucesso pessoal.

Às vezes fico pensando como Deus deve olhar para esses que se dizem sacerdotes da sua palavra, mas, que atuam nos bastidores de forma muito diferente do que de fato tentam mostrar em suas atuações em público. Infelizmente, muitos desses "homens e mulheres de Deus" estão disfarçados de ovelhas, mas, não passam de lobos vorazes, com metas financeiras para cumprir, usando o nome de Deus e de Jesus, para convencer muitos corações endurecidos e cansados de tanto sofrer. Onde a narrativa oferecida por essas pessoas que aprenderam a falar o que muitos querem ouvir, tem dado certo nas igrejas, e de certa forma, ameniza a dor humana de muitos, bem mais com a psicologia humana, do que com os ensinamentos que vem do próprio Deus, e que podem de fato curar qualquer situação e salvar verdadeiramente todos que acreditam em sua graça, que se chama: Jesus Cristo.

Muitas pessoas infelizmente acreditam mais em seus líderes religiosos, do que propriamente na palavra de Deus. A verdade é que existe uma disputa muito grande das igrejas, para ver quem consegue impactar com mais força as pessoas, gerando mais confiança e tendo o maior público membro, conseguindo fidelizar os mesmos, como sendo a sua fonte de renda, em que conseguiram atingir um faturamento mensal equilibrado.

O homem tem tirado vantagens absurdas de Deus e do nome de Jesus, que além disso ser algo muito vergonhoso, tem se tornado uma estratégia cada vez mais comum e lucrativa, que se olharmos a quantidade de ministérios novos que são criados todos os anos, em todo mundo, é algo exorbitante, e muito constrangedor, se considerarmos a cara de pau, de muitos desses, que estão claramente abrindo um negócio para ganhar dinheiro, e não pensando no bem-estar espiritual das pessoas como se faz parecer.

Isso é o mundo em COLAPSO, em que até as igrejas estão permitindo fazer parte desse cenário de mentiras, movidas por muito dinheiro e aceitando situações em que Deus não entra de forma alguma nesse espetáculo financeiro que está envolvendo o seu nome para conseguir ter vantagens e mais vantagens, sobre outras pessoas.

Levar o conhecimento para as pessoas sobre Deus de forma honesta, que possa de fato fazer as pessoas conhecer Jesus, sem ter que pagar para que isso aconteça, é entender o significado do ide de Jesus, que disse; **Marcos: 16 -15 "pregai o meu evangelho para todas as criaturas".** Esse ensinamento deveria acontecer sem o homem distorcer para o seu lado e tirar vantagens sobre isso! Salvação, só em Jesus Cristo! Mas, o homem tem feito disso a sua plataforma de negócio e sucesso, em que parece ser ele, o homem, que pode salvar as pessoas, e não mais Jesus Cristo!

Muitos que se dizem, pastores, sacerdotes e outros para provar sua fé junto ao seu público pagante, e que precisa ver um show apresentado dentro das igrejas para se convencer de alguma coisa, em que o homem, que se acha o principal personagem, para convencer outras pessoas que sua igreja é o lugar certo, não perdem a oportunidade de entrevistar até os demônios, como se fosse aquilo uma rotina que se tornou de fato um show, que convence muitos pela performance apresentada, como sendo o homem, um verdadeiro dominador dos espíritos malignos, em que desafiam Deus com revelações e "brincam" em fazer milagres.

Penso que uma pessoa preparada realmente pela oração, jejum e muito temor a Deus, usando o nome de Jesus da forma correta, pode sim expulsar demônios, e até curar pessoas! O fato que quero ressaltar sobre tudo que disse sobre determinadas igrejas e algumas pessoas bem específicas, que se apresentam usando até os demônios para impressionar possíveis membros a congregarem em suas respectivas igrejas, por conta de sua performance corajosas diante dos demônios, é que isso para mim não tem verdade! Jesus nunca precisou se mostrar melhor que ninguém para provar que era o filho de Deus, e muito menos quando ia expulsar algum demônio! Vejo que certos movimentos do homem usando o nome de Jesus, são exagero, e tudo acontece para impressionar pessoas e conquistá-las para seu grupo de membros seguidores.

Vejo algumas igrejas muito preocupadas, e focadas em ser tão liberais, modernas, e tudo isso para atrair mais público. Falar a verdade sobre todos os termos conforme a palavra de Deus ensina, pode não ser bem aceito, e por conta disso, muitos destorcem as verdades, para que aquilo que for dito, não seja tão duro e afaste algumas pessoas que poderiam não aceitar tais verdades para suas vidas, como de fato elas são! Para mim, muitas igrejas estão em COLAPSO, e Deus não é de fato aquele que rege sobre todos os sentidos dentro desses lugares, que mais profanam o seu nome, do que o adoram como dizem fazer acontecer!

É lamentável tais colocações sobre o meu ponto de vista, mas, posso afirmar que já presenciei tais coisas bem de perto, e entendi que Deus precisa ser melhor valorizado e respeitado por certas igrejas, ricas, e muito dependentes do dinheiro.

Acredito que aqueles que são de Deus de verdade não precisam dar espetáculos e nem tão pouco querer se mostrar que tem poder sobre os demônios. Jesus era muito discreto, e quando curava alguém ou expulsava demônios das pessoas, ele o fazia de forma muito discreta, sem dar espetáculo que chamasse a atenção de muitos. Ele preferia nem ser notado! Mas, para esses, nos dias de hoje, que parecem gostar de exibirem uma performance, fazendo dos demônios, uma exposição tão simples e natural, que nem parecem que tais pessoas estão lidando com algo espiritual tão sério, ou que seja verdade as entrevistas com o lado maligno das trevas. Tudo que sei, é que às vezes que já vi isso acontecendo, não gostei da naturalidade que são apresentados tantos demônios para os fiéis, fiquei com algumas dúvidas sobre tudo que se passava ali!

A verdade é que o homem perdeu a noção do respeito e também do perigo quanto às coisas que se referem a Deus, e ao sobrenatural. Se alguma coisa pode ser feita pelo homem, para gerar lucros altos, ele não se importará muito com as consequências e fará de tudo para conseguir obter bons resultados para ele, de todas as formas possíveis. A grande questão é que junto da ganância do homem vem a sua destruição sem precedentes!

Aqui estamos falando das igrejas e do quanto o homem tem conseguido transformar a fé de muitos, em algo sem valor, mas, que o dinheiro pode pagar. Muitas igrejas olham tortos para quem não dizimam, ou não dão ofertas. Ir nas igrejas e não contribuir com dinheiro algum, é visto pelos administradores como sinônimo de esperteza, ou falta de fé, e tais pessoas não são tão bem-vindas por muito tempo, sem que não haja uma cutucada sobre essa questão!

Deus diz em suas palavras que o dinheiro é a raiz para todos os males do mundo. Deus sabe de todas as coisas, antes mesmo que aconteçam, por isso Ele disse isso! O dinheiro tem sido a destruição do homem em uma escala tão grande, que em tudo que se consegue entender sobre a vida humana, o dinheiro tem transformado pessoas em seres irreconhecíveis, e criado absurdos efeitos negativos na vida de muitos, que se tornaram verdadeiros monstros desumanos, e arrogantes, que pensam ser eles, deuses por conta do dinheiro e do poder que conseguiram ter em suas mãos. O fato é que a corrupção está generalizada por todo o mundo, ninguém está liberto dessa doença por completo.

O pecado que existe dentro das pessoas tem transformado a vida de muitos que aceitam sua prática pela conveniência dos prazeres diversos, corrompendo e fazendo de muitas vidas uma escravidão sem precedentes. Por que tudo que é pecaminoso, é muito bom no começo? Mas, depois de um tempo se torna quase sempre um grande problema, escravizando as pessoas, e fazendo-as viver sob o domínio do mal, por conta do pecado? A questão que precisa ser melhor entendida sobre o pecado, é que todas as pessoas pecam, mas, nem todas aceitam sua conveniência!

O mundo está sendo destruído por conta do pecado e de suas conveniências. A natureza do ser humano é pecadora, mas, viver praticando o pecado, sabendo o que está fazendo, e ainda gostar de estar fazendo porque aquilo é pecado, isso não parece ser algo muito normal, e essa prática aceitável por muitos, é estender a mão para o diabo, e dizer que também aceita: matar, roubar e destruir!

Quem vive sua vida não se importando se está pecando ou não, se encontra em um grande dilema, pois, viver assim me parece uma atitude de animal irracional, que não tem discernimento. Mas, o homem é um bicho racional, muito inteligente, e sabe muito bem o que está fazendo de certo e também de errado em sua vida! O que falta para essas pessoas que vivem praticando o pecado, sem aceitar o que a sua consciência te faz pensar sobre certas coisas erradas que praticam, é ter acima de tudo, Deus em suas vidas! Todas as pessoas precisam de Deus em suas vidas! Quem pensa poder viver seus dias sem Deus, vive para desgraçar a própria vida e a de muitos outros.

Muito daquilo que estamos vendo acontecer de ruim com as pessoas, fazendo diversas atrocidades pelo mundo, tem tudo a ver com a falta de Deus na vida dessas pessoas! O mundo é um lugar maravilhoso, mas, por conta das pessoas que se sujeitam ao diabo e praticam o pecado de forma natural, tornam tudo que conhecemos de bom, em uma realidade que está destruindo o planeta sem nenhuma piedade. Muitos desses parecem sentir muito prazer pela destruição, como podemos ver acontecendo ao longo dos dias.

18

TODAS AS PESSOAS TÊM O DIREITO DE CONHECER DEUS E SE LIBERTAR DE SEUS DEMÔNIOS, APENAS O AMOR DELE PODE NOS MUDAR

Deus e Jesus Cristo, e juntamente com Espírito Santo, formam a santíssima trindade, e não precisam de ninguém, absolutamente ninguém, para fazer com que eles existam na vida das pessoas, a não ser a própria pessoa em questão, que aceita e entende através da palavra de Deus, como isso deve acontecer em suas vidas. Todas as pessoas têm o direito de conhecer Deus, e aceitar Jesus em suas vidas, se tornando verdadeiramente filhos de Deus e salvos por Jesus. Isso é algo individual e só depende de cada um, e de forma direta com o Pai, Filho e Espírito Santo!

O interessante é que nem mesmo as piores pessoas, podendo ser essas assassinos, estupradores, ladrões, políticos corruptos, traficantes e pessoas que se denominam como sendo até adoradores do diabo, entre outras pessoas que levam uma vida de forma mais tranquila, procurando ser corretas e justas, mas que não tem Deus em suas vidas, como sendo a base principal do seu viver, como sendo um amigo para todas as horas, conselheiro e ajudador em situações muito difíceis, em que o homem não consegue ser o apoio que tanto precisamos. Mesmo sendo essas pessoas alheias a Deus, e distantes espiritualmente, a primeira reação desesperada, quando algo acontece com elas, é dizer o nome de Deus, ou Jesus, de forma automática, sem nem perceber ao certo o que estão falando. Geralmente todos dizem na hora do apuro: "Meu Deus me ajuda"! Essa é sem dúvida uma certeza absoluta que todos seres humanos tem, como reação automática quando bate o desespero!

Ninguém chama pelo nome do diabo, como chama pelo de Deus, quando se vê em apuros de verdade! Já observou isso? Pode a pessoa viver uma vida servindo o diabo em suas ações, fazendo coisas erradas ao extremo, mas, na hora do aperto mesmo, o nome que vem à mente muito rapidamente, é o de Deus e de Jesus! Se muitos não fazem questão de considerar Deus e nem Jesus, em suas vidas, porque na hora do desespero o primeiro nome que vem à mente, e a boca profere de forma imediata, é dizer; "meu Deus do céu", ou "meu Jesus"? Nada pode tirar do ser humano essa condição que o liga automaticamente ao pai celeste e criador do universo! Nem o pecado por mais absurdo que possa ser, não consegue separar em definitivo o homem de Deus!

Embora a palavra de Deus fala que o pecado separa Deus do homem, eu digo que o pecado não consegue de forma incondicional, separar o homem em sua totalidade de Deus! Todos somos matéria, espírito e alma do mesmo, e único criador, que é Deus! Aceitar isso, ou não, é o que torna as pessoas melhores ou piores, dentro desse mundo repleto de tantas coisas malignas! Quando se trata de pessoas para pior, isso que faz com que o mundo se torne um lugar tão sem paz, amor e justiça! Fazendo o ser humano se tornar um verdadeiro instrumento do diabo, ignorando o que vem de Deus e permitindo que o mundo seja transformado em um paradoxo, sobre os preceitos de Deus, que quando são colocados em prática, estabelecem junto das pessoas, um mundo melhor para se viver em todos os sentidos!

O que muitos não querem aceitar, é que independentemente de qualquer situação que seja em suas vidas, Deus sempre será o único e verdadeiro ponto de referência na vida de qualquer pessoa! Por isso, quando acontece algo ruim, com agente, a primeira coisa que vem à cabeça é dizer: "meu Deus me ajuda"! Ou será que isso não acontece com você? Fique atento às suas reações automáticas na hora dos apuros, e vai ver que isso também acontece com você, sim! Isso é algo que ninguém pode controlar! Em **Romanos: 14-11** está escrito: **"Por minha vida, diz o Senhor, diante de mim se dobrará todo joelho, e toda língua dará louvores a Deus. Assim, pois, cada um de nós dará contas de si mesmo a Deus".**

O amor de Deus representa como sendo para nossas vidas, a melhor arma, para se combater o mal que existe em nós, e de fato é infalível, quando usado de forma verdadeira e correta! A questão é que o amor está sendo usado por muitos, de forma enganosa para conseguir atingir objetivos que nada tem a ver com o sentido real do propósito, em que somente através do amor verdadeiro, Deus pode se manifestar de forma única e reveladora, na vida das pessoas.

Quando deixamos Deus de fora de nossas vidas, de nossas casas e famílias, trabalhos etc... Nos tornamos vulneráveis, e o diabo sabe disso! Ele passa a ser o ponto cego na vida do ser humano. Quando isso acontece, abre-se precedentes para tantas coisas ruins, que fica até difícil de imaginar o que pode acontecer. São tantas possibilidades negativas, quando alguém decide viver sua vida sem ter Deus como primeiro fundamento existencial que as pessoas deveriam ter em suas vidas, que seria possível entender um pouco melhor as causas da destruição do mundo, pelas mãos do próprio homem, pois, quando esse mesmo homem não quer saber de Deus, e segue estupidamente cego, andando na direção dos abismos e da destruição, ele não se destrói sozinho, mas, faz acontecer também a mesma destruição para muitos outros. E é o que estamos vendo acontecer pelo mundo todo!

As pessoas estão se deixando levar pelas aparências e ilusões do mundo, de forma que isso está promovendo cada vez mais, um maior interesse pela luxúria, ligada a um desejo tão carnal, que falar de espiritualidade com essas pessoas, é o mesmo que chamá-las para briga! Os prazeres e as muitas mentiras, que as pessoas preferem contar, criando posições falsas de quem de fato são, estão fazendo com que tudo se torne banalizado demais, em que a vida não representa mais, a verdade dos fatos, mas, se tornou uma grande mentira contada para alimentar uma ilusão que coloca as pessoas a frente do que realmente são, por questões que tornam a naturalidade de tudo que está acontecendo com o mundo, como sendo para muitos que já aceitaram os desrespeitos e a destruição do mundo, como uma condição irreversível, em que não acreditam mais em melhorias, e sim, nos momentos que ainda podem viver, com todas as condições ilusórias que pensam ser possível e muito agradáveis.

Para esses, tanto faz, e tudo que mais querem é curtir seus momentos fantasiosos criados através de mentiras, ou da virtualidade que colocam as pessoas lindas e sem nenhum problema aparente! As pessoas estão matando pelo simples prazer, de ver o outro caído no chão, e ostentar o poder sobre aquela morte, que mais parece um troféu, e não, uma vida que merecia mais respeito e compaixão, vinda do próximo, que deveria ter mais amor pelos seus semelhantes.

O mundo está se tornando cada dia mais a cara do diabo, do maligno satanás, que tem aqui no meio de nós, o propósito de: matar - roubar e destruir. Tantas coisas ruins acontecendo e para muitos, isso não passa de tempos modernos e avanço da humanidade... As pessoas estão alimentando esse mal dentro delas, sem se dar conta, de que ele está se apoderando mais e mais de suas fraquezas, como se aquilo que está acontecendo com elas, fosse algo normal. As coisas ruins estão acontecendo para muitos, de forma tão natural, que as pessoas não percebem quem de fato está por traz de tantas destruições... A falta de Deus e do amor na vida das pessoas, é a grande questão que torna tudo que conhecemos tão destruído e entrando em COLAPSO absoluto, como eu tenho falado!

Os efeitos destrutivos, patrocinados pelo ser maligno, e príncipe deste século, o diabo, estão deixando as pessoas atordoadas com tantos efeitos diabólicos, que fazem dos prazeres, algo tão disseminado, que fica difícil detectar, de onde realmente está vindo tantas situações que fazem o homem escravizado pelos seus desejos e ações negativas, que o colocam de frente com sua própria destruição, que está sendo maquiada de várias formas, mas, que não deixa de ser algo real!

O desequilíbrio do homem, causado por suas atitudes egoístas, motivadas pelo dinheiro, pelo poder e também por prazeres absurdos a todo custo, estão colocando em risco, uma base solida que ainda garante o bem estar e a boa formação de crianças, em pessoas preparadas para dar continuidade, as práticas de Deus, que possibilite a essas crianças, serem bem educadas, para que quando crescerem, possam ter o mínimo de condições para dizer, que ainda é possível existir alguma esperança para o mundo, e não somente destruição em massa, como está acontecendo hoje! Pois da forma que estão as coisas, o futuro dessas crianças de hoje, está ficando cada dia mais comprometido!

Os prazeres da vida são coisas boas. A questão, e que se tornou tão banal, algumas formas de sentir prazer, que faz da vida uma grande montanha russa, mas sem freios, e desgovernada, prestes a sair dos trilhos a qualquer momento. A vida deve ser mais valorizada, mais bem cuidada, e sem dar tantas aberturas, que coloque o diabo, dentro de nossas vidas, dando a ele a legalidade, em ditar regras e fazer da vida de muitos, um inferno, com a triste ilusão, que as pessoas precisam experimentar de tudo um pouco, para terem a certeza que são elas que estão no comando, e controle de suas vidas...

Na verdade, isso é uma grande ilusão, todos somos dependentes de Deus! Quero lhes afirmar que conheço bem as estratégias do diabo, e essa, por exemplo, é uma experiência de vida, vazia e sem nenhum fundamento, pois na vida, muitas coisas podem até serem boas, mas nem todas nos convêm!

Não deixe o diabo entrar em sua cabeça e dizer o que fazer de sua vida. Tudo que o diabo mais quer, é te confundir, te embriagar e entorpecer com tantas substâncias que estão no mundo, e são muito atraentes de alguma forma para você, a ponto de você não resistir, e se entregar a elas, se tornando escravo por coisas que você não precisa, para ser você mesmo!

19

OS PRINCÍPIOS E A FAMÍLIA JAMAIS PODEM SER DEIXANDOS PARA TRÁS, RESPEITAR OS LIMITES É VALORIZAR A VIDA

Quando vivemos sendo levados pelas ilusões, ou mentiras, nos tornamos parasitas em um mundo, que precisa de nós como colunas, para que não continue sendo alimentado as práticas de destruição, que só crescem a cada dia! Ter metas que limpe o mundo de qualquer tipo de sujeira possível, é viver por uma causa que vale a pena insistir e tornar real, sendo uma pessoa que promove o bom exemplo, e evitando ainda mais, a destruição pelo planeta.

Qualquer ação positiva já soma como melhorias, em meio às tantas porcarias e coisas inúteis, em que tudo isso só serve para confundir ainda mais as pessoas e tirar delas, o direito de decidir sozinhas, o caminho que de fato querem seguir. O mundo está entrando em COLAPSO, justamente por conta disso, as pessoas estão perdidas, envolvidas demais com coisas que não ajudam em nada, no bem-estar de suas vidas, que até parece que isso é uma fantasia da minha cabeça, e não é real!

Tudo está se tornando, banalizado demais! O propósito pela vida, está ficando cada vez mais frio e sem compromisso, sem esperança! As pessoas devem entender que os valores e princípios fundamentados pela verdade dos ensinamentos corretos que nos foram passados quando ainda éramos crianças, não mudam! Aquilo que nos foram ensinados pelos nossos pais e avôs, tios, ou pessoas com sabedoria que sabiam o que estava falando, nos ensinando tantas coisas boas, quando éramos ainda crianças, isso tudo está em nós, e precisamos usar como escudo contra ensinamentos errados, que estão por toda parte e não servem de base, para que a vida possa ser vivida e contemplada com alegria, mais valor e respeito.

Todos nós temos nossos princípios! Família é a base mais sólida que alguém pode querer ter na vida, e os princípios que nos foram passados de forma saudável, nunca podem ser mudados, ou esquecidos! Nada pode substituir aquilo que só a família tem para oferecer! Tudo pode dar muito errado em sua vida, mas, em meio a tudo de mais errado que possa acontecer, a família sempre vai estar lá, para juntar os cacos e dar acolhimento, mesmo que a pessoa não mereça, depois de ter feito tantas merdas com sua vida! Mas, infelizmente, muitas pessoas estão trocando os bons valores e os princípios familiares, que não poderiam ser mudados, e nem deixados para traz, por coisas tão superficiais, como por exemplo: prazeres, poderes sujos e coisas ilícitas, que destroem a integridade da pessoa, e podem ser fatais para sua vida.

No fim das contas, quando as pessoas querem viver suas vidas, regadas por prazeres e coisas diferentes dos princípios que foram ensinadas quando crianças pela família, e depois são atropelados pela insensatez, e rebeldia por terem uma visão mundana e diabólica, e tudo desmorona e o diabo cobra sua conta, é a família novamente que vai estar lá, esperando para juntar os cacos, e ajudar a levantar a pessoa, da queda, em que o chão foi o limite do seu infortúnio... Mas, infelizmente, em muitos casos, a morte é o que a família recebe como resposta pelas inconsequências de pessoas, que decidiram viver para o mundo, ao invés de ter escolhido uma vida com Deus... Nada substitui o valor da família! Nada consegue ser tão suficiente quanto a família!

As pessoas perderam o senso, a razão, e estão vivendo um estado de dormência, quando se trata de retomar as rédeas da própria vida. Estão perdidas e promovendo o caos, pensando que tudo é festa e somente prazeres, alimentados pelos vícios e muito sexo, sem respeito e muito menos, amor verdadeiro. Isso é o retrato do nosso mundo, em que as pessoas estão sendo transformadas em espectadoras de um filme que conta a sua própria história, refletida no outro. Não querer ver a realidade dos fatos e achar que tudo está acontecendo somente na vida, na cidade, estado, país e mundo dos outros, é estar chapado e pensar que essa fuga pode tornar sua vida um pouco melhor, pois, assim não precisa levar tudo tão a sério!

O mundo é composto de pessoas de diversas etnias, crenças, e juntamente com elas, estão O Bem e o Mal. Cada um deles, delibera ações que são levadas pela inclinação do entendimento humano, que aceitam viver um, dos dois lados, dentro das suas expectativas, formadas por influências de pessoas, que praticam uma das duas partes, como sendo um deles com mais influências em suas vidas. Dessa forma, as pessoas escolhem um lado, e seguem por ele.

A questão é que às vezes as pessoas tomam decisões motivadas pelo bem, mas não conseguem se manter nessa linha, e são convencidas a aceitar a andar por caminhos mais "divertidos" que até parece mais plausíveis seguir por eles, pois, aparentemente não parecem tão ruim como muitos dizem ser, mas, após baixarmos a guarda, em relação aos riscos eminentes do mal, tudo pode se tornar muito rapidamente, em dor e muito sofrimento!

Ver pessoas ainda muito jovens, perdendo suas vidas de forma tão estúpida, por conta das drogas e também por outras coisas ligadas diretamente a elas, causa muita indignação, por saber que aquela vida foi levada e induzida a viver aquilo que causou sua morte, como também irá induzir outros muitos e provocar o mesmo efeito destrutivo, sem nenhuma piedade, como segue acontecendo por todo o planeta. Esse é o que está entre nós, e veio, para matar – roubar e destruir... Sabe de quem estamos falando, né? Sua influência maligna no mundo é algo muito forte, e quem não estiver de fato protegido por Deus, pode sofrer as duras penas, vivendo consequências terríveis!

Todos os seres vivos são ligados diretamente ao instinto de sobrevivência, e esse instinto nos transforma em seres altamente destrutíveis, quando não aceitamos as regras da boa sobrevivência e começamos a dar muita liberdade as conveniências, que corromperam a vida do ser humano, desde do início da sua criação, fazendo do pecado, um hospedeiro indesejado, que contaminou e transgrediu, logo no início da nossa criação, os ensinamentos de Deus. Sei que muitos, dentro do contexto gigantesco que forma a humanidade, não acreditam em Deus e muito menos no manual que foi escrito por inspiração Dele, com o único intuito, de ensinar o homem a ficar de pé, sobre a condição do pecado que está no mundo e na vida das pessoas. **1º Joao: 3-4 "Todo aquele que pratica o pecado também transgrede a lei, porque o pecado é a transgressão da lei"**. Esse manual ao qual me refiro se chama Bíblia Sagrada!

Quando não observamos a força do pecado em nossas vidas, vivemos deliberando ações ligadas a um senso de limites, que não aprendemos a respeitar, e vamos passando por cima de todas as regras que nos asseguram, ter paz e fazer justiça com nossas ações. Quando ignoramos o pecado e agimos como animais irracionais, transgredindo os ensinamentos de Deus, o que passa a existir em nós, nos convencendo de nossas decisões, é o instinto! Acreditar que o pecado não nos atingi é o mesmo que pensar que o pecado não existe! Nenhumas das duas questões são verdades, pois, o pecado pode nos atingir e causar danos sérios! E logicamente após dizer tudo isso sobre ele, devo dizer que sim, o pecado existe!

Quando começamos a agir por conta própria, sobre o efeito do pecado, e ignorando o Espírito Santo, ignoramos a pertinência do início, meio e do fim, da nossa natureza, em que isso nos traz danos horríveis, em que em muitos casos, são irreversíveis!

O primeiro momento de declínio da humanidade teve início quando Satanás corrompeu Eva, e ela, o seu marido (Adão). **Gênesis: 3.** A partir dali, a origem da vida humana teve o seu início de declínio, que iria se estender de forma muito crescente, se espalhando por todo o mundo, sendo esse então, o grande plano do diabo, que deu início a morte, e fez o pecado existir na vida de todos, fazendo do homem, um escravo dos seus desejos e prazeres, possibilitando que o diabo consiga alcançar seu objetivo, que é fazer da criação de Deus, seres escravos do pecado, sendo destruídos pela contínua desobediência a Deus.

Quando o pecado entrou na vida do homem, tornou a vida dele limitada e sofrida! O homem então corrompido quis estar no comando de tudo que olhava e conseguia tocar. Tornou ainda mais complicada a sua vida, quando permaneceu ignorando seu criador e mantendo-se desobediente quanto aos ensinamentos de Deus, que procura desde então, levantar constantemente, o homem de sua queda pecaminosa!

O homem, e sua desobediência a Deus, tornam tudo muito complicado! Com isso, se faz mais suscetível ainda ao pecado, e se submete aos caprichos do diabo, denominando-se filho dele e tornando ele, senhor de suas vidas. Sem meias palavras, isso é a realidade que compromete tanto o nosso mundo, a ter pessoas tão destrutivas, que estão destruindo os melhores valores que ainda permitem a vida de ser tão maravilhosa, pelos motivos certos. O homem foi corrompido no início da sua criação, e segue se corrompendo ainda mais, fazendo o mundo entrar em COLAPSO, por conta dessa mesma condição: a desobediência!

20

COLAPSO ANUNCIADO É UM PROBLEMA A SER RESOLVIDO POR TODOS

Ver o planeta entrar em COLAPSO, e as pessoas se declinando, cada vez mais, em direção ao fim anunciado, parece muito irônico, porque as pessoas sabem o que está acontecendo, e mesmo sabendo, se permitem tais condições que poderiam ser evitadas, e com isso mudar o cenário de tantas coisas que estão erradas, e fazer da realidade para o amanhã, não ser tão triste e destrutiva como está sendo hoje! Às vezes ficamos colocando a culpa disso ou daquilo nos outros, mas, não admitimos que também somos os culpados por essa triste realidade. Daqui de dentro do planeta não existem possibilidades de fuga, não tem para onde correr! Nesse caso, todo problema aqui é problema de todos!

As pessoas parecem não querer se dar conta do tamanho do problema em suas vidas e no mundo para ser resolvido. Por isso, acredito que muitas pessoas podem não entender a natureza dos fatos, pela forma que escrevo, pois apresento tudo de forma muito simples e direta, descrevendo a realidade a qual o mundo e as pessoas se encontram. Muitos podem, e com certeza vão pensar que isso não existe, que é loucura acreditar que um COLAPSO irá de fato acontecer, e que o diabo tem a ver com o que há de mais feio que existe no mundo, sendo o mentor da destruição do homem aqui na terra, e também da sua alma, após a morte. Mas, eu te digo que da mesma forma que Deus é o criador do universo e também do homem, o diabo é aquele que deu início à queda desse mesmo homem, e o tirou do direito de viver no paraíso constantemente e sem pecado! Agora, o diabo não quer só lançar sobre o homem o pecado, pois isso ele já fez, ele quer destruir por completo a criação sublime de Deus, pois seu objetivo maior aqui na Terra é matar, roubar e destruir, e todo o declínio da humanidade se dá, por muitos não acreditarem que de fato ele existe e também corrompe as pessoas. Pelo fato de muitos não acreditarem na sua existência, não precisam ficar em alerta contra seus ataques. Isso para ele é ótimo, pois esses que pensam assim, serão presas fáceis! Ou melhor, já são dele! **João: 8- 42,43,44 "Replicou-lhes Jesus; Se Deus fosse, de fato, vosso pai, certamente, me havíeis de amar; porque eu vim de Deus e aqui estou; pois não vim de mim mesmo, mas ele me enviou. Qual a razão por que não compreendeis a minha linguagem? É por que sois incapazes de ouvir a minha palavra. Vós sois do diabo, que é vosso pai, e quereis satisfazer-lhe os desejos. Ele foi homicida desde o princípio e jamais se firmou na verdade, porque nele não há verdade. Quando ele profere mentira, fala do que lhe é próprio, porque é mentiroso e pai da mentira".**

Não se deixe enganar mais sobre isso! O mundo está entrando em COLPASO, justamente porque uma grande maioria de pessoas só pensam em ter vantagens e mais vantagens sobre os outros. Elas só pensam em seu deleito carnal, em que o dinheiro, o poder e os prazeres são os pontos altos, em toda essa relação mundana e sem compromisso com a natureza maior de um modo geral. Gostam de viver os prazeres desenfreados e fazem do poder que tem nas mãos, uma estrada, que usam para passar por cima de outros, que são menos favorecidos, e estão por baixo, na hierarquia, e na superioridade pelo poder...

O COLAPSO, se faz presente em nossas vidas, porque o homem com sua mente tão brilhante e ao mesmo tempo, diabólica, pensa que pode ser Deus em alguns momentos de suas paranoias e delírios, estimulados por muita droga, dinheiro e poder! Que no fim das contas, quando seu tempo acabar, nada disso lhe servirá... O melhor é morrer com Jesus, do que com o diabo! Isso pode ser independente do que a pessoa tenha de valor financeiro na vida, ou do poder em suas mãos!

O homem ignora Deus, que apresenta seu amor incondicional, misericordioso e sábios ensinamentos, mas, faz do diabo um aliado, na busca por coisas mundanas e pecaminosas, alimentando sua carne e vivendo dos prazeres, como se esses, fossem a única realidade compatível com sua vida. Isso é o retrato absoluto do declínio da humanidade, ao qual eu estou me referindo no título do livro!

As pessoas estão deixando de lado, a verdadeira significância em estar vivos e batalhar com justiça em busca da paz para um maior número de pessoas. Sendo essa significância o Espírito de Deus, que nos faz livres das acusações do diabo, pelo perdão e pela graça, que faz do pecado, uma situação suportável e compreensiva, quando olhamos para Jesus, e entendemos quais foram os objetivos do seu sacrifício na cruz.

O fortalecimento Espiritual é a única forma de se manter firme e apoiados por Deus, em seus fundamentos, vivendo dentro de um planeta que está no seu limite, porque o homem está decidindo que seja assim, o fim de tudo que somos! Se estivermos espiritualmente fortes o bastante para ver a aproximação do diabo e também resisti-lo, não seremos presas tão fáceis para ele! **Tiago: 4-7 "Sujeitai –vos, portanto, a Deus; mas resisti ao diabo, e ele fugirá de vós".**

Essa é uma decisão que temos que tomar, para definir a direção que queremos seguir em meio a isso tudo de tão opressivo, que está a nossa volta. Infelizmente nisso, Deus não pode intervir por nós! Essa é uma decisão que temos que tomar sozinhos! Deus nos deu o livre arbítrio, justamente para isso. Essa é uma condição que temos que decidirmos por nós mesmos! Em nossas decisões, Deus não pode interferir! As escolhas são totalmente nossas! Então, só para esclarecer, a decisão de querer servir a Deus, ou ao diabo, só pode ser decidido por você! Entendeu? Preservar o mundo ou torná-lo ainda pior, também é decisão sua! Entenda isso e assume quem você é, dentro desse processo todo, pois, é disso que se trata o contexto principal do livro!

21

O ENTENDIMENTO ESPIRITUAL APROXIMA AS PESSOAS DE DEUS

Tudo que vivemos neste mundo, na verdade se trata de uma luta espiritual muito grande, em que às vezes, nem entendemos direito o que significa, porque ficamos alheios às condições que vem de Deus, mas, precisamos do entendimento espiritual para entender o nosso verdadeiro propósito existencial! Fazer parte desse processo espiritual é a única forma de entender os ensinamentos de Deus, em que passamos a reconhecer que pela carne não existe salvação. São apenas prazeres e muitas dores e sofrimento!

Só o Espírito pode ser justificado pelo sacrifício de Jesus na cruz, a carne não! Viver totalmente apegados às coisas materiais, fazendo disso uma obsessão gananciosa, é um apego tão materialista que cega as pessoas e as fazem egoístas, e distantes de Deus, isso não é algo interessante! Isso gera nas pessoas à continua desobediência, que parece não ter fim, nunca! Jesus disse para não ajuntar bens materiais na terra, porque isso fará com que o coração do homem esteja nas coisas que ele conquistou, e não em Deus! O homem não ouviu o que Jesus disse, e segue fazendo, justamente o contrário do que foi ensinado. Mas isso, só afasta o homem ainda mais de Deus! **<u>Mateus: 6- 19,20, 21</u> "Não acumuleis para vós outros tesouros sobre a terra, em que a traça e a ferrugem corroem e em que os ladrões escavam e roubam; mas ajuntai para vós outros tesouros no céu, em que traça nem ferrugem corrói, e em que ladrões não escavam, nem roubam; porque em que está o teu tesouro, aí estará também o teu coração".**

Quem se apega muito as coisas materiais, vive uma vida presa a isso, e não conhecerá o verdadeiro valor da vida, e muito menos o sentido do servir a outros que muito precisam, e são ignorados. Temos que aprender que nada que existe no mundo nos pertence de verdade. Somos administradores e usufruímos dessa condição e nada mais do que isso pode ser acrescido ao nosso tempo de vida, em que nada daquilo que pensamos ter, podemos levar daqui, quando nosso fim aqui na terra chegar! Por que então as pessoas querem tanto ter mais do que precisam para viver bem uma vida agradável? Por que tanta ambição, tirando dos outros o direito de também poder ter uma vida menos miserável? Atitudes egoístas como essas, geram muitos sofrimentos e fazem o COLAPSO ser ainda mais real entre nós!

Não viver também um COLAPSO dentro de nós, de forma carnal ou até mesmo espiritual, só é possível se pararmos tudo que estamos fazendo, e que achamos tão importante de alguma forma, e tirarmos um tempo para conhecer melhor a Deus, e ouvir seus ensinamentos! O maior erro na vida das pessoas é querer ir levando a vida de qualquer jeito, não se importando com os acontecimentos, que podem ter muita relevância espiritual. Vão empurrando as coisas com a barriga, vivendo sem saber ao certo a significância do que de fato está acontecendo, onde para muitos, tudo vai se tornando uma verdadeira bagunça, sem ter limites e nenhum respeito pela própria vida, e também para com a dos outros. A palavra de Deus fala que lutar por certas conquistas neste mundo não vale a pena. Isso é como correr atrás do vento. **Eclesiastes: 2-24,25, 26 "Nada há melhor para o homem do que comer, beber e fazer que a sua alma goze o bem do seu trabalho. No entanto, vi também que isso vem da mão de Deus, pois, separado deste, quem pode comer ou quem pode alegrar-se? Porque Deus dá sabedoria, conhecimento e prazer ao homem que lhe agrada; mas ao pecador dá trabalho, para que ele ajunte e amontoe, a fim de dar a aquele que agrada a Deus. Também isso é vaidade e correr atrás do vento".**

Se fomos pensar no quanto nosso tempo de vida é rápido, tudo que corremos tanto para conseguir, se torna um pouco bobo, se levarmos em conta o nosso sofrimento e também de outras pessoas, que às vezes fizemos sofrer, só para conquistar nossos objetivos. Tantas lutas, quanto tempo às vezes mentindo, ou engando para conseguir o que tanto quer. Depois morremos e nada daquilo nos valerá de nada! No fim das contas, o que realmente importa, é se estamos bem com Deus e servimos as pessoas com alegria e amor... O que vem além disso é perda de tempo e sofrimento, fadiga e muita ilusão, é correr atrás do vento! Ninguém precisa ter aquilo que vai além das suas necessidades. Ou pelo menos deveria ser assim!

O mundo está se tornando muito rapidamente um lugar insuportável de se viver. As pessoas estão transformando nosso planeta em um lugar, tão doente e tão sujo de diversas formas, que a vida de um modo geral, está totalmente comprometida, por vários fatores negativos... O COLAPSO só faz o homem lembrar ainda mais facilmente, o quanto já foi e está sendo inconsequente e sem compromisso com sua parte, dentro do processo e cuidados, que precisamos ter, para aquilo que for preciso ser feito por você, que seja realmente bem feito.

Mas, o grande problema em relação a essa questão, é que muitos deixam para os outros fazerem sozinhos, o que era a sua parte, no processo dos cuidado e arrumação, que deveria ser igualmente realizado por todos, considerando aquilo que já foi falado antes: Todo problema que existe no mundo, é um problema de todos, e não somente de alguns que fazem direito suas obrigações, e deveres com responsabilidades, e que são totalmente relevantes ao controle que garante em melhores condições, o equilíbrio de tudo a nossa volta!

Com atitudes de pessoas sem noção, o homem está fazendo por merecer o que está sendo despejado sobre ele! Mas também há uma questão, que precisamos considerar! Talvez o homem não esteja sendo inconsequente ou irresponsável como eu disse a pouco, e na verdade ele está sendo perfeito em sua missão que consiste em realmente destruir o mundo, como está de fato permitindo que aconteça! A questão é que se começarmos a olhar para algumas pessoas com essa visão, tudo começa a fazer muito sentido! O que você acha, concorda comigo?

Se olharmos para Deus, e para tudo que foi criado por Ele, inclusive nós! Iremos ver facilmente, que de tudo aquilo que Deus criou, o ser humano foi o único que se corrompeu, se tornando tão problemático dentro de um planeta em que a natureza, com exceção do homem, se manteve praticamente intacta, sobre as alterações que tornasse tão mexida a originalidade, do produto e do meio em que os mesmos vivem...

O homem vem mexendo e transformando o planeta em um grande laboratório, em que fez experiências monstruosas, com a finalidade de conseguir se tornar muito superior ao seu semelhante, e dominá-lo. O homem e sua evolução têm conseguido muito sucesso positivo com seu trabalho inteligente em prol da continuidade da vida. Mas, em contrapartida, tem feito tantas merdas, que não dá para saber o que de fato tem sido maior, ações positivas ou as negativas! O mundo continua um lugar muito bonito em algumas partes. Mas, em relação à grande maioria, está detonado e pedindo socorro, já faz muito tempo!

Os maiores agravantes de destruição possivelmente vistos com mais facilidade, estão acontecendo nos grandes centros, em que existem grandes aglomerações de pessoas, que somam uma absurda carga de situações negativas tão variadas, que juntando tudo isso, teremos as respostas conclusivas, de um mundo urbano que representa grande parte das pessoas vivendo neles, e destruindo o mundo por conta disso!

A parte rural do mundo, também é habitada, mas, não chega nem perto da grande aglomeração de pessoas, como nos centros urbanos. Os índices de situações prejudiciais, que agridem o planeta diretamente, são gigantescos e produzem tantos males, que olhar para todas essas proporções que tudo isso junto promove de destruição, é algo assustador!

No mundo existem, aproximadamente, 8 bilhões de pessoas! Esse número representa o problema que o planeta enfrenta e ele se chama, ser humano, e sua forma de viver muito irresponsável! Se não existissem pessoas no planeta, eu acredito que ele estaria praticamente da mesma forma de quando foi criado!

Nós, a raça humana, somos a grande questão que torna tudo que existe, um problema bem grande! Com base nisso é que precisamos acordar para uma realidade que precisa ser vista por todos, e esse todo, precisa reagir deixando de fazer tantas merdas, e começar a criar um efeito positivo que anule parte dessa destruição que será muito rapidamente, o fim da humanidade e de todo o planeta!

O homem se tornou um grande problema dentro do planeta, por conta do seu conhecimento e inteligência, que está acima de todas as outras criaturas existentes. O ser humano já mexeu praticamente em tudo que podia dentro do planeta! A curiosidade e a desobediência do homem fazem dele um ser muito perigoso e altamente adaptável a novas situações, o tornando, um verdadeiro camaleão, que não consegue mudar sua cor, mas consegue muito facilmente se tornar um especialista em qualquer área que ele pensa que precise atuar...

Dentro dessa avaliação tão simples e direta sobre o ser humano, fica tão claro imaginar que se o homem quisesse de fato arrumar o mundo, limpando e organizando tudo que está errado e morrendo por sua culpa, bastaria ele de fato dizer sim, e tudo aconteceria de forma diferente do que está acontecendo!

A questão é, que a mesma mão que está destruindo poderia ser também, a mão que pararia a destruição, e construiria um mundo ainda melhor, do que esse que conhecemos, e apesar de tudo, gostamos tanto! Sonhar sempre é bom, mas esse seria um milagre que eu não sei se Deus está disposto a realizar na vida do homem. Para isso acontecer, somente por meio de um milagre vindo de Deus, pois, esperar isso somente do homem, é algo meio surreal! O que você acha?

22

PENSANDO FORA DA CAIXA E OLHANDO DIRETAMENTE PARA OS PROBLEMAS QUE TORNAM O MUNDO TÃO DESTRUÍDO

Quando paramos para pensar fora da caixa sobre todas as coisas que estamos vivendo, podemos nos surpreender com o quanto ainda somos humanos! Às vezes em meio a isso tudo que está acontecendo de ruim, em que tantas coisas já não fazem mais sentido algum, pensar diferente do habitual e dar uma viajada na imaginação pode ser uma boa forma de encontrarmos respostas que pareciam não mais existir como possibilidades, e ou até, ser a solução para que alguns problemas sejam resolvidos!

Vejo que o dinheiro tornou as pessoas obcecadas pelo poder de ter mais daquilo que o dinheiro pode comprar, ou ser melhor do que os outros, de alguma forma... Quando o foco é somente o dinheiro e o poder, o homem fica burro e deslumbrado em não querer perder aquilo que já é a sua perdição, mas ele ainda não percebeu isso, sozinho! O homem se torna mais destrutivo quando se acha melhor do que o outro, por motivos egoístas motivados pelas questões vantajosas, que está vendo como possíveis condições de se dar muito bem na vida, custe o que custar! Nesse momento, o ser humano fica totalmente cego, e sua mente só consegue pensar em mais vantagens e ganhos, de alguma forma...

O mundo vai entrar em COLAPSO total e declinar toda a humanidade por conta da estupidez do homem e da sua incapacidade de perdoar e amar a si próprio, ou amar e perdoar o seu próximo! Sua ganância e seu egoísmo estão fazendo-o fechar os olhos para tudo que precisa muito da sua ajuda. Existe uma frase, que diz tudo sobre o ser humano, de forma muito precisa. A frase diz: **"Se realmente quer conhecer uma pessoa, dê poder a ela!"** Isso é tão verdade, que acontece demais! Principalmente com os políticos, e ou pessoas que são promovidas a novos cargos, e ou passam a ganhar salários bem mais altos do que estava anteriormente acostumada. Mas, essa é uma condição que se aplica para todas as pessoas. Esse é o ser humano, sendo ser humano! O poder corrompe o homem muito facilmente e transforma os mesmos, em criaturas irreconhecíveis.

Criado para ser um braço direito de Deus, Lúcifer se rebelou e achou que poderia ter o seu trono, acima do trono de Deus. Foi esse o momento da sua queda. Deus então o puniu e o lançou na terra, para cumprir sua prisão, que resultou em condenação, em que ele será jogado definitivamente no inferno ardente e eterno. **Apocalipse: 12 – 7 ao 12 "Houve peleja no céu. Miguel e os seus anjos pelejaram contra o dragão. Também pelejaram o dragão e seus anjos; todavia, não prevaleceram; nem mais se achou no céu o lugar deles. E foi expulso o grande dragão, a antiga serpente, que se chama diabo e satanás, o sedutor de todo o mundo, sim, foi atirado para a terra, e, com ele, os seus anjos. Então, ouviu grande voz do céu, proclamando: Agora, veio a salvação, o poder, o reino do nosso Deus e a autoridade do seu Cristo, pois foi expulso o acusador de nossos irmãos, o mesmo que os acusa de dia e de noite, diante do nosso Deus. Eles, pois, o venderam por causa do sangue do cordeiro e por causa da palavra do testemunho que derem e, mesmo em face da morte, não amaram a própria vida. Por isso, festejai, o céu, e vós, os que neles habitais. Ai da terra e do mar, pois o diabo desceu até vós, cheio de grande cólera, sabendo que pouco tempo lhe resta".**

Bem diferente de Lucífer, que depois se tornaria Satanás e foi banido do céu. O homem não foi totalmente banido da sua realidade, nem condenado, ainda! Deus o fez sair do Jardim do Éden, mas não o abandonou! Muito pelo contrário! Deus sempre procurou levantá-lo, mas o homem difícil como é, murmura e desobedece a todo tempo, contrariando a vontade de Deus, para sua própria vida... Desse modo, as coisas já vêm se arrastando por muitos séculos, em que Deus, vem tentando levantar o corruptível homem, que Ele ama muito! Mas, suas tentativas não têm tido muito sucesso, pois o homem é teimoso e muito arrogante para aceitar que precisa de Deus em sua vida! Sabendo disso, não podemos mais continuar vivendo ignorando os fatos, sobre a nossa criação, e também a nossa queda! Deus não nos abandonou, e sempre tentou nos levantar, mesmo tendo o pecado em nossa carne, Ele procura de todas as maneiras nos tirar da desobediência, que insistimos em cultivar em nossas vidas, como se fosse um motivo de orgulho desafiar Deus, e não se importar com seus ensinamentos...

A diferença entre o homem e o diabo, é que Deus nos ama, e se houver arrependimento verdadeiro, consciência dos atos errados cometidos, também existe perdão! Deus, é misericordioso para perdoar nossos pecados. **1°Joao: 1-9 "Se confessarmos os nossos pecados, ele é fiel e justo para nos perdoar os pecados e nos purificar de toda injustiça".** Se lermos a palavra de Deus, de **Gênesis,** a **Apocalipse,** iremos perceber, que tudo que está escrito do começo ao fim, é um grande resumo, em que Deus, está tentando levantar o homem de todos as maneiras possíveis, desde a sua queda, no Éden. Você sabia disso?

Se começarmos a meditar, sobre aquilo que Deus nos deixou como sendo suas palavras de luz, livramentos, e ensinamentos, lá vai estar, tudo que mais precisamos saber, sobre isso que está descrito aqui no livro, que fala sobre vida carnal e espiritual! Deus e satanás, céu e inferno. Isso com certeza, é o que revela de verdade, a nossa origem, e nos coloca em prontidão, sobre o que ainda, há de acontecer. Deus quer te levantar de seus declínios, e também te salvar pela sua graça misericordiosa! Sabia disso? Todo e qualquer pessoa pode ser salva por Deus, basta receber a sua graça! E ela se chama, Jesus Cristo!

O COLAPSO, que está se formando dentro do sistema existencial humano, é a falência sobre os atos errados geridos pelo homem, em que ele permite por vários efeitos negativos que a corrupção e o descaso por tudo que ele representa, se alastre provocando em tudo que se conhece no mundo, uma sobrecarga de injustiças e ações impensadas, que limitam os efeitos de valores igualitários, em que as pessoas só visam bens materiais, se esquecendo dos conceitos de preservação, que garantem que a vida exista com mais simplicidade e cuidados, amor e respeito, uns pelos outros...

O sistema corrupto dos governos, e a maldade do homem de um modo geral, não tem como prioridade a compaixão pelo próximo com deveria ser! Por conta disso, as pessoas estão muito preocupadas consigo mesmas e os outros que façam o mesmo! Os políticos até que vendem essa ideia de compaixão pelos mais fracos, mas tudo não passa de grandes estratégias políticas, onde as pessoas são apenas números, que quando são contabilizados, precisam gerar muitos lucros.

Esse sistema político existe para beneficiar poucos e destruir quem se opõe a eles! Cada epidemia que surge, de tempos em tempos, só confirma o que já sabemos dos governos. Eles não trabalham para o povo, como dizem em seus discursos de campanha. A grande questão é que são muito bem pagos para ocupar seus cargos poderosos, e poucos recursos são de fato aplicados em prol de resolver com exatidão os problemas da humanidade, como de fato precisaria ser feito. Na verdade, a ideia política corrupta por todo o mundo, é em grande parte, de ordem satânica, pois tem a ver mais com destruição, do que com esforços verdadeiros, em que recursos deveriam ser aplicados em prol primeiramente de promover a vida em todos os sentidos, e evitar tantos sofrimentos, e a destruição do planeta como está acontecendo de forma totalmente aceitável!

O favorecimento político nas mãos de algumas pessoas, torna o ser humano um ser monstruoso sem precedentes! Suas ações em acordos gigantescos entre nações, faz o mundo ficar nas mãos de grandes potências, em que o dinheiro e o poder, que essas nações transmitem como respostas para o povo, são intimidações sobre os mais fracos... Podendo tê-las em suas mãos e controlá-las como quiserem.

O COLAPSO está também dentro de nós! Quantas pessoas estão vivendo seus conflitos internos por conta de tanta pressão imposta pelas condições destrutivas decorrentes de vários meios, onde os sistemas agridem as pessoas, roubando seu tempo e deixando as mesmas sem respostas e totalmente largadas a própria sorte, e quase à beira da loucura, ou da morte? Com certeza, há bilhões de pessoas passando por esses problemas exatamente nesse momento! Dentro de centros hospitalares existem pessoas em situações tão diversas em termo de saúde: entubados, desenganados, em coma, vários tipos de doenças, e sofrendo o seu próprio COLAPSO pessoal, entre outras situações reais, em que cada pessoa precisa entender tais problemas, e procurar uma saída, se ainda for possível resolve-lo!

Vícios de diversas formas, problemas familiares e muitas dívidas, fazem o homem estar em COLAPSO consigo mesmo, sem deixar que isso transpareça facilmente para os outros, muitos não sabem mais o que fazer para resolver seus problemas internos. Estão se matando por conta disso, ou resolvem não se importar com mais nada a sua volta. Muitos estão vivendo situações que fazem da sua vida, um inferno, e ainda assim preferem continuar mentindo, e fazendo coisas erradas, querendo destruir ainda mais suas vidas e também o mundo, com suas atitudes loucas e irresponsáveis, ao invés de ser transparente quanto ao que está errado em sua vida, e mudar o curso de suas ações, se tornando com as lições vividas, um ser humano menos nocivo e mais produtivo e positivo, em todos os sentidos em prol da vida de modo geral.

O que as pessoas devem entender definitivamente, é que nós somos a composição do mundo. Quem fez o mundo chegar até aqui, da forma que está, a parte bonita e a parte tão feia e entrando em COLAPSO, fomos nós! Quem arrebenta com sua vida e te coloca em situações tão difíceis, é você com suas atitudes impensadas e muito egoístas! Foram nossas atitudes, pela falta de importância, com aquilo que de fato importa não somente para nós, mas para os outros muitos também, que fizeram tudo chegar onde chegou, fazendo do nosso planeta um lugar destruído!

Só reclamar não resolve, é preciso ter atitude, primeiramente para reconhecer o quanto precisamos mudar nossa forma de ver as coisas erradas que estão acontecendo, e depois acordar desse sono pesado, da preguiça e do comodismo, deixando de ser alguém tão sem noção, a ponto de ignorar o óbvio, aquilo que você poderia estar fazendo de forma diferente, que não contribuísse ainda mais para destruição da sua vida, e também do nosso planeta.

Querer ser uma pessoa melhor, primeiramente para sua própria vida, e logo em seguida procurar ser mais útil e responsável com tudo que está a sua volta, é louvável! Nós somos capazes de viver um renovo em nossas vidas! Precisamos entender que nós somos as respostas tanto positivas, quanto negativas, sobre aquilo que ainda queremos viver. O que temos então no mundo para viver, são os benefícios por ações boas, mas junto disso estão as consequências das ações erradas que estamos permitindo que saiam de nós. Essa é a melhor colocação para tudo que temos para viver, nós fizemos tudo ser assim! A culpa, ou reconhecimento é todo nosso!

A partir desse ponto de entendimento, ou nós criamos um mundo melhor para se viver, mudando nossas ações erradas e sem consciência, ou continuamos fazendo o que estamos acostumados, que é destruir e destruir ainda mais, os lugares em que vivemos, e continuar fingindo que você talvez esteja acostumado, como sendo a sua pessoa, aquela que nada tem a ver com essa desgraça caótica, que o mundo se transformou, e que foi tudo culpa do acaso, e você jamais teve algo a ver com isso! Ou será que eu estou muito errado sobre isso que estou escrevendo?

O crédito, e também o descrédito, é totalmente nosso! Assuma isso e pense onde você se enquadra dentro desse cenário de um COLAPSO mundial, que está batendo a nossa porta, querendo nos mostrar uma realidade, que muitos preferem não olhar, para não ter que assumir seus fracassos, irresponsabilidades, omissões e desrespeitos, diante de tudo que tem acontecido de tão ruim, em diversas situações.

Isso com certeza é algo que deixa as pessoas impotentes, sobre certas ações e acontecimentos, pois muitos não sabem o que fazer e nem como fazer, para tentar equilibrar um pouco dessa desigualdade, que existe por todo o planeta, e torna tudo tão feio, sujo e doente, em um verdadeiro estado de pânico, se pararmos para pensar um pouco mais sobre isso!

Esse é o retrato do COLAPSO vindo em nossa direção, e quando ele acontecer de fato, acabou as chances do homem de se redimir, como ainda podemos fazer acontecer se começarmos agora, as mudanças necessárias! Esse é o declínio que o homem já está enfrentando em sua vida a tempos, e ainda será muito pior, se as coisas continuarem como estão, e se nada for feito já!

O grande problema, é que o homem não consegue admitir sua culpa muito facilmente, mas gosta de justificar sua fraqueza e impotência diante se certas situações, e não quer aceitar que a bagunça que ele mesmo criou, precisa ser arrumada. Muitos choram, lamentam, mas nada fazem de verdade para mudar suas atitudes erradas, se arrependendo de seus erros tão diabólicos e nocivos para muitos... Acredito que depois de ler este livro, muitas pessoas se sensibilizarão um pouco, e começarão a olhar para as coisas a sua volta, de forma um pouco diferente do habitual, sendo mais críticos consigo mesmo, querendo ter voz e falar o que tanto gostariam, sobre certas situações que nunca tiveram coragem.

Mas, tenho minhas dúvidas, se depois de um tempo, tudo não volta a ser como antes, ou talvez até volte a fazer pior, do que já faziam! Sabe por que eu digo isso? Porque o ser humano é relapso, acomodado, tranquilo e espera sempre que os outros façam primeiro, para depois eles terem uma reação qualquer diante daquilo que precisa ser feito por eles mesmos. Quero que saibam que não estou sendo pessimista ao dizer isso! Infelizmente o ser humano é assim, relaxado e sem compromisso! E o melhor resultado que prova isso, é o COLAPSO que estamos permitindo acontecer em nosso mundo!

As pessoas estão muito preocupadas com seus mundinhos artificiais e vidinhas "perfeitas", mesmo sendo pessoas tão imperfeitas, que acreditam nessa mentira e nem ligam se o mundo está se desmoronando em suas cabeças, ou primeiramente nas cabeças dos outros, que não estão fingindo tanto. Tudo que pessoas assim mais querem é continuar mantendo suas poses totalmente maquiadas e vendendo uma imagem que tudo para elas, não está como eu estou descrevendo aqui no livro. O que é uma tremenda mentira, a qual, essas pessoas estão contando para si mesmos, tentando forçar uma realidade de vida "perfeita" que não tem como existir dentro de um caótico cenário de tantas destruições, e situações cada vez mais preocúpantes e limitada em todos os sentidos. Viver de mentiras, é flertar com o diabo e ainda pensar que terá alguma vantagem em seguir nesse caminho... Se isso está acontecendo com você, abra seus olhos enquanto ainda é possível, pois tudo que o diabo mais quer, é te dar bastante corda, para depois te enforcar do jeito dele!

A vida perfeita que muitos dizem estar vivendo, consiste em ficar preso dentro de casa com medo da insegurança nas ruas. É viver sendo escravizado de muitas formas por situações que não deixam mais ninguém ter privacidade e às custas de créditos que mantém uma aparência de pessoa próspera, quando na verdade, só vivem endividados. É viver apreensivos em relação as tantas inseguranças políticas e prenúncios de guerras que mostram que o mundo está tão comprometido pelas ações erradas do ser humano, que a qualquer momento pode explodir, literalmente, por conta de tantas bombas nucleares que existem em vários países, e estão perto de todos nós. É ver o mundo sendo destruído de todas as formas possíveis, e se acomodar em seu mundinho de ilusões e não se manifestar contra tudo que não presta, e pode estar acontecendo ali bem pertinho de você. Será que viver fingindo que tudo isso não é bem assim, resolve o problema? O fato é que ninguém tem a vida perfeita estando dentro de um mundo, em que as pessoas se sucumbiram de tal maneira para o lado do mal, que fica muito difícil saber em quem confiar, e onde pedir ajuda!

A questão toda implica em saber se você está bem para conseguir passar coisas boas para os outros, que às vezes não estão muito bem como você. Só que essa questão se torna complicada, quando estar bem, quer dizer, preparados espiritualmente, para conseguir entender a lógica, sobre o que de fato está acontecendo, para que o mundo esteja tão dominado por forças malignas que oprimem as pessoas e as fazem se tornar seres tão desumanos e destruidores, como podemos ver muito facilmente por todos os lugares! A lógica sobre tudo isso, se resume em conseguir ver além das aparências.

Aparentemente muitas pessoas estão bem! Mas, espiritualmente falando, acredito que isso é algo bem mais sério! Um bom exemplo a se dar sobre essa coisa toda, da aparência, são as redes sociais. Todos que aparecem ali, estão bonitos e felizes! Ninguém posta fotos com aparência triste, ou sem dar uma mexidinha no Photoshop, para deixar suas carinhas ainda mais interessante de se ver, aparentando uma imagem quase impecável, da sua pessoa, que parece não ter problemas e que vivem em um mundo incrivelmente lindo e quase perfeito.

Quase todas as pessoas que resolvem aparecer nas redes sociais, estão muito bem, e sempre querem causar uma ótima impressão para quem está do outro lado da telinha... Esse efeito nem sempre é verdadeiro. As pessoas lidam com a realidade a qual eu me refiro, sobre o COLAPSO, como se ela não existisse, e por isso, tudo está tomando um rumo absurdamente mentiroso e doentio em nosso planeta!

Falar de COLAPSO é falar da mentira que as pessoas estão criando para justificar seus erros, quando na verdade, precisariam assumi-los. Dentre eles, corrupção, destruição, contaminação, exploração, efeito predatório por coisas que ferem diretamente a vida em todos os sentidos mas, quando se fala com alguém que de fato está dentro desse processo fazendo acontecer diretamente, suas respostas são: "que não é bem assim, conforme as pessoas estão dizendo a respeito de suas ações". O mundo em COLAPSO é a forma mais triste de ver a humanidade se matar, com suas próprias mãos e ainda justificar agindo como se fossem vítimas, mas na verdade, não passam de perdedores assumidos, por não querer admitir sua culpa, dentro da feiura que as pessoas estão transformando o mundo.

Quando olhamos para tudo a nossa volta, se degradando de alguma forma, lá está o COLAPSO, vindo em nossa direção, se instalando e ganhando forma bem lentamente, fazendo as pessoas se acostumarem com as situações caóticas, mas que aos poucos, essas mesmas condições caóticas, estarão quase que "normais," acontecendo na vida das pessoas, que já não será mais tão difícil olhar para essas condições tão ruins, pois, as pessoas acostumam muito facilmente com as coisas ruins acontecendo a sua volta, por conta do comodismo que toma conta de grande parte da humanidade como se fosse uma doença contagiosa.

Depois de um tempo, aquilo é esquecido, se tornando algo do passado, e a vida segue, porque aquilo foi aceito pela maioria e já se acostumaram a viver dentro daquela situação sem ter reagido quando era necessário ter resolvido o problema. Dessa forma, aquele problema que foi aceito pela maioria acaba tornando a vida um pouco mais difícil do que já estava, mas, o ser humano se adapta e pronto, pois se adaptar é uma qualidade incrível do ser humano! Isso é mais um exemplo, que faz o mundo estar entrando em COLAPSO e as pessoas assistindo tudo acontecer de seus cômodos lugares, e vivendo suas vidinhas maquiadas com muita mentira, e muitas infelicidades contornadas por arranjos e aparentes ilusões, as quais o ser humano gosta muito, para distorcer o foco de seus reais problemas... Você consegue se identificar com esses acontecimentos? Ou prefere fingir estar tudo bem, e continuar seguindo sua vida como está, ao invés de começar a ter atitudes diferentes e dar mais sentido existencial para sua vida?

O COLAPSO tornará o mundo um lugar falido! Não permitirá novos acessos e com isso tirará as possibilidades de melhorias, em todos os sentidos. Quando permitimos esse estado de falência, que nos espreme contra a parede da nossa própria existência, nos tornamos seres insignificantes dentro do processo de formação e liberdade de direitos... Quando o COLAPSO estiver totalmente instalado em nosso meio, ele irá criar uma opressão dominadora muito grande, e fará com que o negativo seja apresentado como impossível de se acostumar! Tudo será tão deprimente e sofrido, que aquele "normal" de hoje, em que acostumamos muito fácil com as coisas erradas impostas sobre nós, naquele tempo que ainda irá chegar, de COLAPSO já instalado, não mais acontecerá! Aquele tempo de se conformar com as coisas erradas, terá acabado! Mas isso só mostra até então, uma face maquiada, da situação toda.

O maligno, que está por traz de tudo isso que se anuncia dentro do planeta, está sendo representado por pessoas inteligentes, que não permitem que a coisa toda apareça de uma só vez! Tudo tem que transparecer o mais "normal" possível, como se o que está acontecendo fosse algo natural, dando a entender, que mesmo as coisas estando muito ruins em todo o mundo, tudo está sobre o controle dos grandes poderes, que dominam o mundo e ditam as regras para o resto das pessoas.

O que quero dizer na verdade é que um COLAPSO pode ser permitido em nosso meio para criar o caos além de, determinar que o mundo, tem que seguir em uma direção a qual os governantes estão preparando para que aconteça algo bem maior, e que terá um controle muito forte das forças espirituais malignas... Não se enganem quanto a isso que você está lendo, tudo é bem mais sério na realidade, do que está sendo escrito por mim!

Quando o COLAPSO se instalar de verdade em nosso meio, as pessoas deverão obedecer às ordens e aceitar as condições vindas dos poderes muito dominadores... Isso infelizmente é um fato decorrente da realidade a qual estamos vivendo, em que todos os sinais mostram tudo acontecendo de forma muito clara, mas, a grande maioria das pessoas preferem ignorar os sinais tão evidentes, e continuar brincando de vida louca, e se iludindo pelos prazeres, vaidades e pelo consumismo supérfluo, que coloca as pessoas em um estado de luxúria e cegueira, que ao invés de ver a realidade e entender o que precisa ser feito, despertando a sensatez e fazendo as pessoas agirem, não mais tão apáticas, quanto as tantas coisas erradas acontecendo bem ali do seu lado, as pessoas se iludem, e não olham para realidade de fora clara!

O mundo é um planeta gigantesco, composto por pessoas muito diferentes, que cultuam suas crenças de formas muito complexas, em que muitos desses, não acreditam em Deus, e muitos menos ainda, em Jesus Cristo. Esse livro, não é religioso, mas, apresenta de forma bem expressiva, o criador do universo, que é o Deus de Israel, e Jesus Cristo, o salvador de todos aqueles que acreditam, e entregam suas vidas a Ele. Quero apresentá-los, de forma bem específica, sob o efeito de que Eles, e somente Eles podem aliviar qualquer situação, em que o lado espiritual em sua vida, precisa ser trabalhado para te ajudar a entender, o que parece ser muito louco, dito por mim, sobre tudo que está escrito. Mas na verdade, tudo que escrevo é simples, realista e libertador!

O homem não tem um sucesso verdadeiro em sua vida sem ter conhecido e entregue sua vida a Jesus! Somente dessa forma pode haver uma conexão do espírito com a carne. Sem o homem se conectar espiritualmente com Deus, através de Jesus, a vida segue vazia e todo rompente acontece sem o verdadeiro entendimento que precisa existir na vida do homem!

O dinheiro pode até comprar tudo que precisamos para ter uma vida confortável, mas, jamais ele conseguirá dar paz e felicidade, como as pessoas de fato precisam. Paz e felicidade, tem a ver com espiritualidade, e não com prazeres da carne, o do dinheiro! O dinheiro tem o seu valor, e claro que precisamos dele para custear nossas necessidades humanas! A verdade é que vivemos em um mundo capitalista e sem o dinheiro tudo se torna complicado demais, pois, o desenrolar das coisas que precisamos para viver estão totalmente ligadas ao dinheiro!

A influência do dinheiro na vida do homem, ultrapassou em muito, os limites das suas necessidades e se tornou uma verdadeira obsessão doentia, que faz do homem, um escravo, tirano e mercenário, que não mede esforços para conseguir suas riquezas e acumular seus tesouros, que em muitos casos, estão tão sujos de sangue que se tornam uma verdadeira maldição na vida das pessoas que ficam obcecadas por ele!

Em se tratando de vida com entendimento pelos valores espirituais, somente Deus e Jesus, podem fazer a grande diferença na vida de qualquer pessoa. Nada consegue ser mais significante na vida do ser humano, do que a paz, a justiça, o amor e respeito pelo próximo! E isso, dinheiro nenhum pode comprar! Para muitos, essa minha afirmação, sobre Deus e Jesus, pode não ser muito bem compreendida mas, eu acredito, que independente da crença de cada um, eles, são a solução para muitos que querem se libertar das coisas mundanas, que só promovem sofrimentos, escravidão, dores, destruição e mortes...

Falar do quanto o ser humano vive em declínio dentro das ilusões mundanas, é testificar a realidade que está na minha frente, e também na sua! Pois, quando eu olho para trás e torno a olhar para frente, em um tempo que passa muito rápido, não tenho dúvida nenhuma sobre o que estou escrevendo! As condições de vida no planeta, estão se tornando lastimáveis, simplesmente pela falta de amor do ser humano pelo próximo, e igualmente por Deus! O mundo está como está, por falta do temor do homem, ao seu criador, que é puro amor e misericórdia!

23

DEUS É A BASE QUE SUSTENTA AS PESSOAS NO CAMINHO CERTO

Ser temente a Deus é algo tão necessário na vida das pessoas, que viver sem ter essa experiência espiritual é como andar pelado em meios aos espinhos. Aqueles que temem a Deus são pessoas abençoadas, gratas e valorosas, sobre tudo que vivem. Esses vivem suas vidas com propósito do entendimento, e dão mais valor à sua própria vida e também a dos outros. O mundo está todo bagunçado, e as pessoas estão zombando de Deus e tudo que Ele representa, nada pode ser pior do que uma pessoa ingrata ao seu criador.

Quando olho profundamente para as pessoas, consigo ver muitas tristezas e um vazio sem precedentes que elas deixam transparecer em seus olhares tristes e cansados de tantas ilusões e mentiras sobre si mesmo... Isso é algo bem difícil de se ver, e não se importar, pois, nós precisamos ter responsabilidades com a vida do outro! Somos afetados diretamente, ou indiretamente, pelas ações de outras pessoas. Por isso, digo sem hesitar, que o problema de um, é o problema de todos, quando todos estão olhando na mesma direção e vivendo dentro do mesmo planeta! As pessoas deveriam pensar mais sobre a questão toda que envolve os problemas existentes no mundo, e fazer disso um compromisso em que todos precisam entender as causas, para que de alguma forma seja possível resolver!

Grande parte da humanidade não quer saber da verdade, ou de problemas que eles tenham que resolver, por conta do outro. A desigualdade pelo mundo é tão grande, que o mesmo problema às vezes pode ter pesos bem diferentes, quando o mesmo, precisa ser resolvido por pessoas com classes financeiras diferentes. Muitas pessoas preferem se iludir, achando que por ter mais dinheiro do que outras, seus erros não refletem negativamente no crescimento do COLAPSO, que atingirá a todos, ricos e pobres!

As pessoas quando são muito iludidas pelo orgulho e a vaidade ostensiva do dinheiro e do poder, preferem pagar o preço que as mentiras costumam cobrar delas, por alimentar essa versão deprimente de si mesmas. Tem pessoas que não mudam nunca suas atitudes erradas, simplesmente por que não querem aceitar que os outros estão certos, e elas estão erradas. Até parece que estão no mundo somente para promover um efeito totalmente destrutivo contra tudo que representa vida... Não reconhecem a necessidade de fazer algo que beneficie o coletivo, em que sua ação positiva poderia despertar em si mesmo, uma reação que tornaria sua pessoa não tão insignificante dentro de um planeta tão doente, e que pede socorro de forma tão triste... Cada ação positiva tem o efeito benéfico em tudo que se dispõe fazer, pensando nas melhorias coletivas. Cada pessoa pode muito, quando de fato quer fazer acontecer aquilo que seja útil e responsável em prol da vida de modo geral. Quando descruzamos os braços, e deixamos de ficar somente olhando tudo de ruim acontecer, ajudamos a salvar o mundo e nos tornamos pessoas melhores com toda a certeza!

A palavra de Deus diz que "o salário do pecado é a morte"! Quando paramos para pensar um pouco mais sobre isso, fica fácil ver o quanto as pessoas realmente estão precisando de Deus em suas vidas. As tantas mortes prematuras motivadas pelas drogas, é um indicador de que o salário do pecado, realmente, é a morte! Muitos pensam que são tão autossuficientes na vida, que acreditar em Deus e adorá-lo, é algo que eles não precisam fazer pelo menos por enquanto, pois são jovens e cheios de vida, ou são ricos e estão acima disso tudo que representa fé, ou submissão a Deus.

Quando fico sabendo da morte de alguma pessoa, podendo ser essas, pessoas jovens ou mais velhas, sendo alguém muito rica com patrimônios bilionários que viviam acima da grande maioria sob o efeito do dinheiro e que pensavam ser superiores em tudo, fico triste, pois independente da classe, foi uma pessoa a perder sua vida! Mas ao mesmo tempo, me vem à cabeça uma pergunta relevante sobre esse acontecimento, que é: será que Deus fazia parte daquela vida em questão? Começo a refletir sobre isso, e penso, se aquela pessoa teve tempo antes de morrer, para pedir perdão a Deus, ou se estava pronta para partir dessa vida. Quando digo pronta, eu estou dizendo espiritualmente!

A questão toda sobre isso, é que jovens cheios de vida e pessoas ricas e poderosas, também morrem! Esses fatores na vida das pessoas não mudam o fato que elas também precisam de Deus em suas vidas, como qualquer outra, que não está vivendo as mesmas condições de juventude, ou vida financeira tão boa! A grande questão que fica para todos, é se as pessoas em todo mundo, independentemente da idade, ou dinheiro que tenham, estão morrendo com Deus, ou com o diabo? O que é bem interessante sobre isso, é que nossas ações no dia a dia, refletem muito bem essa pergunta! Conforme vivemos nossas vidas e agimos com aquilo que depende de nós, para ser melhor ou pior, mostra realmente quem somos de forma muito direta, em relação a servir a Deus, ou ao diabo!

Somos compostos de matéria orgânica e de um espírito que vem de Deus, e que depois da nossa morte, volta para Ele. Já a matéria, é equivalente a uma natureza simples, que se decompõe de forma podre e fedida, voltando ao pó, de onde veio! O fato é que todos somos feitos da mesma matéria, e temos um tempo muito pequeno, para decidir de que forma queremos viver esse curto tempo de vida, e também como iremos terminar nossos dias, sendo luz ou trevas, omissos ou ativos, no que diz respeito as coisas que precisamos fazer, e que podem ser feitas somente por nós, pois a parte que me cabe no processo existencial, só eu posso fazer acontecer conforme deve ser feito! Por isso, ninguém pode virar as costas para o que está acontecendo com o nosso mundo, e também com as pessoas!

Tudo em nosso mundo está tão caótico e entrando em COLAPSO, por conta da omissão daqueles que viraram as costas para questões sérias, em que eles deveriam ter feito sua parte, mas, preferiram se ocupar com outras coisas, ou se corromperem por dinheiro, aceitando que aconteçam coisas destrutiva para outros muitos que irão passar por muitos sofrimentos por conta disso. Muitos fizeram dessas condições, os motivos para viver, deixando seu real propósito de lado! Com isso, estão provocando um desequilíbrio em que todas as coisas estão ficando sem controle.

O que vale a pena de verdade nessa vida, não é o quanto de dinheiro uma pessoa pode ter, ou, quão poderosa ela pode ser, e sim, o quão forte espiritualmente ela é o quanto ela procura se reconhecer dentro desse propósito, em que cada um tem o seu próprio tempo para fazer o que é necessário. Somos pessoas únicas, e ninguém pode substituir o que somos!

Aquilo que precisa ser feito por nós, ninguém poderá fazer acontecer! Não se engane quanto a isso, essa é uma certeza complementar em nossas vidas, que enquanto não se descobre o seu propósito existencial, a vida não tem sentido! Enquanto não se descobre qual é o seu verdadeiro propósito por existir, começar a servir os outros que precisam ainda mais do que você, pode ser uma maneira de ir exercitando o seu propósito maior! Fazer para o outro aquilo que você gostaria que fosse feito para você, é uma atitude de quem tem Deus em seu coração e apresenta Ele, como sendo o Senhor da sua vida. Pois, a parte de servir, perdoar, e amar o próximo, vem totalmente de Deus!

Querendo você ou não, Deus é quem está no comando maior da vida de todos! Você pode até está no controle, mas, Deus, sem dúvida nenhuma, estará sempre no comando! Nós estamos no controle de nossas vidas e decisões tomadas, mas Ele, está no comando absoluto de tudo que somos! Quando servimos ao próximo de coração verdadeiro, agradamos a Deus, e cumprimos nosso papel dentro do propósito de vida, que é dar, sem esperar nada em troca. Devemos servir para nos tornarmos pessoas úteis nesse plano existencial. Temos que servir aqueles que precisam, para que o propósito de Deus, se cumpra por meio de nós... É assim que Deus se apresenta para as pessoas, por meio nós! Entendeu o quanto você é importante nesse processo de fazer o que é ensinado por Deus?

Mas, isso não acontece na vida de quem não entende os princípios e ensinamentos de Deus! Para fazer coisas boas na vida, precisamos nos render ao Espírito Santo, aceitar as críticas pelos nossos erros, e querer de fato mudar o rumo de nossas vidas para uma direção em que estar pronto para realidade que não poupa ninguém, e muito menos um tempo que não espera passar o choro e os mimos que torna as pessoas seres fracos e despreparados.

Temos que deixar o Espírito Santo trabalhar dentro de nós e nos mostrar o que é preciso saber, pois, a carne nunca vai permitir que uma pessoa cresça de verdade! Quando ouvimos o Espírito Santo, aprendemos a entender, que alimentar a carne com muitas mentiras e todos os tipos de prazeres, e vícios que ela deseja tanto experimentar, não é um estilo de vida, e sim, um exagero por parte das pessoas que não se limitam para as coisas que não agregam crescimento, e tudo que acontece com quem anda pela vida sem limites, são ilusões e sofrimento que, por mais que a pessoa consiga disfarçar essa realidade por fora, por dentro, elas estão mortas e cheias de dúvidas dentro de um vazio que não pode ser explicado se Deus não fizer parte daquela vida!

Eu entendo que tudo aquilo que mais influencia o mundo entrar em COLAPSO, são as pessoas que estão em conflito com a sua própria existência, sendo egoístas em suas atitudes equivocadas sobre tudo que fazem, e só fazem algo, pensando em interesses próprios, com o intuito de se preencher de alguma forma, por coisas que parece realizar seus devaneios pautados pelo achismo, pela raiva e pela vingança de alguma forma, sendo isso uma necessidade em se autoafirmar, mostrando para os outros, que sua performance está sendo forte e desafiadora perante muitos.

O ser humano sem ter Deus em sua vida, se tornou uma criatura tão sem noção, sobre sua existência e propósito de vida, no que diz respeito, ao bem em comum, que traz consigo, nos dias de hoje, uma marca registrada em que a identidade dessas pessoas é expressiva, no contexto desumano, maldoso e sem compaixão ou legitimidade que não favorecem o bom senso, que cria limites, em que estar do lado errado ao que deveria ser a sua conduta existencial. Isso significa não dar importância para o que é realmente importante, e isso muitos não querem nem saber!

As pessoas fracas e iludidas, sem noção e despreparadas, são mesmices dentro de um planeta que já não suporta mais esse tipo de gente, que são vazias e sem compromisso com os valores importantes e verdadeiros vindos de Deus! Esses, são seres aquém daquilo que deveria estar sendo, e agem vandalizando querendo chamar a atenção em mostrar que não seguem regras alguma, e muito menos acreditam em conduta, em que a responsabilidade é a base que um indivíduo precisa para se manter em um caminho confiável... O vandalismo pode ser encarado de diversas formas, tudo que é feito sem a condição de preservação, seja isso em qual ordem for, pode ser caracterizado como vandalismo, por conta do descaso que as pessoas sem compromisso, insistem em manter tendo um impacto negativo na vida outros de alguma forma.

24

AS DROGAS E A POLÍTICA SUJA ESCRAVIZAM PESSOAS E TORNAM O MUNDO MUITO OPRESSIVO

Hoje em dia, há uma representação clássica sobre os tipos de pessoas que estão numa boa com toda situação de descaso humano e tudo que envolve a vida no planeta. Essas pessoas são motivadas pelos tipos diferentes de substâncias químicas e entorpecentes que fazem o mundo ser despedaçado por não se importar com os acontecimentos negativos. É grande o número de pessoas que faz uso desses meios artificiais para sair da sua realidade e viver ilusões voltadas para uma desconexão, com o mundo real, em que a realidade já não oferece mais condições tão favoráveis, que os convença viver de cara limpa.

As drogas têm transformado parte do mundo em um verdadeiro campo de zumbis, que se desligam dos compromissos reais, entrando em um estado de alucinação, em que o mundo está se desintegrando e eles achando tudo massa, vivendo o libertino jeito de ser, pois, a liberdade que muitos dizem estar vivendo, é na verdade, uma prisão e escravidão, sem precedentes...

Mundo em COLAPSO é o declínio da humanidade sendo permitido por razões políticas que distorcem a verdade, criam caminhos falsos, e usam o povo para criar situações em que as próprias pessoas são quem paga a conta criada e manipulada contra eles mesmos.

A realidade política em todo mundo é tão suja e repulsiva que eles permitem a parcial destruição do planeta para terem argumentos para formar colisões com outras nações, no intuito de se ter mais controle ainda sobre as pessoas. Se o mundo fosse governado por pessoas verdadeiramente tementes a Deus, eu acredito que o COLAPSO não seria uma ameaça como estamos vendo ser anunciado por muitos fatores negativos. A classe política é sem dúvida quem possibilita muito disso, permitindo situações pertinentes as questões que envolvem diretamente acessos e aprovações maquiadas, que deliberam ações negativas, agregando descontrole e destruição por conta dos interesses pessoais e muito lucrativos.

A política em todo mundo, trabalha em prol da aquisição do poder acima de tudo. Nada é tão importante quanto o poder absoluto e decisivo em suas mãos! O povo nunca foi mais do que massa de manobra nas mãos dos políticos! Tudo que o povo pensa ter conseguido lutando pelos seus direitos, que estão garantidos por leis, mas, que não se cumprem como deveriam, não são nada mais do que migalhas oferecidas em troca do silêncio das pessoas. Na verdade, o mundo já está em COLAPSO há muito tempo! Mas somente agora, tudo parece ter chegado ao seu limite, e se tornou insuportável conviver com tantas injustiças e outras situações provenientes da corrupção e abusos, em que o meio político se tornou definitivamente, a pior resposta de salvação para o nosso planeta. A grande questão que fica a saber é: Quando a terceira guerra mundial irá de fato acontecer?

Muito daquilo que nos tornamos quando não damos a devida importância para a vida espiritual, principalmente não tendo temor a Deus, reflete diretamente em tudo que mantem, ou não, o equilíbrio dentro de nós, e consequentemente, dentro do planeta! Uma pessoa sem temor a Deus não respeita nem ela mesma! Como então, alguém assim pode respeitar os outros, ou pensar em cuidar e preservar de alguma forma o planeta? Uma pessoa sem temor a Deus vive como bicho irracional, quase tudo o ameaça, e esse não tem controle sobre suas emoções e ou decisões... Pessoas assim não têm limites, e agem mais pelo instinto, do que pela razão e pelo amor! Sua inteligência fica voltada para as coisas do mundo, que é egoísta e prazerosa. A vida para essas pessoas, que não tem Deus como referência em suas vidas, matar ou morrer, tem o mesmo significado, sem ter tido o sentido do seu propósito dentro da sua perspectiva de vida sendo cumprido, além de, não se importarem muito com as consequências de suas ações!

O temor a Deus é o elemento que consegue segurar a carne do homem em abstinência sobre certos desejos e prazeres, que o fazem perder o controle e se tornar um verdadeiro animal, em alguns casos, monstros com predisposição em agir primeiro e pensar depois. Uma pessoa sem ter Deus em sua vida vive para servir ao diabo. Esses, vivem em um mundo já destroçado pelo mal, sem conseguir ver mudanças positivas, não acreditam em boa fé, e muito menos que Deus de fato exista, pois, pensam que se Deus existisse, o mundo seria um lugar melhor. Esse tipo de gente, vazia de Deus, são pessoas vazias que perambulam em meio à multidão sempre dispostos a fazer algo que não beneficie de forma positiva outras pessoas. Pessoas assim, infelizmente contribuem um pouco mais, para que o maligno consiga cumprir seu objetivo com total êxito aqui na terra, que é matar – roubar e destruir. Isso te faz lembrar alguma coisa das quais estamos vivendo no mundo hoje em dia? Você conhece pessoas que se assemelham com esse perfil?

25

O BOM DISCERNIMENTO QUEBRA PARADIGMAS E CRIA NOVAS POSSIBILIDADES

Se considerarmos a relevância do que realmente está escrito até aqui, a dúvida que fica é: Como pode o mundo não entrar em um COLAPSO total tento tudo a favor da sua destruição em massa? A resposta é: Quando as pessoas entenderem que o mundo só está desse jeito, sendo destruído por forças do mal porque existem mais pessoas que servem ao diabo, do que a Deus, e isso for realmente entendido e houver a real necessidade de mudança, em que a pessoa em questão querem de fato mudar suas condutas e aceitar que precisam de Deus em suas vidas, para que ela se preencha de valores espirituais que pode transformar a vida de qualquer pessoa para melhor, então, o mundo ganhará mais aliados em favor da vida e existirão melhores condições em todos os sentidos.

Desse ponto em diante, um verdadeiro equilíbrio pode começar a acontecer na vida de quem não aceita mais ser uma pessoa maligna e também destrutiva! Sendo assim, as respostas que o mundo tanto precisa para que tenha mais consciência, amor e resgate aos valores perdidos, significará na vida dessas pessoas, uma renovação que somente Deus pode fazer acontecer! Quando aceitamos Deus em nossas vidas, fechamos as portas para o diabo, e transformamos a maldade que era de costume na vida de muitos, em compaixão, amor e princípios fundamentais em renovo, em que o que era trevas, se transformará em luz.

O mundo jaz no maligno, mas, isso não significa que precisamos nos render ao diabo, e dar legalidade para que ele use nossas vidas para destruir o mundo como está fazendo! Nós somos a criação mais bela de Deus, por isso, não reconhecer essa condição e ainda permitir ser usado pelo diabo, é além de burrice, uma falta de amor próprio, que transforma seu valor único e extremamente necessário para outras vidas. Dá pena saber que existem tantas pessoas vivendo essa condição pelo mundo e se encontram perdidas em meio as mentiras do diabo.

Tenho certeza que este livro foi escrito por inspiração de Deus! Pois, fiz um compromisso com Ele, de escrever o que Ele me revelasse no propósito da sua vontade, para minha! Em que eu pudesse falar a verdade sobre tudo aquilo que for necessário, para que Ele, seja exaltado e glorificado, como nosso criador e Senhor absoluto de tudo que existe no mundo, inclusive do diabo!

Pretendo fazer isso de forma muito clara e simples, para que todos que leem, possam entender, e entendendo, sejam impactados pelo poder da verdade e do Espírito Santo em sua vida. Aqui não existe minhas verdades, o que escrevo, são relatos, em que a realidade é quem confirma o que está escrito... Basta cada pessoa abrir os olhos e olhar na direção dos acontecimentos que estão a sua volta, que conseguiram ver e sentir o mesmo que eu para conseguir escrever tudo isso! Talvez pode haver alguma diferença do meu olhar para seu, em relação a dizer que o mundo está entrando em COLAPSO, porque dependendo de quem você esteja servindo, Deus ou diabo, a visão pode não ser a mesma, e o seu entendimento pode ser distorcido dessa verdade tão explícita, a qual me refiro!

Devemos reconhecer a origem da vida e da morte, sem hipocrisia, e respeitando os devidos termos, que fazem de nós seres melhores, ou piores, considerando que uns aceitam a verdade, e outros não! Não se pode viver uma vida enganado, sobre questões tão simples de se entender, como por exemplo: Saber que só existe salvação por meio de Jesus Cristo, e que o príncipe desse mundo é satanás! Essas são coisas básicas demais, para que as pessoas vivam enganadas, e sofrendo, achando que isso tudo que escrevo não existe, quando poderiam usar o conhecimento para se libertar da cegueira e das ilusões do mundo, que jaz no maligno!

Saber de onde vem o mal que nos atingi, é muito importante, como saber também de onde vem a libertação, que nos torna pessoas melhores... A questão sobre esse engano que muitos preferem viver, muitas vezes é conveniente! Muitos sabem da verdade, mas, não querem deixar certas coisas que vivem, por gostar muito daquilo que estão vivendo, e preferem viver de enganos e mentindo para si mesmos, do que encarar a verdade e aceitar que precisam de ajuda de alguma forma! Bom, o que há para dizer sobre isso é o seguinte:

Jesus é quem liberta, e satanás é quem acusa e condena! Viver enganado sobre isso pode custar muito caro! Entendeu?

26

CERTAS CONSEQUÊNCIAS SÃO PARA A VIDA TODA

Cada pessoa tem o direito de fazer suas escolhas, como achar apropriado. Mas, o que fica como lição de nossas escolhas são as consequências! Delas, dificilmente teremos como escapar! Alguns exemplos podem deixar mais claro minhas colocações, como: Quando elegemos um político ruim, quando aceitamos participar de coisas ilícitas, quando decidimos usar algum tipo de droga ou achamos que beber até cair e ser ridículo no que falamos e fazemos bêbados têm algum significado positivo na vida. Se decidirmos ignorar Deus, e viver pelas práticas mundanas do diabo, entre outra infinidade de decisões que podem gerar consequências ruins com desastrosas consequências, a vida se torna acondicionada a um resumo em que a desobediência pode custar muito caro para essas vidas...

Todas essas decisões podem tornar nossas vidas um inferno. Para o político corrupto, damos um poder que infelizmente será usado contra nós mesmos! Para as coisas ilícitas, tiramos de alguém, o que seria seu por direito! Para as drogas, nunca haverá conquistas, só destruição! Quando ignoramos Deus, damos ao diabo legalidade, carta branca, para ele nos usar como quiser e contra quem desejar. Esses são alguns exemplos de como nossas decisões podem influenciar em coisas erradas, tanto em nossas vidas, como também, na vida de muitos outros!

Devemos ter muita responsabilidade na hora de tomar nossas decisões. Tudo pode mudar muito rápido em nossas vidas, basta hesitar em uma decisão correta, ou decidir fazer algo muito errado, sem pensar nas consequências! Decisões certas, não só nos tornam pessoas melhores, como também, podem ajudar outras pessoas a querer o mesmo para suas vidas.

Mas, as decisões erradas, além de nos destruir, levamos junto de nós, pessoas que em muitos casos, são inocentes e terão que pagar pelos nossos erros e por algo que nem sabiam que estava acontecendo...

O peso de uma decisão errada, pode ser para o resto da vida, uma cicatriz horrível, que mesmo nos perdoando e não fazendo novamente coisa do tipo, aquilo irá ficar marcado para sempre, como sendo um lembrete do quanto podemos ser feios, quando permitimos que o lado maligno se apodere de nossas decisões, tornando nossas vidas uma vergonha, ou coisa pior.

O COLAPSO pode até bater a nossa porta, nos pressionar de muitas formas, e isso vai acontecer! Mas, quando temos Deus, verdadeiramente em nossas vidas, Ele nos coloca de pé, diante de todos os problemas, e de cabeça erguida nos sustenta diante de qualquer adversidade! Disse Jesus: **Joao: 16-33 "Estas coisas vos tenho dito para que tenhais paz em mim. No mundo, passais por aflições; mas tende bom ânimo; eu venci o mundo".** O mundo que Jesus se refere é o pecado! Mas as aflições, significam satanás e suas maledicências pecaminosas e satânicas, que podem vir por todos os lados e de encontro com nossas vidas a qualquer momento. Precisamos estar preparados!

A queda do homem abriu vários precedentes, em relação ao pecado. Sem arrepender-se de seus maus caminhos, a vida pode se tornar muito infernal, ainda aqui na terra! Arrepender, perdoar e aceitar, está na decisão que pode mudar tudo em sua vida, para melhor é claro! A questão é: eu aceito, ou não, ser de Jesus? Eu posso e quero!

Se você observar a origem do declínio, que estou falando no livro, você verá uma grande semelhança, em ser de Deus, ou do diabo. Preste bastante atenção no que está escrito, e tudo começará a transparecer de forma mais clara, para o seu entendimento! No começo, foi a queda do homem sobre o pecado, e agora, o declínio absoluto da humanidade, em que um COLAPSO, que está vindo contra todos nós, tem também a mesma propiciação dos fatos desobedientes contra Deus e seus ensinamentos, como foi nos tempos de Adão e Eva. Tudo não parece ser a mesma coisa, em se tratando da desobediência, só que em tempos diferentes? Sabe porque é parecido? Porque quem está por traz do declínio atual da humanidade, é o mesmo ser maligno, que persuadiu Eva e ela, a Adão! O mesmo diabo que estava disfarçado de serpente, agora está também disfarçado, como naquele tempo! Agora, em pleno século XXI, ele procura executar seu plano, usando o maior número de pessoas possível, jogando uns contra os outros, corrompendo e oferecendo prazeres mundanos, que fazem da carne fraca do homem, um prato cheio para suas conquistas, que tem como objetivo, a destruição daquilo que mais gostamos, nossas famílias, e tudo que tanto lutamos para manter estável e em paz... Abra seus olhos e observe! Tenha discernimento, tudo está tão claro! É como o próprio Deus diz; **Eclesiastes: 1 -9 "O que foi é o que há de ser; e o que se fez, isso se tornará a fazer; nada há de novo debaixo do sol".** Tudo é uma questão de entendimento!

Muitas pessoas estão vivendo suas vidas como se tudo que foi dito, não significasse muito para elas. Para esses, Deus e Satanás são personagens de um conto imaginário e sem relevância nenhuma nessa coisa toda de destruição do mundo e coisa e tal, como por exemplo: As pessoas nem ligam se o mundo entrar COLAPSO! Para muitos, isso será algo muito louco, e quanto pior, melhor!

Voltando a falar sobre Deus e o diabo, muitos, simbolizam suas existências, e fazem deles, personagens de um conto, como se fosse uma história qualquer! Dentro desse contexto de vida sendo vivida no extremo limite do cansaço, do medo e da dúvida, que paira sob uma pressão muito grande, envolvendo praticamente tudo que existe dentro do planeta, em uma ameaça constante de sofrimento, seguido de um fim muito triste da humanidade. Para muitos, o que de fato importa, é saber o quanto estão se dando bem na vida, tendo vantagens e ganhando dinheiro. De resto, seguem não importando nem um pouco, de onde estão vindo as condições que possibilitam o seu enriquecimento, ou "sucesso" de alguma forma. Tudo que vem além de seus interesses objetivados pela carne, não é importante.

Pensando assim, muitas pessoas fazem tudo o que querem sem se preocuparem, se aquilo representa algo vindo de Deus, ou do diabo, se estão contribuindo para destruição do mundo, ou nem ligam para isso também! O mundo está entrando em COLAPSO, principalmente por ações erradas de pessoas que não se importam com suas ações sem amor, que pensam poder jogar seus lixos por toda parte e passar por cima de coisas tão importantes sem ter compaixão alguma por quem está um nível abaixo. Muitos até dizem que estão servindo a Deus, mas na verdade, nem o conhecem, e seu senhor na verdade, é outro! Chama-se satanás, o pai da mentira, o articulador de tantos males no mundo e inimigo declarado de Deus! Cuidado com quem você está chamando de senhor, o tiro pode sair pela culatra, sem você nem perceber.

Como cada pessoa tem o direito de decisão em sua vida. Acreditar ou não em Deus, ou no diabo, é problema de cada um! Isso está bem claro para mim! E para você? O que eu quero, falando tanto sobre isso, é impactar uma possível forma de pensar fora da caixa! Fazer com que essa conversa seja diferente, criando uma possível sacudida de forma bem respeitosa, mas, com objetivo de ajudar e jamais atrapalhar a vida de ninguém! É como dizem; "Quem não atrapalha já ajuda".

Nesses livros da Bíblia Sagrada que estão referenciados abaixo, capítulos e versículos, você encontrará respostas diretas da palavra de Deus, sobre quem está no comando de nossas vidas. O próprio Deus, ensina como ficar sabendo da verdade sobre esses fatos, que estão sendo falando aqui no livro! Leia: mesmo que seja somente por curiosidade, e para ver se estou com foco naquilo que estou escrevendo! **Lucas: 12–22 ao 26 Filipenses: 4- 6,7 Isaías: 45-12 Salmos: 39-16 Mateus: 10 -30.** Tenha curiosidade em saber o que Deus está dizendo para você nessas palavras com muitas sabedorias. Você só tem a ganhar em conhecimento, isso eu te garanto! Quando ignoramos o que vem de Deus, para nossas vidas, perdemos muito por ser pessoas tão tolas, em não saber ouvir a voz de Deus, e olha, que Ele fala de forma muito clara com todas as pessoas!

O declínio da humanidade tem nomes, e chamam-se: Desobediência, Orgulho, Avareza, Religiosidade, Falta de amor próprio e também pelo próximo, Luxúria, Vaidade, Egoísmo, Falta de compaixão, Ostentação, Corrupção, Irresponsabilidade, abuso de poder e falta de Deus na vida das pessoas, entre outros muitos nomes, que fazem do homem, um escravo, por não aceitar, que seus caminhos devem ser mudados, e que temos que aprender a voltar atrás, em muitas decisões erradas que tomamos em momentos impensados mas, que agora precisamos reconhecer nossos erros, e procurar consertá-los, enquanto ainda podemos...

Nós não somos nossos erros! Somos pessoas que cometemos erros, mas, não podemos fazer dos nossos erros, um estilo de vida! Ou pelo menos não deveria ser assim! Não respeitar os valores morais, que ainda conserva um pouco de decência dentro do ser humano, é dizer não para Deus, e abrir os braços para o diabo! Os valores morais, trazem para nossas vidas fundamentos que aprendemos ainda quando crianças em casa, com nossos pais, avôs e pessoas que respeitam os conceitos vindos de Deus, e fazem do ser humano alguém menos vazio...

Quando os valores morais e conceitos éticos e familiares deixam de existir na vida das pessoas, essas, são transformadas em piadas e brincadeiras de mau gosto, em que os outros fazem questão de enterrar esses valores, dizendo que são arcaicos, ultrapassados e que em tempos modernos, isso não se aplica mais. Disso podemos tirar então, que, pessoas modernas, em tempos também modernos, ambos sem Deus, fazem a soma de tudo isso ser a transformação de um mundo em um inferno a céu aberto, e entrando em COLAPSO total, dentro de muito pouco tempo! O que você acha, faz sentido para você também?

Mesmo que a maioria das pessoas se tornem diabólicas e anunciem isso aos sete ventos, a decência nunca se sucumbirá a modernidade e ao diabólico e imoral ato de ser das pessoas que estão aceitando em suas vidas, todo tipo de situação, que as façam se tornar apenas um objeto de uso, e com troca muito rápida, por quem gosta de aproveitar desse tipo de gente! Desse modo, muitas pessoas se tornam semelhante há um produto, perdendo seu verdadeiro valor criado por Deus, para cumprir um propósito existencial santo, ao qual todos nós somos criados para ser, mas, infelizmente muitos estão sendo usado de forma muito humilhante, pelo diabo, que em tempos modernos, tudo parece ser muito normal e totalmente possível de se ver acontecendo por toda parte do planeta. Mesmo que seja para morrer como um escravo dos prazeres e dos vícios, a dor e sofrimento será por toda uma vida.

Deus, quando criou o homem, se alegrou por ver a sua imagem e semelhança materializada sobre a terra. Colocou o homem sobre tudo que já existia, e que também havia sido criado por Ele! Deus, então alertou sua criação sobre os perigos, e pediu obediência sobre o que lhes falar sobre algumas coisas que eles não poderiam fazer, como por exemplo; comer do fruto proibido! Mas, infelizmente, não houve obediência da parte do homem, que pelo desejo da carne, foi tentado por satanás, e decidiu fazer o que era bom para si, naquele momento! O ser humano se tornou um fiasco, sobre o propósito da criação querida de Deus, logo de início! Esse único deslize, fez o homem cair, e nunca mais deixou a desobediência fora de sua vida!

Após a queda, o homem seguiu seu caminho na evolução do tempo, e na desobediência se tornou, como está hoje, nos dias atuais... Se destruindo mais e mais, a cada dia!

O homem, não teme a Deus como deveria, e nem tem obediência aos ensinamentos, deixados para alertá-lo dos perigos e destruição... O homem sem se envergonhar de sua queda, continua caído e levando junto dele, tudo que há de melhor no mundo... Pois, não tem consciência e está destruindo tudo que compõe sua vida.

A natureza de um modo geral está sendo extinta pelas ações erradas do homem, que só pensa em números, dinheiro que se traduzem em ganhos, vantagens, superioridade e poder... O nosso meio ambiente pede socorro gritando por misericórdia do homem, mas, esse mesmo homem, finge não estar ouvindo ou vendo esse pedido de socorro, e segue destruindo sem piedade, tornando tudo a sua volta em poeira e deserto, em que a água que torna a vida possível de existir e a terra que nos permite colher os alimentos para nossa sobrevivência, estão cada dia em menor condições de uso para tais fins...

Como será que vai ser quando esses recursos naturais que ainda existem estiverem bem escassos e não der mais para todas as pessoas se abastecerem? Quem irá admitir a culpa, pelo descaso e a falta de consciência, respeito, amor e temor pelas inúmeras coisas feitas sem necessidade ao invés de evita-las, não permitindo que o mundo se degradasse tanto e fosse destruído como se não tivesse valor algum e não representasse nada para vida de todos?

Muitas pessoas se deixam levar pelas influências, que são contrárias à existência de Deus e a fé, que criam em nós, uma esperança que nos permite acreditar naquilo que não estamos vendo, mas, que nos fazem sentir que não estamos sozinhos nessa luta da carne contra o espírito, e do bem contra o mal.

O mundo está repleto de comprovações e evidências que mostram a existência de Deus de forma muito clara! Deus é um ser transcendente, e não pode ser provada sua existência em laboratórios! Muitos cientistas, até que tentam o feito, mas isso é impossível! Pois Deus é o que é, e isso basta! Deus não pode ser compreendido pela ciência! Entretanto, Ele fornece evidências de sua existência de diversas formas muito simples de se ver. Basta olhar para vida de um modo geral e suas complexidades, que Deus lhe será apresentado entre fatos e condições, que só sendo alguém que criou essa complexidade toda, consegue torná-la possível para existir como é! Só Ele pode conseguir entender como tudo na natureza pode ser tão exato, composto e fundamental como é! Tudo na vida é tão complexo, e ao mesmo tempo tão simples! Quem não vê um criador em toda essa extensão de vidas e ajustes imperfeitos, mas, que ensina do jeito certo como a vida precisa ser vivida, só pode ser alguém que está possuído por uma cegueira maligna para não ver Deus tão presente por toda parte em nosso meio! Dentro de tanta imperfeição humana, fica muito bem estabelecido uma condição que somente um ser espiritual como Deus, pode tornar tudo acontecendo de forma tão natural que o homem se torna monstruoso demais quando tenta justificar a obra, que só Deus, pode fazer acontecer como é!

Tudo que vem de Deus é muito simples, mas, o homem sempre dá um jeitinho de mexer e tornar tudo a sua maneira e totalmente complicado o que deveria continuar sendo muito simples. As vezes vejo o homem tentando explicar Deus para levar o mérito da ação! Mas, isso jamais irá acontecer, pois, Deus não pode ser explicado por homem algum! Realmente, Ele é, quem diz ser! Êxodo: 3-14 Disse Deus a Moisés: **"EU SOU O QUE SOU"**. Quem criou a vida, sabia como lidar com ela. Acontecimentos que tornam a vida sem explicação, são o que definem Deus como sendo o criador de coisas que não entendemos, mas que mesmo assim existem, e é perfeito aos olhos de Deus! Existem coisas que não são para o nosso entendimento! **Deuteronômio:29-29 "As coisas encobertas pertencem ao Senhor, nosso Deus, porem as reveladas nos pertencem, a nós e a nossos filhos, para sempre, para que cumpramos todas as palavras desta lei".**

Quando permitimos que Deus faça parte de nossas vidas, Ele se revela a nós de forma muito especial! As experiências que passamos a viver, explicam tudo que Ele é e representa nesse planeta, que foi criado por Ele, para ser exatamente assim! Deus está em todo o tempo, Ele é Onisciente, Onipresente e Onipotente. Só Deus pode convencer alguém da verdade, e pode permitir que ela viva, ou morra, dentro do seu propósito. Só Deus pode dar sentido para todas as coisas, e fazer a cronologia do tempo ser tão perfeita como de fato é! Tudo está em seu comando, e nada pode ser mudado, se não por Ele! A única coisa, que Deus não pode interferir, por uma condição que Ele deu ao homem, são em nossas decisões! Nisso Deus não pode interferir, somente nós controlamos isso! Por isso, muitos irão para céu e outros para o inferno, por conta de suas próprias decisões! **João: 14-6 "Só Jesus, é o caminho, a**

verdade e a vida! Ninguém vem ao pai, senão por Ele! Façam suas escolhas, com base em fé, caminhos e verdades com Deus".

Falar em declínio do homem, e não falar que estamos entrando cada dia mais em um COLAPSO total, é o mesmo que fechar os olhos para não ver a realidade que nos empurra contra a nossa própria existência em direção a um precipício que parece não ter um fim! Isso está tornando a vida em um verdadeiro caos. As pessoas estão sendo controladas como se fossem bois em um confinamento, indo direto para o matadouro de cabeças baixas. Tudo tem se tornado opressivo e degradante, com acessos limitados, tornando muitos, depressivos e doentes de diversas formas... Tudo que foi criado pelo homem no mundo, tem em sua maioria, benefícios que tornaram a vida do mesmo mais agradável e confortável, em muitos sentidos... Mas, por outro lado, o mundo foi tomado pela ganância humana, que fez de suas criações, caminhos que o levassem a lugares que o deslumbre e o materialismo, tornassem tudo a sua volta, em terra infértil e contaminada pelo seu ranço, que junto com a sua ambição, transformou lugares perfeitos, em tristeza e muita dor...

O que quero dizer na verdade, e é bem mais complexo, do que falar das coisas boas, ou ruins, que o homem já criou, é sobre as condições inerentes à incapacidade do homem em ser mais humano do que está sendo no que diz respeito a cuidar de outro ser humano. Aí começa o dilema que faz tudo parecer um ringue de luta livre onde, quem tem mais força vence a batalha, e quem é mais fraco sofre apanhando até a morte.

Tudo que o homem mais precisa saber sobre si mesmo, não é o quanto ele é bom para criar ou destruir coisas, o que é preciso ser dito na verdade, é o quanto o homem é capaz de se fazer útil quando o assunto é: amar o seu semelhante, e fazer por ele aquilo que é preciso ser feito! Do mesmo modo, precisamos fazer acontecer com o planeta! Tirar a mão dos controles remotos e agir, colocando a própria mão, na massa... Se armou bombas, desarme-as! Se passou por cima das pessoas, humilhando-as e fazendo algo que as deixassem sofrendo, volta e pede perdão! Arrumem as coisas, falem a verdade e sejam digno do amor, que tem como objetivo maior sobre todos, unir e promover alegrias, fazendo a vida sorrir mais do que chorar! Não seja você, a matéria prima, que alimenta ainda mais, a fome do COLAPSO, que cresce e irá se tornar tão grande e monstruosa, que a humanidade não terá nenhuma chance quando ele estiver totalmente instalado em nosso meio!

Olhe a sua volta e pense fora do seu mundo egoísta e centrado somente na postura de saber mandar, em vez de fazer algo de mais positivo você mesmo, que te conecte com a ação de participar diretamente do efeito prático e contrário, a destruição do mundo. Deixe de ser uma pessoa hipócrita e altamente sem noção, sobre os efeitos nocivos dessa destruição em massa, que o homem está permitindo que aconteça, por sua omissão e preguiça, por não se levantar e querer fazer melhor, aquilo que é necessário ser feito por ele mesmo! Mas, para muitos nada disso tem muito sentido, suas vidas estão acima disso! Vivem bem suas vidas, têm condições financeiras estabilizadas, e por isso, olham para muitas dessas condições descritas aqui no livro e não as reconhecem como sendo algo que eles precisam colocar suas mãos, pois, quando não somos diretamente atingidos por alguma coisa que nos machuque de verdade, dificilmente haverá uma reação que tenha um efeito direto e significativo, sobre aquilo que precisa ser feito e rápido por nós!

Para muitos, pode até parecer que tudo isso que eu escrevo seja uma loucura, pois, a vida das pessoas por todo mundo segue seus cursos normais, vivendo o possível de suas vidas, regadas por festas de fim de semana, muitas bebidas, drogas e diversos tipos de prazeres... É clássico as pessoas olharem para mundo rapidamente como tem feito em seu dia, e não perceberem tantas coisas erradas, como eu estou apresentando aqui no livro! O que faço é mostrar com mais veemência e clareza dos fatos, entre efeitos e pessoas, ações e consequências... A grande questão aqui não é que eu esteja falando absurdos, mas sim, se os absurdos forem verdades e as pessoas continuarem sentadas em seus cômodos lugares e nem se mexerem para tudo que precisa no mínimo, ser observado de forma mais crítica, e quem sabe, deixar pelo menos de jogar as latinhas de cerveja e refrigerante pelos vidros dos carros diretamente nas ruas! O que já seria uma grande evolução dentro do propósito de consciência vindo da sua parte! O que você acha disso? Consegue fazer pelo menos isso? Ou isso parece ser algo desnecessário para você?

Para esses, talvez eu seja um louco, por escrever tantas coisas estranhas, que o que escrevo possa servir como carapuças na cabeça de muitos, que só olham tudo a sua volta sendo destruído, e não tem capacidade para fazer nada, como sinal de que esteja vivo, pois, tanta apatia em muitos casos, me leva a pensar que esses, talvez já estejam mortos, e ainda não sabem da novidade!

O COLAPSO, não irá perdoar ninguém quando ele de fato chegar, esses que estão de braços cruzados, somente olhando o circo pegar fogo, terão também suas vidas impactadas pelo mesmo efeito negativos, como todos os outros! O que eu quero ressaltar, dentro desse terrível acontecimento, realístico, e de proporções negativas imensuráveis, é que, se as pessoas entenderem a necessidade em fazer sua parte, no processo que constitui em não contribuir ainda mais, para que tantas coisas ruins continue acontecendo, podemos dessa forma, retardar em muito, esse cenário de um mundo entrando em COLAPSO, que parece já estar tão perto de todos nós, que dá para sentir sua força negativa nos intimidando, e dizendo que o nosso fim está muito próximo!

Para muitas pessoas, o mundo nunca esteve melhor, pois, são libertinos e boêmios, usuários de algum tipo de droga, ou bêbados de todos os tipos, que venderiam a alma para o diabo, para poder viver tudo que mais querem e gostam, dentro dos prazeres absolutos e tão favoráveis nesse tempo de libertinagem e muita desobediência às coisas que deveriam prevalecer sendo intocadas, e bem mais valorizadas.

O mundo hoje mais parece uma Las Vegas, em que tudo que se vive em Las Vegas, fica em Las Vegas! Tudo no mundo está ficando sem limites, são abusos de todos as formas, e as pessoas vivendo sob uma pressão tão grande, que qualquer situação mínima entre duas pessoas, pode gerar agressão física, e até morte, de forma simples e estúpida! É como se a ansiedade e o medo fossem na vida das pessoas, uma condição do dia a dia, que faz tudo ser constantemente, muito perigoso e assustador.

Temos que viver pela justiça, pelo que é certo, pelo amor e também a prática que compõe o saber. Precisamos fazer sempre o que for preciso para manter tudo isso vivo e dando frutos positivos, por meio de nós. E isso se trata de nossos filhos, para que os nossos ensinamentos, de nossos pais e avôs, continuem existindo neles. Somente dessa forma, o mundo terá uma chance, pois, em tudo que fazemos na vida, teremos que prestar conta de alguma forma um dia! Eu com meus filhos prefiro pecar pelo excesso, do que pelas falhas... A palavra de Deus diz: **Romanos: 14- 11,12 "Como está escrito: Por minha vida, diz o Senhor, diante de mim se dobrará todo joelho, e toda língua dará louvores a Deus. Assim, pois, cada um de nós dará contas de si mesmo a Deus".** Ter consciência dos nossos atos é o que nos define como sendo, ou não, pessoas inteligentes e nem um pouco ignorante quanto ao entendimento dos ensinamentos que vêm de Deus, e que foram passados a nós por meio de pessoas sábias que não mais existem em nosso meio. Mesmo que muitos pensam não precisar de Deus para nada em suas vidas, mesmo assim, ainda terão que prestar conta pelas palavras e decisões tomadas... **Filipenses: 2- 8,9,10 "A si mesmo se humilhou, tornando-se obediente até à morte e morte de cruz. Pelo que também Deus o exaltou sobremaneira e lhe deu o nome que está acima de todo nome, para que ao nome de Jesus se dobre todo joelho, nos céus, na terra e debaixo da terra".** Entendeu agora a confirmação do que eu disse?

O nosso planeta é um lugar magnífico, imenso e repleto de riquezas por toda sua extensão. Deus, quando criou tudo que conhecemos, Ele caprichou, e fez tudo muito compatível com todos os tipos de vida existente. Tudo que existe dentro do planeta se completa, de alguma forma, tornando as coisas muito interessantes, dentro de cada ciclo existencial... Ver isso tudo sendo destruído pela ganância e também a incompetência do ser humano é algo que tira o sono de qualquer pessoa, que acredita em Deus e entende que a vida é o bem mais precioso do planeta! Mas, infelizmente está ocorrendo uma falácia de múltiplas forças, em decorrência dessa ganância e incompetência, que se tornou marca registrada na vida do homem, fazendo com que a saturação causada por diversas situações, em que o homem está diretamente matando a si próprio, pois, quando ele contribui para destruição do mundo, ele atira no próprio pé! Tudo que afeta a natureza maior de um modo geral, afeta também, a natureza do homem diretamente, e bem mais do que ele imagina ou está conseguindo ver!

O interessante sobre isso, é que muitos não acreditam no que estou dizendo e outros nunca ouviram falar sobre tais destruições, pois, vivem dentro de seus mundos tão privados de tudo que é externo, que não reconhecem muito do que estou falando, e que de fato está realmente acontecendo! A minha forma explícita de falar sobre o COLAPSO e os acontecimentos que o fazem crescer em nossa direção, não é para assustar, mas fazer você pensar um pouco mais sobre a coisa toda, e quem sabe te convencer, que você pode fazer um pouco mais, e também melhor, em prol da vida de um modo geral! Para mim, é muito curioso falar sobre essas coisas, porque eu gosto muito desse assunto! Gosto de sentir a atmosfera dos acontecimentos, antes de falar ou escrever sobre eles! Consigo sentir nas pessoas, a força que existe naqueles que realmente lutam pela vida. Mas essa luta, só terá algum sucesso, se o homem estiver bem fortalecido espiritualmente. Sem essa condição, o mundo entrará ainda mais em COLPASO, e as pessoas sofrerão as consequências de seus atos malignos e preguiçosos, de forma muito triste. Pior até, do que já está acontecendo! Pois quem não é com Deus, com certeza, é contra Ele, e tudo que Ele criou. Por isso que eu acredito que as pessoas precisam de Deus em suas vidas, para ficarem do lado certo dos acontecimentos, tendo os fundamentos corretos pela vida e seu propósito existencial.

Olhar como o homem tem semelhança existencial com a terra, é algo extraordinariamente incrível! Somos incrivelmente parecidos na composição; terra, e ser humano! Isso nos dá mais certeza ainda, da existência de Deus! Ter em nossos corpos, todos os minerais que existem na terra, é algo fantástico, e nos faz realmente ser feitos do pó da terra. Deus afirmar isso muito bem, quando fala em: **Gênesis: 3-19 "No suor do rosto comerás o teu pão, até que tornes à terra, pois dela foste formado; porque tu és pó e ao pó tornarás".** Está vendo a existência de Deus, acontecendo em sua vida? Isso é uma das muitas provas, que evidenciam a existência de Deus, como eu disse antes!

Conforme eu estava falando antes, tudo que atinge o planeta, também nos atinge de forma totalmente expressiva, direta e mortal! O que é muito interessante sobre tudo isso que está sendo escrito, é que a natureza por si só, não está em declínio, e nem entrando em COLAPSO! A questão toda acontece pelas mãos do homem e também com as coisas das quais ele criou! Se olharmos a natureza maior, deixando o homem fora do contexto, iremos ver bem facilmente, que a única parte que se corrompeu no ciclo todo, foi a natureza humana! As demais partes da natureza, se mantêm praticamente sem alterações! Mas o ser humano, desde da sua criação, vem se corrompendo tanto, que se tornou praticamente irreconhecível, ao longo dos tempos... O homem mexeu tanto com a natureza, que desorganizou todo o seu sistema natural, em que o mesmo foi criando e substituído por meios artificiais, criando condições que lhes proporcionam mais recursos e também "vantagens," sobre a natureza maior...

O ciclo da natureza maior, é algo perfeito, quando observamos isso bem de perto, podemos ver que não há vantagens, uns para com os outros, que formam toda condição existencial. Mas o homem com a sua inquietação e desejo em querer ser Deus, em alguns momentos, coloca sua mão nas coisas criadas por Deus, e pensa que isso não teria respostas por parte Dele, o criador do universo... Por si só, o ecossistema trabalharia redondinho, perfeito, como Deus criou para ser. Mas como sempre, quando o homem coloca suas mãos, tudo se corrompe, e logo começa a dar errado, porque o homem não sabe ser obediente ao seu criador, como todas as outras formas de vida existentes conseguem fazer, respeitando a sua natureza como foi criada para ser. O interessante, é que tirando o homem, o restante da natureza, que não se corrompeu, são seres irracionais!

Como pode a única espécie racional do planeta, ser tão irracional, quanto a falta de entendimento pelos ensinamentos Deus, e sobre a destruição que provoca com as suas próprias mãos?

O declínio da humanidade está acontecendo, porque o homem não respeita os limites da sua ganância e do seu ego, que o torna insaciável, quando o assunto é, status social e poder. Não ter piedade, e nem compaixão pelo próximo, torna o declínio ainda mais acentuado! Não entende o valor verdadeiro das coisas que precisam ser preservadas a todo custo, e simplesmente ignora os termos vigente dos direitos dos outros. Por falar de simplicidade, a vida é de fato entendida e contemplada, pelos detalhes mais simples, que encontramos pelos caminhos da nossa jornada.

Quando damos a devida atenção para as coisas mais simples em nossas vidas, encontramos mais sentido e equilíbrio em tudo que vivemos. Quando passamos por cima desses detalhes, que na verdade são valores incomparáveis, tiramos de nós, o direito de reconhecermos, quem somos de fato, e o que estamos fazendo aqui, nessa vida! Deus, está na simplicidade e no amor! Jesus, foi o grande exemplo de simplicidade, que precisamos conhecer, para reconhecer esse grande valor, do qual estou falando! Todas as coisas nesse mundo, estão tomando rumos descontrolados, justamente, porque o homem não reconhece suas origens, não valoriza o mais simples, e está querendo sempre mais, sobre o propósito materialista de ser alguém que tenha mais reconhecimento e uma melhor posição e poder, perante ao outro. O valor daquilo que é realmente verdadeiro para nós, está ficando perdido pelo caminho, e poucos conseguem ainda, encontrá-lo, e cuidar dele com a atenção que ele merece ter. As pessoas estão doentes pela luxúria, pelo egocentrismo e pela ganância por dinheiro, querendo ser mais, do que de fato é! Vendem a alma para o diabo, se for preciso, para conseguir ter mais, daquilo que as eleva acima dos outros, e o fazem ser vistas como alguém superior à sua classe.

Estar vivendo o prenúncio de um COLPASO é algo merecido para o homem, pois ele fez por merecer tudo isso! O homem está cavando a sua própria sepultura e pensa que está por cima da situação toda, como sendo um grande conquistador, um ser revolucionário que está acima de qualquer situação de risco. Mas na verdade, tudo que o homem mais consegue referenciar para mim, é o quanto ele é nocivo a tudo que toca! Como pode o homem ser tão iludido, pensando ser tão poderoso, a ponto de dizer que não precisa de Deus em sua vida? Pensa que está no comando, que domina suas ações e dita as regras como se soubesse o que de fato está fazendo com todo poder que tem nas mãos. É muito deprimente ver que o ser humano está se enganado mais e mais a cada dia, sobre a questão desse COLAPSO. Na verdade, o homem está perdido dentro de suas ideias arrogantes, e não sabe como vai terminar, o que está criando, contra si mesmo... Porque é isso que está acontecendo! A nossa evolução está nos destruindo! A nossa inteligência é o nosso pior inimigo, quando a usamos pensando somente em nós! O homem está tão arrogante, quanto a sua inteligência e natureza mundana, que pensa ser superior a tal ponto por conta de suas conquistas, que zomba de Deus e de Jesus, como se um dia o homem não fosse ter que encontrá-los, e tirar algumas coisas a limpo... Será que nesse dia, haverá zombaria também?

27

O HOMEM ESTÁ BRINCANDO COM FOGO E ZOMBANDO DE DEUS

O COLAPSO, ao meu ver, é só o começo dos tempos ruins, que o homem ainda tem para enfrentar, antes do fim absoluto, quando o anticristo se levantará, fazendo o domínio do COLAPSO, um tempo não somente de destruição, mas de salvação para aqueles que estiverem preparados! O homem está brincando com Deus, e com esse, não se brinca! O declínio eminente do homem, é algo que está previsto na Bíblia! A Bíblia foi escrita por inspiração de Deus, que usou homens em tempos e lugares diferentes, com o propósito de ensinar a sua criação, a se levantar do pecado e permanecer de pé, resistindo os desejos da carne e lutando contra satanás... Deus, com certeza está dizendo ao homem, que se levante, que ande e olhe, o que estão fazendo, uns, com os outros... Em todo o tempo que lemos a Palavra de Deus, aprendemos algo novo há nosso respeito, que nos revela o quanto Deus, é sábio e misericordioso com a gente, a sua criação amada!

A Bíblia é um livro para ser lido e entendido por nós, por meio do Espírito Santo! Quando tentamos fazer isso sozinhos, movidos somente pelo nosso intelecto, que as vezes pensamos ser muito elevado, a leitura se torna sem efeito ao entendimento apenas humano, e a Bíblia, passa a ser um livro qualquer! Por isso para muitos, a Bíblia não significa muita coisa, pois, muitos não conseguem entender absolutamente nada do que se refere a escrita. Nossa capacidade carnal para o entendimento das coisas espirituais, é muito pequena, ou quase nenhuma! Para conseguirmos entender algo tão espiritual, como é a Bíblia, somente com ajuda do Espírito Santo, que é o nosso ajudador e consolador! Assim disse Jesus, após ter ressuscitado e voltado para o Pai como_espirito **João: 14- 1621-26 "E eu roguei ao Pai, e ele vos dará outro consolador, a fim de que esteja para sempre convosco. Aquele que tem os meus mandamentos e os guarda, esse é o que**

me ama; e aquele que me ama será amado por meu Pai, e eu também o amarei e me manifestarei a ele. Mas o Consolador, o Espírito Santo, a quem o Pai enviará em meu nome, esse vos ensinará todas as coisas e vos fará lembrar de tudo o que vos tenho dito".

Quando as pessoas deixam de ter a Bíblia como referencial para suas vidas, vivem a cegas, dentro de um mundo que está tomado por forças malignas e prontas para destruir as vidas de quem aceitar suas propostas, regadas de muitas mentiras e prazeres ilusórios, que só servem para tornar a vida do homem ainda mais complicada e distante de Deus! Não perca a possibilidade de ter em sua vida, uma ótima oportunidade de se tornar um ser cristão, uma pessoa com base espiritual e conhecimento da Palavra de Deus, que te dará uma referência de quem você realmente precisa ser, para entender esse mundo, como de fato ele é! Sem essa condição, fica impossível alguém entender a vida carnal e menos ainda, a parte espiritual! Não deixe de estudar a palavra de Deus! Lá estão todas as respostas que a humanidade precisa para deixar de fazer tantas coisas erradas contra si mesmo e também para aos outros, e o planeta de um modo geral. Se você acha difícil, fazer isso sozinho, peça ajuda para o espírito santo, que ele lhe ajudará, com muito prazer! **Romanos: 1 -16,17 "Pois não me envergonho do evangelho, porque é o poder de Deus para a salvação de todo aquele que crê, primeiro do judeu e também do grego; visto que a justiça de Deus se revela no evangelho, de fé em fé, como está escrito: O justo viverá por fé".**

O ser humano está tão mal acostumando a viver sem temor a Deus, que nem se importa mais, em disfarçar certas atitudes em relação ao seu comportamento, mundano e carnal, quando o assunto é salvação. Muitos tratam o assunto como se fosse algo tão banal, em que salvação, Deus e Jesus Cristo, não são importantes para suas vidas... Atitudes como essas, só servem para mostrar o quanto as pessoas estão perdidas, e vivendo um tempo de declínio absoluto, fazendo da sua existência, um tempo vazio, e sem as respostas necessárias para o entendimento de tantas destruições existente em nosso mundo. Muitos, são os cegos e doentes, e outros, são os que acompanham na mesma direção, que levam todos, para o mesmo abismo profundo e sem volta., a perdição... No que isso te faz pensar exatamente? Abismo profundo, pessoas cegas e doentes... Reflita um pouco sobre isso... A cegueira a qual me refiro é espiritual!

Esse COLAPSO, ao qual o livro se refere, abrange toda a humanidade, em que a grande maioria dos países sentirão drasticamente, passando a viver em condições altamente precárias, por conta das suas condições de planejamento de infraestrutura, que deixam muito a desejar, em termos de cuidados e manejos, com tudo que diz respeito a consciência e formação, respeito e educação com aquilo que representa compromisso com um futuro melhor da sua nação.

Segundo um estudo publicado na revista Sustainability, aponta que cinco países que irei citar os nomes, teriam melhores probabilidade de sobrevivência, diante de um COLAPSO total sofrido pela humanidade. Esses cinco países não sentiriam tanto quanto os demais, por conta de três fatores cruciais que dariam a eles, melhores condições iniciais, diante de um COLAPSO sofrido pela civilização mundial. O primeiro dos três pontos favoráveis que os cinco países teriam a favor, seria o distanciamento de outros grandes centros populacionais, que podem estar sujeitos a eventos de deslocamentos, alto suficiência na estrutura de energia, manufatura e capacidade de suporte, com terras disponíveis para agricultura e população em geral. A Nova Zelândia é o melhor entre os cinco, posicionado entre as outras nações, graças a baixa população e abundantes terras agrícolas e capacidade de produzir energia geotérmica e hidrelétrica, sendo um país em uma alta sustentabilidade bem favorável.

A Islândia, Austrália e Irlanda, e com Reino Unido, em quinta colocação formam os cinco países, segundo o estudo publicado, que lidariam melhor com o COLAPSO, do que outros muitos, tendo menos impacto negativo causados por efeitos de ordens mundial. Mas isso não quer dizer que os outros países estejam totalmente condenados!

As mudanças climáticas são os fatores que tornaria uma crise mundial, em que implicaria muito as condições na produção de comida, uma vez que todo sistema tecnológico ficaria afetado por condições técnicas e energéticas, em que os combustíveis ficariam escassos e todo e qualquer meio de transporte, não conseguiria ter locomoção para exercer funções básicas, que hoje tornam a vida do ser humano, bem mais facilitada... Toda a extensão de um problema como esse, alastrado por todo o mundo, transformaria a vida de um modo geral, em uma verdadeira e lamentável situação de desespero e estado de pânico geral!

Um estado de COLAPSO é um retrato dos abusos e manejos errados, contra toda a estrutura física que comporta as imundices produzidas pelo homem. Todos os países deveriam há tempos estar preparando sua população, para despressurizar os efeitos acumulativos, que fazem a vida sofrer com as consequências por tantas incompetências que foram passando de mão em mão, até chegar no que chegou, em todos nós! Mas, como a educação foi mal feita, a lição de casa ficou sem ser feita como deveria, e a falta de limites, juntamente com a falta de disciplina, foram se tornando isso que temos hoje, e vai virar uma merda ainda maior! Infelizmente!

Muitos tipos de estudos diferentes falam de um COLAPSO financeiro pelo mundo. No meu livro, eu apresento essa referência de mundo em COLAPSO e pessoas em um declínio total, falando de coisas que para mim, são muito mais sérias, e podem impactar as pessoas e o mundo ainda muito mais, do que problemas somente financeiros! Minha abordagem sobre o tema, ao qual o mundo entra em COLAPSO, vem retratando o ser humano como culpado, como de fato ele é, por inúmeras questões que fazem a vida financeira parecer uma gotinha de água, no meio do mar, em condições negativas e tão prejudiciais para vida, que com o acúmulo dessas tantas ações negativas, está sendo criado contra o homem, que é o pai dessa destruição toda, o chamado COLAPSO, que tornará a vida de quem tem dinheiro, e de quem também não tem, na mesma condição Todos dentro do planeta estarão em sérios problemas, que até o dinheiro que muitos pensam conseguir resolver tudo, não vai ter o mesmo poder corruptivo dessa vez!

As grandes populações urbanas produzem um volume muito grande de toxidade de diversas formas, que não só poluem o meio ambiente, mas também distribui altas taxas de situações letais, que são praticamente invisíveis, dentro da correria e do estresse, que todo o efeito evolutivo produz negativamente... As ameaças que pairam, sobre a vida da humanidade, em relação ao COLAPSO, são algo que deveriam promover mais atenção e menos descasos por parte das pessoas e autoridades governamentais, em que a questão é única e muito necessária. Quem não entende os motivos que tornam tudo uma bomba, preste a explodir, está sendo muito conivente com a coisa toda e ainda fingem não estar vendo o circo pegar fogo, bem na sua frente, sendo que é a própria pessoa em muitos casos, que está colocando o fogo!

O COLAPSO com certeza irá fazer muitos que dormem, olharem na direção certa. Mas aí será um pouco tarde! A coisa irá ficar tão estranha, e assustadora, que a fé será a única e possível maneira de se agarrar em alguma coisa, que não esteja comprometido com a dor e o sofrimento de forma real e muito visível... Pois a fé, será a única coisa que as pessoas terão como sustento, e possível conforto que fará as pessoas olharem definitivamente para Deus. Quando o mundo estiver se despedaçando, muitos irão lembrar de Jesus Cristo e chamarão por Ele! Mas, para que esperar o sofrimento se tornar tão evidente, para reconhecer que somente Ele, pode aliviar a dor e a culpa, agora?

Diante do tamanho dos problemas que o mundo enfrenta. Nos fechar, para o que ainda pode ser as prováveis possibilidades de melhorias, em que podemos pelo o menos aprender um pouco mais com tudo isso, que está acontecendo com toda raça humana, seria algo a se pensar, para reavaliar certas decisões e pensar melhor nos conceitos deixados para traz, você não acha?

Em tempos de tantos problemas, pensar com mais lógica, usando a razão para discernir melhor sobre tudo que estamos fazendo de nossas vidas, e também como agimos com as outras pessoas, é muito significante, além de servir de exemplo positivo para muitos. Ser uma boa inspiração para alguém, em que representar uma boa ação, que pode salvar vidas, é algo muito positivo, em meio a tudo isso de ruim que está acontecendo com o planeta! Eu penso, que um bom exemplo é tudo na vida! Quando passamos uma imagem boa, sobre o que de fato somos, outros irão ver, e mesmo que não seja de imediato, aquilo vai impactar algo muito bom, naqueles que são observadores e já não aguentam mais viver uma vida sem uma referência positiva para seguir. Onde quer que estejamos, e fazendo o que quer que seja, seremos de uma forma ou de outra, exemplo para alguém! Agora resta saber, que tipo de exemplo, estamos sendo para as pessoas. Positivos ou negativos? Devemos nos preocupar com isso sim! Ser alguém melhor nesse mundo, com certeza tem suas vantagens!

Deixar uma boa impressão por onde passarmos, é fundamental quando de fato não queremos mais continuar causando maus exemplos e fazendo coisas erradas... Ser positivos e não anular as boas ideias, mesmo que não sejam nossas, ser prestativo e ajudar sempre que pudermos, é sem dúvida, o tipo de situação que as pessoas precisam muito, para sorrir mais e chorar menos.

Nossos testemunhos de vida devem ser autênticos, e positivos. Eles serão vistos em nós, pelo que vivemos e apresentamos, quando abrirmos as nossas bocas e deixamos sair de nós o que de fato somos. Devemos ter consciência do que falamos há todo tempo, pois, as palavras levam até outras pessoas, a verdade ou a mentira, com a mesma intensidade! A diferença, é que uma, edifica, e a outra, amaldiçoa!

Deus nos criou, esperando algo a mais de nós, e acabamos sendo uma grande decepção, logo de cara! Deus queria que fossemos seus amigos, mas nos tornamos traidores e também, aproveitadores. O homem tem a capacidade de usar o nome de Deus, e de Jesus, para fins próprios. Fazem isso para acumular riquezas, se intitulando, como sendo, esses, povo de Deus, ministros e representante do Senhor, aqui na terra. Mas na verdade, não passam de abutres, sedentos por bens materiais e fortunas milionárias. É claro que isso não se aplica a todas as pessoas que falam de Deus em público, ou levam a palavra de Deus, para outros muitos povos, que precisam, e sem isso, não teriam praticamente nada, que os livrasse da cegueira desse mundo de opressão, tão contaminado pelo maligno! Dentro da hipocrisia usada pelo homem para se dar bem em nome de Deus e de Jesus. Existem aqueles que são verdadeiramente, filhos de Deus! É o joio no meio do trigo! Esses entendem o verdadeiro significado da obra de Deus, e cumprem seus papéis como servos e seguidores fiéis de Jesus Cristo, o nosso salvador eterno! Não podemos jamais confundir as coisas, pois no meio do trigo, sempre haverá joio! Saber identificar os joios, talvez seja a missão mais difícil de nossas vidas!

A incapacidade do homem por omissão ou preguiça transforma qualquer pessoa em um peso morto, sobre pena de que cada um, aqui nesse planeta, deve fazer a sua parte, considerando que ninguém precise carregar o outro nas costas. A conduta positiva de uma pessoa, pode gerar em outras, um efeito também positivo! Estar vivendo no mundo na era do COLAPSO, é uma experiência tão complicada, mas que coloca o homem em seu devido lugar, após ter feito tantas coisas erradas, sobre o propósito do engano e das mentiras, dos lucros abusivos e falta de respeito com aquilo que deveria ter sido tratado de forma muito diferente do que foi... Depois de tantas situações ofensivas, contra a própria vida, o que mais poderia acontecer, a não ser o mundo entrar em COLAPSO?

Tudo que está acontecendo com o homem, é quase que inevitável! O homem está roubando recursos de onde não poderia mexer de maneira alguma! E espera ter bons resultados quanto ao bem-estar de todo um sistema que auxilia as pessoas do nascer ao morrer. Um COLAPSO no mundo, seria impossível de não acontecer! O homem brincou e zombou de tudo como quis, de Deus e dos recursos naturais. Agora, precisa entender que as consequências chegam para todos! Agora mais do nunca, é hora do arrependimento genuíno e um pedido de perdão, que poderá ter um resultado possível e favorável as tantas coisas que precisam serem arrumadas, no intensão de conter pelo menos, parte de todo mal existente. Um ponto bem interessante, é que nós somos os culpados, mas também podemos ser a solução para todos os problemas! Basta isso ser decidido pela grande maioria!

O segundo maior mandamento deixado por Deus, para todos nós, resume muito bem o andar junto, o caminhar na mesma direção e fazer do propósito da vida, um momento de complementar aquele que é nosso semelhante. O COLAPSO irá distanciar as pessoas ainda mais! Ele está criando entre nós, uma ansiedade por um tempo que se torna cada vez mais difícil de se ter com quem amamos, em que a vida está mais corrida a cada dia. O mandamento diz o seguinte: **Marcos: 12- 31 "Amarás o teu próximo como a ti mesmo".** Isso precisa ser entendido como sendo um ato de amor, que devemos ter uns pelos outros.

Amar o próximo, como a nós mesmos, é respeitá-lo e cuidar de suas necessidades, quando esses, estiverem precisando de ajuda! Não podemos permitir que alguém sofra por nossa causa, e muito menos, que morra pelas nossas mãos! O ato de amar o nosso próximo, nos faz ter a origem e o amor de Deus, que nos criou com esse propósito maior. Mas, que infelizmente foi corrompido pelo pecado, nos tornando frios, e tomados por forças do mal, que transformam o homem, em um ser maligno e sedento por coisas que incitam os prazeres e causam a dor em nosso próximo, ao invés de amá-lo, e ajudá-lo. Mas isso tudo só acontece, porque muitos estão vazios de Deus, e o espírito santo, não habitam em suas vidas! Em resumo, o mundo só está passando por tantos problemas, por falta de Deus, na vida das pessoas! Quem ama cuida, e é de mais cuidados que o nosso planeta e pessoas precisam! Se você não está conseguindo fazer isso acontecer, está faltando Deus em sua vida!

28

PRECISAMOS PRATICAR O PERDÃO E NOS LIBERTAR DAS AMARRAS DO DIABO

Devemos procurar ter em nós o caráter de Cristo! Ele nos revelou o seu caráter, como sendo o caráter a ser seguido por todos que o amam e o confessam como Senhor de suas vidas. Sem um caráter santo, agindo em nós, o nosso corpo corruptível, se torna muito doente, e a nossa alma fica perdida dentro de nós, a procura de uma luz, que possa nos liberta do mal, que pode nos tornar ainda mais corruptíveis, do que já somos. O declínio que ocorre com a humanidade, tem em primeiro lugar, a deficiência espiritual, pois quando não estamos bem espiritualmente, nada tende a dar certo em nossas vidas! Deus fala, mas a pessoa não ouve! O entendimento se torna apagado, e a vida de quem vive assim, continua caída, sem a luz que faz a diferença no mundo.

Viver uma vida sem Deus é tão complicado, que uma pessoa espiritualmente fraca contamina outras muitas, com suas ideologias mundanas, e propósitos errados, contra a própria vida, e de outros muitos. Muitas pessoas cultuam o ódio, como se fosse algo que precisa ser alimentado e mantido vivo dentro delas! Uma pessoa que cultiva o ódio, como sendo uma forma de se vingar de alguém, está morta espiritualmente! E tem o diabo ativo dentro de si, pois quem faz o ódio existir e permanecer dentro dela, é tão somente o diabo!

Deus é amor, e quando Ele reina na vida da pessoa, não existe lugar para o ódio! Só existe espaço para o perdão e o amor! Devemos lembrar que nós não somos os nossos erros! Embora todos nós cometemos erros na vida, não podemos fazer deles, nossos dias vindouros! Temos que aprender perdoar, para ficarmos livres de situações que nos torna diabólicos e aprisionados. Podemos e devemos nos tornar livres de nossos erros, esse é o verdadeiro objetivo do perdão em nossas vidas! Você consegue entender isso para sua vida?

É por isso que eu digo, que toda motivação para coisas ruins que existem no mundo, é satânica! O COLAPSO, está sendo gerado por forças malignas! Tudo que é sujo, corrupto, desobediente e feito em excessos, de forma abusiva, em que não entra o perdão, tudo aquilo não procede de Deus! São de ordem satânicas! Pessoas tomadas pelo mal, estão fazendo coisas erradas, que permite esse caos infernal, e o declínio da humanidade acontecendo de forma tão natural para muitos. É como se Deus estivesse falando novamente para o povo; não coma do fruto proibido, e as pessoas fazem questão de comer, e ainda se lambuzam e zombam da coisa toda, que Deus tanto insiste em mostrar que está errado! O pior perdedor, é aquele que não reconhece os seus próprios erros! O mundo está repleto de pessoas assim! Fazem tantas merdas e não admitem jamais, seus erros! Pessoas perdedoras, são geralmente pessimistas e murmuradoras! Pessoas vencedoras são naturalmente otimistas e positivas! Quando fazemos essa analogia, sobre o vencedor, e o perdedor, chegamos facilmente em Deus, e no diabo. Deus é positivo e verdadeiro, e o diabo, é pessimista e mentiroso! Com quem você se identifica mais?

As pessoas otimistas, vivem suas vidas olhando para todas as cosias a sua frente, observando como podem ajudar a fazer melhor alguma coisa que seja preciso. Não pensam somente em si, e estão sempre em busca do arrumar as coisas, para que outros também possam se beneficiar das melhorias... Essas pessoas que são positivas têm dentro de si, algo há mais! Nelas existem uma força que impulsionam seus pensamentos e os levam a se tornarem ativos e prontos, a darem ótimos resultados, sobre aquilo que falam ou fazem...

Deus é a resposta dos otimistas, pois o otimismo e a verdade, são vertentes de Deus, para as pessoas que pactuam com aquilo que é positivo e faz o bem, não só para elas, mas também, para os outros. Já os pessimistas, deixam muito a desejar, são pessoas negativas e destruidoras de sonhos. Quase sempre são invejosos e não querem que outros tenham o melhor da vida. Satanás, também age dessa forma, ele não quer o melhor para ninguém, e está sempre em busca de subtrair algo bom das pessoas. O forte de satanás, é gerar dúvidas, incredulidades, e mentiras, fazendo as pessoas se tornarem instrumentos do mal.

Isso acontece de forma sútil, em que o engano se torna sua verdade e as coisas do mundo, que são oferecidas por ele, são de fato atrativos interessantes, que sem a luz do mundo na vida das pessoas, que não entende essa necessidade de tê-la, a pessoa fica totalmente exposta as trevas, em que fica impossível alguém ver o que está por traz desses atrativos que muitos se deleitam, pensando ser isso, o que faz a vida ter algum sentido em termo de prazeres. É por isso que satanás, é o pai da mentira, e senhor dos enganos! Ele sabe arquitetar seu plano diabólico sobre a humanidade, de forma quase imperceptível, em que muitos estão dentro da cilada, vivendo suas ruínas e sofrendo as duras e amargas derrotas, sem se dar conta que satanás, é quem está por traz de todo fracasso e destruição em suas vidas.

Quem se permite viver uma vida aliado a satanás, está em COLAPSO consigo mesmo, e vivendo uma falência interna e um declínio espiritual que é lamentável, sobre o ponto de vista, que Jesus é tão acessível, que basta a pessoa decidir querer aceitá-lo em sua vida, que todo conflito, falência, vícios e qualquer outras coisas que seja condições malignas em sua vida, irá desaparecer, conforme a pessoa decide não mais continuar pelos mesmos caminhos de antes! Jesus, é o caminho a verdade e a vida! Só Ele pode fazer por você, aquilo que você tanto precisa em sua vida, que é se libertar da cegueira e da escravidão, de diversas formas. Quer ser livre de seus sofrimentos? Entrega sua vida para Jesus e confia em seus ensinamentos!

O amor sempre tem o poder de regenerar tudo que a ele for atribuído verdadeiramente. O que ainda diferencia as pessoas em meio aos satanismos que está sendo vendido, como sucesso e grandeza, é o amor! O amor verdadeiro não poder ser maquiado nunca! Ele diferencia o joio do trigo! Deus, do diabo. Quando as pessoas permitem que Jesus faça parte de suas vidas, o amor passa a ser predominante e libertador. Só quem tem dentro de si, o amor verdadeiro, pode também amar verdadeiramente!

O amor é o escudo que podemos usar para resistir a qualquer tipo de mal... Já a razão, equilibra os pensamentos e reafirma os fundamentos, fazendo tudo ser mais prático e aceitável para o amor. A razão define a compreensão, como sendo ela, os olhos do coração... Já o coração, é enganoso! Quando agimos com o coração, precisamos da razão mais do que nunca! A razão pondera e deixa lúcidos os pensamentos, permitindo a pessoa ver o caminho que irá passar, guiados pelo coração... Deixe a razão lhe fazer ver as questões, que seu coração insiste em manter guardadinhos a sete chaves... A razão abre nossos olhos e nos permite enxergar as realidades que são ofuscadas pelas emoções do coração e pelos prazeres da carne. Olhe para o mundo com a razão que permita você entender os motivos para existir tanta destruição pelo mundo, e permita que o amor conduza suas ações daqui para frente, tornando seus dias úteis e justos.

O propósito que faz tudo nesse mundo acontecer está em nós! O propósito é o designo que cada pessoa carrega dentro de si, e que irá se cumprir de uma forma ou de outra! Todas as pessoas são propósito de Deus no mundo! Por isso, eu me apresento escrevendo, como sendo um instrumento da sua obra! Faça você o mesmo que eu, e se apresente para fazer aquilo que só você pode, em benefícios de muitos. Pois em você existe uma missão, e você precisa descobrir qual é! Não se permita ser usado pelo diabo tão facilmente. Lute contra as tentações, e se fortaleça com Espirito Santo, para não continuar sendo um instrumento da sua própria destruição. Pois, o diabo trabalha exatamente assim, ele usa a pessoa para destruir outros muitos, e depois, ele destrói seu instrumento usado, sem piedade alguma! Aqueles que permitem ser instrumentos das forças malignas, fazem do diabo, senhor de suas vidas! Esses, são os filhos do diabo, que a palavra de Deus revela! **1ºJoão: 3- 7,8,9,10 "Filhinhos, não vos deixeis enganar por ninguém; aquele que pratica a justiça é justo, assim como ele é justo. Aquele que pratica o pecado procede do diabo, porque o diabo vive pecando desde o princípio. Para isto se manifestou o filho de Deus: para destruir as obras do diabo. Todo aquele que é nascido de Deus não vive na prática de pecado; pois o que permanece nele é a divina semente; ora, esse não pode viver pecando, porque é nascido de Deus. Nisto são manifestos os filhos de Deus e os filhos do diabo: todo aquele que não pratica justiça não procede de Deus, nem aquele que não ama a seu irmão".**

De fato, isso realmente é muito revelador, pois muitas pessoas por aí pensam ser de Deus, mas suas obras são malignas. E tais obras não procedem de Deus! O COLAPSO é uma cartada do diabo contra à humanidade, fazendo as pessoas não pensarem direito, pelo acúmulo de pressão, que está sendo jogado em cima delas. Isso tira das pessoas o controle, e o equilíbrio emocional, fazendo o estresse e a ansiedade, uma constante e ameaçadora proposta de destruição, que tira a paz, e gera o pânico dentro de cada pessoa.

29

O COLAPSO IRÁ FAZER DESAPARECER A INTERNET

Quando o COLAPSO acontecer de fato, mostrando suas garras e seus efeitos devastadores dentro da vida das pessoas de forma bem efetiva, a primeira coisa que vai impactar com muita força o mundo, e de forma assustadoramente mostrando o tamanho do caos, na vida das pessoas, será a falta da internet! Fico imaginando como isso irá repercutir negativamente dentro do planeta. Nossa, essa vai ser mesmo uma tremenda situação com consequências imensuráveis, pois o mundo sem internet tornará a vida da grande maioria uma missão muitíssimo complicada, em virtude das facilidades de hoje, onde praticamente todos dentro do planeta dependem de alguma forma da internet.

A vida sem internet parece nem ter sentido! Sem a internet, o mundo ficará a cegas! As pessoas baterão cabeça, sem saber para que lado ir, dentro de uma realidade que só de imaginar, começo a sentir essa situação surreal, me deixando muito pensativo... Essa será realmente uma questão complicada para se adaptar! A coisa é tão complexa que aproximadamente cerca de 150 bilhões de e-mail deixariam de ser enviados por dia! Outros bilhões de usuários de toda rede social, perderiam seus contatos e ficariam totalmente perdidos dentro de mundo sem conexão. A ausência de conectividade impediria o funcionamento das centrais de controle de tráfego aéreo, o que impediria a decolagem dos voos por todo mundo. Entre outras muitíssimas coisas, que dependem totalmente da internet para existir. O fato é que o mundo sem internet não terá muito sentido!

A internet compõe a vida, de forma tão racional, sobre o propósito do seu exercício, que ficar sem ela, nos tornariam homens primitivos e tendo que começar do zero, sob o efeito de uma pressão tão grande que a humanidade sofreria diante desse problema, que não dá nem para mensurar o que isso significaria de fato na prática!

Se isso realmente vier a acontecer, conforme o COLAPSO nos permite imaginar essa grande possibilidade anunciada, o mundo precisaria de pelo menos uns 50 anos para as coisas começarem a seguir um fluxo aceitável novamente. Credo, só de imaginar essa condição, fica ainda mais preocupante, toda situação do mundo, sob a conduta das pessoas sem consciência, que transformam todos os lugares povoados, em verdadeiros submundo, em que as condições naturais, que ainda preserva o planeta vivo, resistem mantendo o mundo real praticamente imutável, com exceção do homem, que se corrompeu totalmente e segue destruindo os meios naturais, e se beneficiando de forma inadequada de seus recursos... O homem fica de fora dessa natureza saudável que ainda existe e equilibra o ecossistema, não deixando tudo se acabar ainda mais rápido do que já está acontecendo! O homem em seus grandes centros populacionais e poluídos, vivem cheios de ilusões e se afundando cada vez mais, em suas ideologias destrutivas contra si mesmo, pois o homem é o pivô de toda destruição em massa da humanidade e do planeta!

Falando da internet, esse é um mecanismo de conexão em massa, que coloca o ser humano interligado com o mundo todo, criando caminhos incríveis, em que só de pensar em viver sem essa condição, e que faz a vida humana tão adaptada a tecnologia moderna e torna a vida da grande maioria das pessoas, bem mais fácil em muitos sentidos. Mas também, cria outras possibilidades negativas que permitem as pessoas, a voar sem limites, e só pousar, quando estiver todo embaraçado por ter usado tantos acessos e feito da sua vida, uma verdadeira odisseia de problemas.

A internet é na verdade uma via de duas mãos, em que existe o lado muito benéfico, mas também um outro muito maléfico e bem perigoso! A internet que é tão dispensável e que gostamos tanto, foi criada em 1969, por Robert Kahn e Vinton Cerf, mas só teve seu uso comercial liberada, 1987. Em 1992 surgiu a World Wide Web (WWW), uma rede dentro da internet criada pelo cientista britânico, Tim Berners-Lee. Essa é um pouco da história da internet, que praticamente toda a humanidade usa, e sem ela, ficaríamos totalmente perdidos na escuridão do conhecimento e avanços tecnológicos, que hoje dominam o mundo todo.

O mundo de hoje vive um tempo, em que correr não significa mudar os passos tão rápido, ou olhar exatamente onde que quer chegar naquele ritmo. Tudo depende bem mais do quanto a internet seja rápida e de boa qualidade. Um estudo mostra que 59,5% da população mundial está conectada à rede, através de aparelhos fixos... Mas um outro detalhe que vale a pena ser mencionado dentro do mesmo estudo, é o fato de que os dispositivos móveis se tornaram o principal meio de acesso à internet para muitos, já que soma 92,6% do público que utiliza smartphones ou tabletes com essa finalidade, em se conectar pela internet, com todo o mundo!

Se começarmos a pensar que o mundo de fato, entrará em COLAPSO, e a vida se tornará muito difícil por vários motivos decorrentes do caos, da consciência que muitos parecem não querer usar para fins bem variados sobre cuidados e preservação em todo os sentidos. Ficar em alerta, enquanto essa possibilidade paira, mostrando fortíssimos indícios sobre nossas cabeças, criando um certo receio, sobre a possível, mas bem avançada condição existente, de situações provenientes para que essa realidade possa realmente acontecer! Ou seja; começar a pensar diferente, fora da caixa, sobre essa condição que muito provavelmente pode acontecer, onde essa grande possibilidade de o mundo entrar em COLAPSO, seria uma boa opção para mobilização das pessoas no sentido em se ter mais cuidado e consciência, responsabilidades e mais atenção daqui para frente, em tudo que se refere a evitar mais destruição. Temos que deixar de ser pessoas tão relapsas e preguiçosas! Deixar de esperar pelos outros, e começar a agir fazendo sua parte no processo de desintoxicação por todo tipo de destruição dentro do planeta.

Hoje em dia, não existe mais tantas censuras, e a liberdade mais parece uma condição estendida por atos sem limites, com propostas de acessos, que deliberam questões que por alguns motivos, não poderiam ser tão abertos e oferecidos... Muitos conceitos e valores, que fazem a vida ter um sentido familiar e condutas mais condizentes com os ensinamentos que vem Deus, estão sendo tratados, como se esses fossem carrascos em um tempo, que as pessoas não querem nem saber de tradições familiares, ou de uma educação, com base em temor a Deus, ou respeito pelos pais, de forma que isso garanta a obediência e os bons costumes, que definem muito bem, quem é quem, em um mundo possuído por forças malignas e com objetivo bem definido, que é, a destruição o ser humano. E o mesmo tem aceitado essa condição para sua vida, e ainda brinca com todas as situações provenientes dessa destruição, em que ele, é o mecanismo usado para destruir a si próprio!

Tudo parece estar se tornando possível, para um tempo, que realmente está chegando ao fim! Mas, esse fim, traz uma apresentação do diabo, como convidado especial, fazendo seu discurso de senhor do mundo, sobre consentimentos de pessoas que acreditam estar participando de uma festa, regada a muitas diversões, e prazeres absolutos, e tudo que vale na vida, é aproveitar ao máximo, tudo que está sendo oferecido...

O grande erro da humanidade, é justamente esse! Não observar o que está tão próximo, e causando tantas dores a cada um... Está tudo tão obvio, que ofusca as pessoas e tira delas, a condição de entender e visualizar, os acontecimentos com a verdadeira magnitude que de fato estão acontecendo. O mundo está tão tomado por coisas erradas e mentiras tão absurdas, que tudo se tornou muito confuso, em que muitas coisas não são realmente o que parecem ser! O mundo se tornou um palco de ilusões, em que muito do que conhecemos está camuflado, e o ser humano está aceitando viver essas condições sem questionar mais incisivamente a sua idoneidade, permitindo que tudo esteja misturado e faça parte da vida de muitos.

Os atos destrutivos, da raça humana, contra eles próprios, são incompreensíveis. Pois atirar no próprio pé, parece ser algo muito insano, que representa uma fraqueza espiritual, que não precisa ser tratada com remédios químicos e viciantes, causando dependência e dopando a pessoa, tirando-a da realidade que precisa ser conhecida como de fato é... O verdadeiro tratamento que todas as pessoas precisam, deve ser de forma espiritual, em que a libertação dessas vidas, por intermédio de Deus, é a única fórmula, em que não existem efeitos colaterais! Pois quando a mente está doente, ou sem referência, com base espiritual, o corpo parece ter se tornado somente uma matéria qualquer, se autodestruindo, e isso, pode ser visto acontecendo com muitos doentes químicos e outros, em situações diversas...

As coisas erradas que as pessoas estão impondo como normais para se viver de forma tão expressiva, são absurdas! Isso só mostra, com mais veemência, os sinais do poder do diabo, sobre a humanidade. O COLAPSO está aí, trazendo situações, em que tudo parece não ter mais volta, sobre o ponto de vista destrutivo e totalmente condenável, para humanidade, por conta daqueles que aceitam viver as práticas destrutivas e participam fazendo o que não deveria, sob o efeito do descaso e da irresponsabilidade em não ter consciência por suas ações tão negativas...

Às vezes fico pensando: como Deus deve olhar para todos nós aqui na terra? O ser humano se tornou tão feio, desde a sua criação, que sinto muita vergonha, quando estou escrevendo sobre isso! O mundo está muito parecido com Sodoma e Gomorra! Será que Deus irá nos julgar de igual modo? Pois naquele tempo, aquele povo se encheu de tantos pecados, que Deus não teve nenhuma piedade, daqueles infiéis e profanos seres, que zombavam Dele, e só queriam prazeres e mais prazeres... **Genesis: 19 – 24 ao 30 "Então, fez o Senhor chover enxofre e fogo, da parte do Deus, sobre Sodoma e Gomorra. E subverteu aquelas cidades, e toda a campina, e todos os moradores das cidades, e o que nascia na terra. E a mulher de Ló olhou para trás e converteu-se numa estátua de sal. Tendo-se levantado Abraão de madrugada, foi para o lugar em que estivera na presença do Senhor; e olhou para Sodoma e Gomorra e para toda terra da campina e viu que da terra subia fumaça, como a fumarada de uma fornalha. Ao tempo que destruía as cidades da campina, lembrou-se Deus de Abraão e tirou a Ló do meio das ruinas, quando subverteu as cidades em que Ló habitara".** Você consegue ver alguma semelhança nos dias de hoje, com aquele tempo?

O homem está cometendo um suicídio coletivo, por suas ações tão erradas, e outros por aceitar de forma muito tranquila tudo que tem acontecido sem os devidos questionamentos! Está claro que a grande maioria das pessoas não estão comprometidas com a sobrevivência e melhoria da vida no planeta como deveria! Nosso mundo pede socorro de forma piedosa, mas não está sendo ouvido! O homem ignora os sinais de destruição que a natureza apresenta, e segue exterminando a vida, sem compaixão ou temor a Deus por agir com tanta perversidade contra os seus semelhantes, e tudo que existe dentro do planeta! A maldade das pessoas parece não ter limite, e sempre parece estar aumentando dia após dia.

O propósito do livro é justamente esse, dar mais sentido para as coisas que estamos vendo acontecer, mas que sozinhos, o discernimento talvez não aconteça como deveria, e muitos não conseguem sair do pensamento mediano, que não avança muito em direção a uma realidade que precisa ser vista e também entendida, para que haja uma possível reação da grande maioria, que precisa acordar desse sono profundo e fazer alguma coisa em prol das melhorias possíveis e tão necessárias, para que esse cenário horroroso que temos hoje, possa de alguma forma ser mudado, dando início a uma evolução de consciência e mais respeito pela vida de um modo geral.

Devemos fazer parte dos acontecimentos saudáveis, praticando sempre a verdade, e não aceitando qualquer situação que não seja positiva. Nossas decisões precisam ter efeitos positivos diferenciados, que apresentem um impacto valorosos e construtivo, criando conceitos fortes e opiniões que convençam pelo otimismo e possam contagiar outros que estavam apáticos e desistindo de continuar lutando pelo bem do planeta.

Não podemos ficar no anonimato, nem nos esconder da realidade que nos pressiona, e nos deixa acuados, mais e mais, a cada dia... Devemos ter sempre, uma segunda opinião sobre certos assuntos, situações e pessoas. Pensar diferente do comodismo, faz de nós pessoas ativas, mais atentas, e melhor preparados para agir contra questões que podemos ajudar a tornar melhores! Nossas atitudes equilibradas, diante de ações erradas, de pessoas sem noção, fazendo coisas absurdas, podem repercutir positivamente em favor de muitas vidas.

Quando falamos do mundo entrando em um estado de COLAPSO, isso nos faz entender, que esse mal, está sendo aceito pela maioria! Ele está sendo provocado a acontecer, por diversos fatores, e não somente por uma causa, como por exemplo, já citamos antes; sobre os políticos que poderiam conter em muito, vários pontos críticos de destruição do nosso planeta! Mas, não o fazem...

Dentro desse contexto todo, que formam questões tão emblemáticas, sobre a coisa toda acontecendo por todos os lados, que é tão complexa e ao mesmo tempo, prática, em que podemos ver tudo acontecendo bem pertinho de nós, sobre o ponto de vista, que o culpado pela destruição das bases saudáveis que asseguram o equilíbrio e sustenta a continuidade humana, de forma menos preocupante, somos nós que não estamos fazendo nada que seja por uma causa verdadeiramente assumida, e que iniba acontecimentos em que nossas ações imediatas poderiam conter qualquer tipo de avanço em certas questões...

A grande questão é que estamos sendo muito permissivos, e com isso, o problema nem parece ser nosso também! Esse é o protagonista racional, chamado de ser humano, que prefere assistir à destruição, do que reagir e se tornar menos destruidor, pois quem não faz nada a favor da vida, acaba fazendo contra! Nada poderia ser pior do que um COLAPSO generalizado em nosso mundo!

O futuro é um tempo que desconhecemos, mas que não podemos ignorar! Querendo ou não, o futuro é um tempo que espera por aqueles que passarão para o dia seguinte, criando por meio desse tempo, uma nova história, em que tudo que foi plantado no passado, com a intenção de servir aos outros, com a bondade de seus atos respeitosos, justos e confiantes em Deus, como sendo tudo que acontece sem a intervenção por decisões humanas, seja feito pelo propósito de Deus, para a continuidade da vida humana. Pois sem Deus, o mundo já teria sido destruído a tempos! Mas infelizmente, quando se planta coisas ruins no passado, as consequências acontecem e é o que estamos vendo destruir o mundo, no presente, e caminha muito rápido para o futuro! Pois quando tudo no mundo segue o seu curso natural, sem ter o dedinho podre do homem, impedindo o propósito de ser, de cada coisa ao seu modo natural, tudo permanece estável! Mas se o homem põe a mão... Já era.

O grande problema do homem é que se ele pensa uma vez em arrumar algo que depende dele para seguir o seu curso natural, o mesmo pensa três vezes no quanto ele pode ganhar se mudar o curso daquela situação, que depende dele, para continuar existindo! O fator vantagem na vida do homem, é algo que o torna tão monstruoso, diante de tudo isso que estamos falando aqui no livro! Quando o homem consegue ver uma vantagem em alguma coisa, em que ele pode se dar bem, ele não mede esforços, e faz de tudo que estiver ao seu alcance, para conseguir o êxito que tanto quer, sobre a possível vantagem... É disso que se trata as causas e os efeitos, e que faz o mundo estar entrando em COLAPSO! Entendeu?

30

NO MUNDO EXISTEM OS HERÓIS E OS VILÕES, A BOA CRIAÇÃO É QUE DEFINE ISSO

A vida é como um filme, e o mundo o cenário em que tudo acontece! Na vida sempre irão existir os heróis e os vilões! Os heróis lutam e tentam fazer sempre o seu melhor, para salvar o mundo de tantas coisas maléficas e destrutivas... Mas lá estão eles, os vilões, em desejo imenso em querer de todos as formas, destruir tudo que é proveniente ao bem estar e a felicidade, daqueles que lutam como heróis e sempre procura fazer aquilo que seja o melhor para o máximo de pessoas possíveis...

Dentro dessa analogia, heróis e vilões, estamos todos nós, gente comum, que mesmo sem capas, escudos, máscaras e qualquer outro componente que os heróis e vilões usam em seus papéis nos filmes. Nós compomos esses dois tipos de personagem em nosso mundo real e vidas que enquadram esse perfil, que define muito bem que tipo de ação cada personagem tem atuado, nesse cenário de coisas boas, e também muito ruins, que estamos vivendo nos dias atuais.

Sem precisar pensar muito sobre isso que acabo de escrever, eu tenho certeza, que existem bem mais heróis no mundo, do que vilões! Sendo assim, estamos dentro daquela condição, em que sempre ouvimos que o bem sempre vence o mal!... Essa é uma conclusão afirmativa e totalmente do bem! Por conta disso, precisamos identificar quem somos de verdade, dentro desse cenário onde um COLAPSO muito ameaçador está vindo em nossa direção e precisamos reconhecer toda sua gravidade. Quem é você dentro disso tudo, herói ou vilão?

Sobre essa analogia das pessoas serem heróis ou vilões, algo acaba tendo muito peso, quando considerarmos como estão sendo educados os filhos de hoje... Pois o que se pode ver muito facilmente, é uma omissão muito grande de boa parte dos pais, junto à educação e formação de seus filhos!

Educação dos filhos é algo muito sério, e precisa ser algo positivo, quando o assunto é formar pessoas melhores para o mundo. Mas infelizmente, muitos pais parecem não conseguir entender bem esse significado, e pensam somente em querer um mundo melhor para os seus filhos... Isso é algo tão sério e tão impactante dentro desse contexto todo que o livro está abrangendo, quando se fala de consciência das pessoas, destruição causada por essa falta de consciência, e do mundo entrando em COLAPSO por conta disso, onde as pessoas já se encontram vivendo em declínio, e que em um futuro muito próximo, tudo pode ser ainda bem pior!

Os pais podem ser a parte bem conclusiva, dentro do declino da humanidade, podendo refletir, positivamente, como negativamente, quando o assunto for boa educação e formação dos filhos. O que é possível observar dentro dessa questão tão séria e determinante sobre a criação e formação dos filhos, é que muitos pais não sabem o que estão fazendo em relação a criação de seus filhos!

Para começar, os conceitos e valores familiares com base nos princípios e respeito, não poderia deixar de existir na educação dos filhos, mas estão sendo jogados no lixo! Criar filhos em tempos modernos, se tornou um problema tão grande, que os filhos estão chegando na vida adulta, vazios daquilo que deveria ser a base que sustentaria os mesmos, sobre as raízes da formação segura e prática, no que diz respeito, aos ensinamentos dos pais e uma preparação dos filhos, para que eles não se tornem adultos agindo como se fossem pessoas de outro mundo.

Muitos pais estão formando seus filhos com uma base virtual muito grande. Quase tudo dentro dessa formação se baseia em internet, sendo que de vida real mesmo, só o cachorro, quando se tem um em casa! Muitos pais são uma vergonha, quando a questão é educação de seus filhos! Muitos desses pais são despreparados, não tem autoridade e são coniventes com os erros graves de seus filhos. São totalmente sem noção, no que diz respeito a preparar seus filhos para que sejam pessoas melhores para mundo. Muitos pais, estão criando seus filhos muito cheios de mimos, fazendo deles pessoas fracas e seres sem limites. Na verdade, muitos pais estão transformando seus filhos em pessoas vazias dos valores extremamente importantes, mas nesses tempos modernos, estão ficando de fora da vida de muitos que crescem sem saber o que são de fato os valores pela vida e são esse bando de seres mimados e convencidos de que limite é algo para os fracos, ou pessoas repreensivas.

É como eu disse antes, a modernidade e a vida de aparência têm feito muitos pais quererem mostrar algo sobre seus filhos que seja "melhor" aparentemente com base em novos tempos, em que criar os filhos com total liberdade é algo muito bonito de se ver, quando na verdade isso não passa de uma mentira, em que muitos estão criando pessoas tão despreparadas, que quando chegam a vida adulta, são tão inertes as atividades reais, ou movimentos próprios, em que tudo que trazem em sua pessoa e educação para o mundo real, são teorias em que muito rapidamente a grande maioria se tornam mesmices e pessoas propensas a todo tipo de situações que aponta de forma direta para as facilidades, e isso os tornam, presas fáceis no mundo das drogas.

Muitos pais estão fazendo da criação dos filhos, uma brincadeira que não tem graça nenhuma, mas consequentemente, terá muitas consequências, pois a falta de atitude de muitos pais, para com os seus filhos, está gerando pessoas sem preparação alguma para um mundo que precisa de ajuda e não de mais problemas...

Os filhos estão sendo preenchidos por ilusões tecnológicas de todo tipo possível de se imaginar, onde aprendem desde muito cedo, coisas que não precisam sendo crianças, deixando de fato o que é realmente importante, e não está sendo ensinado. Os pais estão deixando de lado a verdadeira criação e educação sustentável, que gera estrutura para uma vida futura, de forma mais autêntica. Os filhos quando são criados sem conhecer os limites da vida, que moldam certos acessos e determinam a orientação de um líder, que devem ser os pais, crescem vazios, e são eminentes ao fracasso, se autodestruindo. Onde, muito cedo procuram por fugas, na busca por complementos e subjetividade, que os façam preenchidos por algumas coisas, que substitua o que não receberam dos pais em sua formação, quando crianças e adolescentes.

Quando os filhos saem de casa sem preparação, eles logo se deparam com os primeiros obstáculos, que são pessoas que se aproveitam deles facilmente, e infelizmente muitos se tornam objetos nas mãos de pessoas, que reconhecem suas fragilidades pela pouca idade, e cabeça vazia, por ter tido uma formação teórica e cheia de tantos mimos, que quando chegam para viver como pessoas adultas, tudo o que querem, é ter uma vida fácil, não reconhecendo a verdadeira e dura realidade que terão pela frente, porque estão cheios de caprichos, e não sabem lidar com aquilo que não foi ensinando pelos pais. Esses acabam sofrendo muito!

O alto preço que se paga, em não ter educado um filho direito, recai sobre os ombros dos pais, de forma, que quando seus filhos se perdem ainda muito cedo, tudo que vem primeiro como resposta pela situação, é a criação e educação que foi dada para aquela pessoa em questão! Pois, quando o filho já é adulto, suas decisões já são alinhadas com o tempo de vida maior, em que as decisões já são maduras, e esse se torna possivelmente capaz de tomar sozinho suas próprias decisões. Mas quando ainda são crianças, tudo passa a ter um peso muito grande sobre os pais, que por mais que tentem tirar o corpo fora, sobre a responsabilidade dos filhos, não conseguirão!

Tente ser mais proativo com seus filhos e oriente-os ao máximo que puder, sobre tudo que se passa lá fora, nas ruas e com outros jovens que já estão enfrentando problemas com as drogas, bebidas e outros tipos diversos de situações destrutíveis à sua pessoa e consequentemente para o mundo de alguma forma! Isso formará neles, uma base sobre uma perspectiva de mundo e pessoas. Irá formar raízes profundas que os segurará quando vierem as tempestades com muitos ventos fortes. E isso é inevitável! Quando se conhece o terreno que irá pisar, a queda pode ser amortecida pelo ensinamento dos pais, que na hora certa, o filho com certeza irá se lembrar!

Nós os pais, não perdemos nunca, em ensinar nossos filhos o que se deve, sobre a vida, e como tudo pode ser ofensivo e mortal para eles. Pois cada ensinamento, terá o devido valor, na hora que os filhos mais precisarem. Pais que educam seus filhos com base no respeito, mas que tenha autoridade deixando bem claro desde muito cedo, quem de fato manda dentro de casa, usando muito diálogo para ensinar, definindo questões e impondo limites necessários, em que as crianças irão entender desde de muito cedo, que sua base de educação, é confiável e muito séria, tendo pelos pais o respeito que é indispensável quando se trata de uma boa formação dos filhos.

Criar e educar nossos filhos de forma correta, tem a ver com uma continuidade a ser passada e jamais deixar com que eles sejam preenchidos com outros valores, que não seja aqueles que estabelecem, o respeito, a confiança, o amor, a justiça e sobre tudo, precisamos apresentar Deus para eles, e faze-los saber desde muito cedo, quem é Deus em suas vidas! Dessa forma, seus caminhos terão luz e o discernimento será mais fácil, e seus passos serão firmes pelos propósitos certos e bem fundamentados, pelo papel dos pais, em ter criado seus filhos com base em verdades, valores e princípios, que jamais serão esquecidos, pois são esses fundamentos que formam uma pessoa saudável e bem preparada para entender que o mundo está muito doente e precisará deles, para continuar ainda existindo. Essa é a grande diferença entre um filho, e outro, colocado no mundo! A sua formação e a boa educação!

Quando os pais aplicarem o efeito verdade, dosado com amor verdadeiro e fazer valer a correção sem abuso, dentro de suas casas, começaram a criar filhos melhores para o mundo, em que isso fará muita diferença de forma positiva, em meios as tantas pessoas que são vazias e vivendo sem ter os ensinamentos corretos e boa formação vinda dos pais.

Os pais não podem somente jogar seus filhos no mundo de qualquer jeito, e querer que eles sejam alguém sem nenhuma educação familiar e também espiritual bem preparada. O mundo jaz no maligno! Por isso o melhor para nossos filhos, é mostrar a face do mal, e alertá-los, contra isso, o mais cedo possível. Pois eles terão que saber lidar com isso também! Eles precisam saber que no mundo não existe somente brincadeiras, e tecnologias ao alcance de suas mãos. Os pais precisam tornar real o entendimento dos filhos, de forma que irão crescer sabendo e também vendo os acontecimentos de uma certa distância segura, mas que permita que eles saibam o significado da vida de forma real, e não sejam iludidos com mentiras e contos fantasiosos que nada tenha de verdade, em seu propósito educativo. Aquilo que muitos pais estão apresentando para seus filhos, tentando poupá-los de uma realidade que eles precisam saber o quanto antes, para que depois que saírem de casa, não encontre um mundo tão diferente, que nunca existiu para eles, acaba sendo um grande erro! Os filhos em formação precisam saber, que no mundo existe o bem, e o mal, Deus e o diabo!

Quando criamos nossos filhos escondendo deles a realidade que precisa ser vista sem medo, mas, com respeito e atitude para que eles saibam lidar com suas adversidades, não estamos preparando nossos filhos para uma vida real, e sim, para que vivam escondidos e olhando tudo de longe e morrendo de medo... Quando a correção dos pais for de fato entendida pelos filhos, os pais colheram ótimos frutos por terem criado eles bem, e dali sairão pessoas diferentes, com valores que ninguém poderá tirar deles. Bem diferente daqueles que são criados cercados de mimos e sem limites, tendo tudo, sem saber de nada..., mas, a culpa do fracasso de muitos filhos, é sem dúvida dos pais! Pense nisso...

31

AS ESCOLHAS ERRADAS DO HOMEM E A FALTA DE DEUS EM SUA VIDA TÊM TRANSFORMADO O MUNDO EM UMA DESTRUIÇÃO TOTAL

O medo é ponto nocivo nesse emaranhado de incertezas, que vive a humanidade. Mas por medo, nos calamos, por medo, não somos quem deveríamos ser contra tudo isso que nos oprimi e nos faz tanto mal! O que muitos de nós, pessoas boas e sensatas, inteligentes e com desejo de viver em paz, deve fazer, é aprender a dizer "não", a tudo isso de sujo e nocivo que pessoas ruins, estão jogando para cima daqueles que ainda acreditam em possíveis melhorias, e estão fazendo sua parte nesse processo de preservação e cuidados com tudo que não permita que a coisa toda desmorone de vez.

Esse é um ponto que deve ser em comum, para quem está entendendo o objetivo do livro, e dizer "sim", as mudanças que as pessoas que são do bem, e de Deus, podem fazer através da fé, e das muitas orações, em prol do bem maior, e em comum para todos. As pessoas precisam aprender a orar! A oração é o que nos liga diretamente com Deus. Sem orar, somos mudos diante de Deus, vivendo em um mundo atormentado pelas forças malignas, sem ter vozes. Nossas intenções em orar, devem ser primeiramente por agradecimento. Após isso, devemos saber clamar por misericórdia. Pois, como estão as coisas em nosso mundo, só Deus, pode nos permitir dias com menos sofrimentos.

Só Deus pode nos dar o entendimento diante de tantas coisas ruins existentes no mundo, que temos que saber lidar... Isso abrange, casamentos, criação e educação dos filhos, negócios, entre outras tantas coisas, que precisamos ter muito discernimento, que nos faça entender o sentido de tudo que irá chegar até nós... Todos somos mortais, todos somos pequenos demais, perante tudo que nos envolve espiritualmente! Cuidado, o julgamento de Deus virá para todos, arrume sua vida enquanto ainda tem tempo, e não pague o preço em achar que isso não irá acontecer com você, por que vai! Isso está escrito na palavra de Deus e irá se cumprir! **Mateus: 13- 24 ao 30: "Outra parábola lhes propôs Jesus dizendo: O reino dos céus é semelhante a um homem que semeou boa semente no seu campo; mas, enquanto os homens dormiam, veio o inimigo dele, semeou o joio no meio do trigo e retirou-se. E, quando a erva cresceu e produziu fruto, apareceu também o joio. Então, vindo os servos do dono da casa, lhe disseram: Senhor, não semeaste boa semente no teu campo? De onde que vem, pois, o joio? Ele, porém, lhes respe que: Um inimigo fez isso. Mas os servos lhe perguntaram: Queres que vamos e arranquemos o joio? Não! Replicou ele, para que, ao separar o joio, não arranqueis também com ele o trigo. Deixai-os crescer juntos até à colheita, e, no tempo da colheita, direi aos ceifeiros: ajuntai primeiro o joio, atai-o em feixes para ser queimado; mas o trigo, recolhei-o no meu celeiro".** Essas palavras são uma prova que Deus está no comando de tudo que vivemos, e tudo que ainda iremos ter que passar... o fundamento de tudo que somos, não termina com a morte! Por isso, temos na vida um propósito a cumprir como preparação, e quem não entende, mas também não se preocupam em aprender para cumprir o seu propósito de vida de forma melhor, terá que explicar o porquê, ignorou tantos sinais sobre a verdade que vem de Deus para sua vida, pois, Jesus irá lhe perguntar isso pessoalmente!

Aqui no mundo, nós não somos apenas um ser qualquer, que nasce, cresce e depois morre e pronto, tudo acaba aí! Claro que não! Existe bem mais, do que somente os prazeres que as pessoas gostam tanto, e as fazem tão pecadoras e insignificantes diante do que está reservado para cada uma como sendo o seu verdadeiro propósito existencial. Quem não acredita em Deus, jaz no maligno! Levante a sua cabeça e veja realmente quem é você diante disso tudo, que o mundo está se transformando. Você é de Deus, ou do diabo? Você mais constrói coisas boas, ou destrói ainda mais o planeta com suas atitudes, erradas, sem consciência e respeito pelos outros? Reflita um pouco sobre o agora em sua vida, e veja como está vivendo seus dias. Procure cumprir seu propósito de forma digna, e verá Deus se manifestando em sua vida de várias formas. Quem pratica a bondade, sempre terá ótimos motivos para sorrir e acreditar que Deus está do seu lado. Você pode ser alguém melhor, fazendo o que faz, com mais responsabilidade e capricho! **Mateus:**

25- 31ao 34: "Quando vier o filho do homem na sua majestade e todos os anjos com ele, então, se assentará no trono da sua glória; e todos as nações serão reunidas em sua presença, e ele separará uns dos outros, como o pastor separa dos cabritos as ovelhas; e porá as ovelhas à sua direita, mas os cabritos, à esquerda; então, dirá o Rei aos que estiverem à sua direita: Vinde, benditos de meu Pai! Entrai na posse do reino que vos está preparado desde a fundação do mundo".

Arrume sua vida, repense seus conceitos e faça melhor suas escolhas, sobre o propósito da sua existência. Isso é ser uma pessoa sábia e inteligente de verdade! Nossos erros, e também os dos outros, são parâmetros, para uma avaliação prudente e sensata. Admitir, e aceitar que precisamos mudar pelo propósito de um renovo, que pode transformar tudo que somos em algo melhor, deve ser algo a si pensar com mais atenção! Ignorar isso, talvez seja normal para você, mas saiba que tudo na vida não existe por um acaso, e você é parte de um processo muito importante que precisa se cumprir, conforme é a vontade de Deus através de você! Pense nisso!

Muitas pessoas se orgulham muito de serem espertinhas, descoladas, sempre levando vantagens em tudo, sabem mentir muito bem, entre outras tantas coisas que fazem, e se gabam por conta disso. Só que isso na verdade, não torna uma pessoa melhor, muito pelo contrário! Pessoas que agem assim, não passam de seres iludidos, cheios de problemas que precisam ser resolvidos, mas que estão presos dentro dessas condutas vergonhosas e ridículas! Um ser humano que se presa de verdade e se respeita como pessoa honrada e decente, jamais irá agir dessa forma! Por isso eu disse para reavaliar como está vivendo! Talvez seja agora a hora de mudar as coisas em sua vida! Pense nisso com mais carinho, tenho certeza que você só tem a ganhar se decidir mudar para melhor!

Nossas mudanças de postura, poderão impactar de forma muito positiva dentro do efeito de destruição que tanto estamos falando no livro. Nós as pessoas, somos os culpados diretamente por tudo de ruim, mas se tivermos consciência disso e mudarmos em nós certas condutas erradas, podemos mudar parte desse cenário, por que somos nós que compomos ele!

O fato, é que viver em meio a isso tudo que estamos criando, é loucura, já saiu do controle a tempos, e está vindo contra a nossa existência com muita força! O que está acontecendo com tudo a nossa volta, é uma força esmagadora que nos faz refém de um sistema corrupto e cheio de pontos negativos, em que as pessoas fazem isso acontecer todos os dias, sem se preocupar muito, ou de maneira alguma com as consequências! O sistema opressor que envolve a humanidade, tem dado muitos sinais de que não irá recuar, e a cada dia, fica ainda mais perto, e mais dominante, tirando a liberdade e fazendo da privacidade, algo sem controle.

Quando as pessoas sabem do problema que torna o mundo tão ruim, e não se importa com isso, tudo que leva a pensar, é que não tem mais jeito e está de fato acabado para a humanidade que parece preferir o caos! Eu acredito muito nas pessoas, e mais ainda em Deus! Por isso ver tudo acontecendo sem fazer nada, para mim não é normal!

Quando o homem sabe das condições ruins do seu mundo, e que ele pode fazer a diferença dentro disso tudo, e não quer, simplesmente por não aceitar que precise mudar de alguma forma suas condutas, esses estão se tornando ainda mais estúpidos do que já estava sendo por ser tão permissivo com certas coisas erradas que poderiam ter sido evitadas por elas! Quem está vendo as coisas erradas acontecendo de forma tão recorrente e tão próximas de uma possível solução, e não fazem nada a respeito, está brincando com a vida das pessoas, como se o valor delas, fosse computado em dinheiro, pois muitos acham que tudo pode ser comprado e manipulado, da forma que achar melhor. Só que isso está errado! E o equilíbrio pela vida e seus valores, estão tão ameaçados, que o planeta está a cada dia entrando mais ainda COLAPSO por conta falta de boas ações positivas das pessoas!

O nosso planeta, está nos mostrando através de muitos sinais, que está doente e nos pede socorro de forma muito clara. O fato é que muitos de nós, não estão querendo ver isso que está acontecendo de forma simples. Os sinais são claros, e as muitas evidências, não deixam dúvidas sobre como estão as coisas em nosso planeta. Não querer entender o seu pedido de socorro e continuar vivendo como está, cada à sua maneira sem querer mudar nada em seu ritmo cômodo de viver a vida que poderia significar alguma melhoria, é muita tolice! Mas infelizmente isso é um direito de escolha de cada um, mas as consequências do comodismo de muitos, é sem dúvida o que gera a verdadeira decadência em nosso mundo, e faz o COLAPSO chegar cada vez mais perto de todos nós, promovendo a destruição, de tudo que mais gostamos e está se acabando bem rápido! Certas atitudes em nossas vidas não podemos deixar para depois, temos que ter um pouco mais de personalidade e coragem, para não virar as costas para um problema, que é de todos nós, e não somente de alguns, como muitos estão pensando que seja!!!

Na palavra de Deus diz; "que não existe nenhuma maldição sem causa", e o que estamos vivendo é justamente a causa de muitos erros cometidos e pouquíssimas ações para mudar o feito de tantas coisas erradas que fizemos, contra a nossas próprias vidas. Mal nenhum começa grande o bastante, que não possa ser combatido! Mas, estamos aceitando ser destruídos por um mal, tão grande, que até parecemos pequenas formiguinhas, sendo esmagadas por um imenso problema, que faz de nós, míseros seres sem reação e totalmente entregues a sorte. O que é ridículo, para uma espécie, que é a mais inteligente do planeta! Como pode isso estar acontecendo? Como podemos estar entregues assim as tantas coisas erradas, que só servem para nos destruir? Será que somos de fato, seres tão inteligentes como pensamos ser?

Confesso que essa pergunta me deixou um pouco na dúvida! Se considerarmos que estamos atirando em nossos próprios pés, a nossa inteligência parece não está sendo usada como deveria, ou será que realmente, somos assim tão inteligentes mesmo? A melhor resposta para todos os problemas que a humanidade enfrenta, chama-se reação, atitude, coragem, respeito e responsabilidade! Devemos reagir contra tudo que for prejudicial a vida de um modo geral. Cabe a nós procurar errar menos, questionar mais, e pensar fora da caixa, em relação a isso tudo que o livro apresenta como possível condição, e uma realidade visível a quem de fato quiser ver com os próprios olhos! Não podemos depender tanto dos sistemas, como estamos permitindo acontecer, pois logo, isso não irá mais suportar tanta pressão, que irá surtar fazendo o mundo entrar em COLAPSO, fazendo todos verem de forma definitiva o tamanho do problema que foi criado pelo próprio homem. Está conseguindo me entender, ou será preciso ser ainda mais claro?

As pessoas estão se matando com uma facilidade, e um desamor, que não faria nem com um outro tipo de animal! Sem Deus, ninguém aprende a ser misericordioso, nem ter compaixão, ou amar o próximo com o sentido verdadeiro do amar sem mentiras. Muitos pensam, que amar o próximo, é dar a ele, alguma coisa material, ou não o tratar com tanta indiferença.

Mas eu digo, que amar o próximo com o verdadeiro amor de Deus, é olhar para ele, e ver, não a imagem somente física, mas, ver o seu espirito, como sendo esse, o próprio Deus, que existe dentro de cada um de nós. Todos nos refletimos Deus, ou o diabo, de alguma forma para outras pessoas! Embora muitos queiram ser satânicos, por opção bem definida, e tornam isso um conceito de vida, mesmo assim, Deus ainda pode ser refletido nessas pessoas! É claro que se olhar para alguém assim, não irá ver Deus refletido diretamente nelas, pois tais pessoas decidiram adorar ao diabo! O que quero dizer, é que Deus é mais forte que o diabo, e basta as pessoas em questão querer Ele em sua vida, que serão transformadas e o reflexo de Deus acontecerá! Entende isso?

Por mais que o diabo tenha domínio sobre a vida de muitos, basta uma reação, contra aquele domínio satânico que Deus, se manifesta a favor daquela vida, e torna a mesma, livre, de qualquer opressão maligna. Isso é o que precisamos fazer para nos libertar, e de igual modo, o nosso mundo, de tantas forças opressoras e malignas.

O COLAPSO, tem a assinatura do homem, autenticada em sua crescente forma permissiva, que fará acontecer um processo destrutivo em nosso planeta. Em todos os lugares dentro do planeta, existe algum tipo situação com consequências muito ruins deixadas pelo homem. Infelizmente, onde o homem vai, ele deixa para trás, um pouco da sua sujeira que contamina e destrói por onde ele passa. Isso pode ser ações erradas, ou algum tipo de lixo, poluindo lugares, que definem muito bem a presença do ser humano, por ali...

A natureza em geral, ao longo dos últimos cem anos, perdeu cerca de 35% da sua existência! Isso engloba, meio ambiente, fauna e flora! Cerca de 30% do solo do planeta, está degradado e não consegue produzir mais nada! Esse é o retrato de uma realidade, que muitos não querem ver, e muito menos aceitar que sejam verdades esses números!

A questão é bem simples de entender! O homem tira da natureza os recursos necessários para sua sobrevivência, mas não repõe através dos cuidados e ou respeito, e quando o faz, são em proporções mínimas! Como pode ser possível, o planeta ainda resistir por tanto tempo, sendo tão explorado e maltratado como tem acontecido? O homem está tirando tanto quanto precisa da natureza, de um modo geral, e ainda contamina o que resta, de forma tão irresponsável e monstruosa, sem mostrar nenhuma compaixão ou gratidão. Esse é um retrato de um fim muito triste para a humanidade! Pois o respeito, seria o mínimo a se ter, demostrando que ainda existe amor por um planeta que alimenta e mata a cede de tantas pessoas, promovendo a vida e recebendo em troca, muita destruição por parte do ser humano! Mas fico me perguntando, porque depois de tantos maus tratos vindos do homem, a natureza ainda é tão solidaria com o mesmo? Essa resposta, só existe, por que Deus, é quem está por trás da coisa toda! A natureza do homem é horrível! Mas, a natureza maior é linda e Deus é quem compõe essa riqueza abundante, que o ser humano não reconhece como sendo o maior valor para sua vida! O que é lastimável! Deus é quem está no comando lembra? Se Deus não existisse, assim como muitas pessoas sem noção, tentam afirmar a sua não existência, todos nós estaríamos perdidos!

O COLAPSO, está vindo contra a natureza do homem, com uma força esmagadora, e irá tornar o que já está muito ruim, em caos total, e falência absoluta daquilo que foi criado pelo homem para dar controle e conforto, e que agora é a sua grande resposta ameaçadora, que faz dos sistemas existentes, uma grande armadilha, que aprisiona as pessoas mais e mais a cada dia, tornando-as reféns em uma dependência, que muitos já não conseguem viver sem ela.

Já as coisas que foram criadas por Deus, e não se corromperam, nada estão entrando em COLAPSO, a não ser o homem! Mas esse é corrupto e está muito contaminado por todo tipo de sujeira que existe no mundo! O homem é o único dentro da criação de Deus, que se tornou corrompido, e está sendo destruído por conta disso, por suas próprias mãos sujas e condutas desobedientes!

A paz no mundo gera equilíbrio, unindo pessoas e promovendo questões, que ajudariam em muito, o ser humano a ter mais consciência. A verdade, é que tudo que o homem criou, está se tornando um tormento em sua vida! A pressão está tão grande sobre a vida humana, que a paz parece ser algo muito distante da nossa realidade corriqueira! A questão, é que a paz depende da justiça, para acontecer, e no momento, a justiça parece não está sendo vista, e muito menos, sendo colocada em prática!

Pessoas insatisfeitas, ingratas e cheias de ódio, não pensam em melhorias e muito menos em justiça! Pessoas assim, vivem suas vidas, pensando em resolver apenas questões pessoais, e em muitos casos, são banalidades, coisas ilusórias que tornam a vida humana ainda mais vazia. Quando a paz existe de verdade, nações se tornam pacíficas e amáveis, umas com as outras.

Quando a paz de fato existe, a vida de um modo geral agradece, pois o efeito positivo que a paz produz, contagia as pessoas, criando nelas, amor, que gera mais amor, e dessa forma, tudo se torna possivelmente restaurado por conta do equilíbrio que o amor faz existir entre as pessoas. Isso acontece por uma sistemática natural, deixada por Deus, como sendo, a única forma exata, para se combater o sofrimento em todos os sentidos! A paz, o amor, e a justiça, seriam a fórmula perfeita, para tornarmos o planeta, um lugar lindo, maravilhoso e livre da ameaça de um COLAPSO! Mas, para isso acontecer, a maioria da humanidade deveria aceitar, que a morte de Jesus, na cruz, teve seu objetivo alcançado, e que o amor demostrado por Ele, deveria fazer a maioria das pessoas reconhecer isso, como sendo, para cada pessoa, um plano de fuga, a ser usado na hora certa, em meio a toda essa tribulação e aflição, que faz o mundo doente, o ser humano em pessoas frias e sedentas por vingança, ódio, ganância e muita arrogância.

O único sinônimo de amor, justiça e paz, e ensinamento possível, para as pessoas e o mundo, chama-se: Jesus Cristo! Ele é o caminho, a verdade e a vida. Ele é justo, e a justiça que há nele, produz a paz, que o mundo precisa para se renovar de verdade! Mas infelizmente as pessoas em sua maioria, não querem aceitar seu valor e muito menos, entregar suas vidas a Ele, deixando de lado, suas diferenças, medos ou quais quer situações que envolvem as práticas do mundo, com base em; matar, roubar ou destruir...

Enquanto essas práticas, não forem entendidas como sendo do diabo, e as pessoas não as fizerem pararem em suas vidas, não existirá possivelmente melhoras em relação a se ter mais amor, justiça e paz em nosso mundo! As pessoas, sentem vergonha de dizer que Jesus é Senhor de suas vidas. O ignoram, e trocam seu amor verdadeiro, por um copo de bebida, uma droga qualquer, que entorpece os pensamentos racionais, tirando-os da realidade, que muitos não querem aceitar viver, de cara limpa, mas vivem de braços dados com o diabo, que oferece tudo que não presta para quem aceita viver sua própria destruição. Para esses, eu gostaria de dizer algo bem reflexivo. Pessoas que aceitam viver as práticas de satanás, são consideradas, pela própria palavra de Deus, como filhos do diabo!

Vocês que pensam assim, não são dignos de Jesus, e estão tornando nosso planeta, em um lugar, sujo, imoral, vergonhoso, doente, cheio de ódio e fazendo do amor, e da justiça algo tão sem valor. Mas, acima de tudo, estão fortalecendo satanás e seus demônios, em sua missão, em que querem destruir tudo que Deus criou, e que tem dado certo para satanás, que odeia tudo que somos! Mesmo assim, Deus, nunca desistiu de nenhuma vida, que queira se levantar de sua queda pecaminosa e infernal. A questão é muito simples: Deus odeia o pecado, mas ama o pecador! Todos que negam Jesus, e seu sacrifício na cruz, afirmam ter como senhor de suas vidas, aquele que está te conduzindo muito bem, aos caminhos da perdição eterna! Você sabe quem é esse, que está te conduzindo ao abismo eterno, e lhe oferecendo, os prazeres e muita desobediência aos ensinamentos de Deus né? Espero que você esteja de fato ligado no contexto!

Quem não é verdadeiramente de Deus, não o conhece! Esses poderão ter reações estranhas sobre o que eu escrevo. Mas quero afirmar mais uma vez; quem não é de Deus, não o conhece e são esses, do diabo! Isso é algo muito lamentável, mas também é verdade! Disse Jesus sobre isso: **Mateus: 12:30 "Quem não é por mim é contra mim; e quem comigo não ajunta espalha".** Viver uma vida sem acreditar em Deus, é dizer sim, para o diabo e seu propósito destrutivo, contra a humanidade. A situação pode até ser um pouco complicada de entender, mas quando se liga uma coisa com a outra, tudo se encaixa perfeitamente, e faz todo sentido ficar muito claro!

Depois de ter lido o livro até aqui, realmente está entendendo porque o mundo está entrando em COLAPSO? Dentro do contexto que está sendo apresentado a você, a grande batalha que precisa ser entendida, e vencida, nunca foi: homem versus homem, ou homem versus mundo! O ponto a ser entendido sobre isso é: homens versus satanás e demônios! Esse deve ser o entendimento certo que precisa ser muito bem compreendido pela grande maioria da humanidade!

Existe uma batalha espiritual acontecendo desde do início dos tempos. Mas muitos estão adormecidos espiritualmente e acham que isso não existe. Nós as pessoas, somos instrumentos usados tanto para o bem, quanto para o mal! É como se fossemos as peças em um jogo de xadrez. De um lado está Deus, e do outro satanás e seu muitos demônios. Nossas decisões, sugerem as jogadas tanto de um lado da batalha, quanto do outro. Estar ciente de que lado estamos nessa batalha, define muito bem, quem de fato somos, no contexto todo e na definição, entre, Deus ou diabo, em nossas vidas.

Por mais que você não goste desse assunto, ele é real! E está dentro de cada um de nós, existindo mesmo que você não queira. Nós conduzimos o bem, ou mal, dentro de nós. Nós somos ações boas, ou muito ruins para nossas vidas e também para de outras pessoas! Tudo que fazemos, define uma jogada, que pode ser para o bem, ou para o mal. A grande questão, é saber de que lado estamos jogando força e dedicação. Ninguém pode definir o dia do seu nascimento, e nem o dia da sua morte! Isso já foi definido e segue no decorrer do jogo da vida! Tudo que nos cabe fazer, é definir as jogadas ao longo dos dias, e ter a certeza que mesmo não conhecendo como vai ser o nosso futuro, estamos andando a direção certa pelas convicções que cada pessoa tem dentro si.

O que nos faz saber que estamos andando na direção certa, é entender que a diferença, sobre aquilo que fazemos em nossa jogada, permitirá que outros vivam e possam também continuar jogando pelas convicções certas, depois que nosso tempo acabar. Todos nós temos o nosso tempo e propósito para cumprir, e ninguém pode viver esse tempo que é do outro! Outra coisa que somente cada um de nós podemos decidir, é de que lado queremos estar dentro do jogo, quando nosso tempo se acaba: de Deus, ou do diabo? Pense sobre isso, e veja de que lado você está vivendo sua vida.

Curtir as coisas do mundo, faz parte da vida e do entendimento de cada um. Cada pessoa logicamente, tem seu foco naquilo que pensa ser o melhor em suas decisões. Para muitos de nós, o melhor entendimento sobre a vida, é ter poder, muitos bens financeiros, viver os prazeres absolutos, e não deixar passar nada sem ter experimentado um pouco de cada coisa, mesmo que isso seja algo muito absurdo... Para outros, nem tanto assim, pois nem tudo que o mundo oferece, necessariamente precisa ser vivido. Mas o que se nota dentro disso tudo, que pode surgir em nossas vidas, é que as pessoas não querem se comprometerem com muitas responsabilidades. Por isso, é necessário pensar um pouco mais, antes de tomar suas decisões que pode acabar em consequências terríveis, podendo ser algo muito arriscado, viver certas condições... Ter responsabilidades sobre o que decidimos viver, reflete em fazer um pouco mais pelos outros, cuidando melhor do que se fala e fazem, por outras vidas. Devemos ser responsáveis por nossas ações, e por tudo que está a nossa volta. Pois cada pessoa tem sua versão muito bem justificada, em meio as tantas coisas erradas, que estão acontecendo no planeta, e que é um grande problema de todos! Não pense que você não tem nenhuma culpa nesses problemas que degradam tanto o nosso mundo, porque se pensar assim, tudo que está fazendo, é justificar ainda mais a sua culpa!

As pessoas querem ser livres. Falam de uma liberdade, que só isenta muitos, de uma responsabilidade que eles não querem assumir. Na verdade, essa "liberdade" que muitos dizem querer viver, não liberta ninguém! Torna tudo ainda mais acondicionado, a uma prisão, que não só prende o indivíduo, mas o faz escravo de muitas coisas terríveis, e que muitos não conseguem ver dessa forma! Pois em muitas dessas "liberdades" tão desejadas por muitos, estão em especial, a juventude com sua curiosidade imensa, que se torna propensa demais em querer viver as novidades que muitas vezes são verdadeiras armadilhas do diabo, fazendo dessas pessoas, uma fatia da humanidade que contribui em muito para que as coisas estejam como estão, por conta de tantos vícios, descasos, irresponsabilidades, violências, desamor, falta de temor a Deus, desobediências e desrespeitos com os pais, e muita frieza em relação a vida de um modo geral.

Sem os compromissos, e as responsabilidades, as pessoas se tornam preguiçosas e relapsas, com aquilo que as fazem pensar diferente da maioria, que só querem passar o tempo, sem ter que prestar conta, sob quase nada, dentro daquilo que está vivendo... A vida não é uma brincadeira, e sabendo disso, temos que fazer a nossa parte direito! Os compromissos, nos ensinam a amadurecer e ditam as regras de sobrevivência, que fazem o nosso viver, ter mais sentido e valor existencial. Muitos pensam que se fizerem isso, terão que deixar de viver para si, e passar a viver somente para os outros, por conta dos compromissos e responsabilidades que precisamos ter na vida. Podemos entender bem essa coisa do compromisso, olhando para uma família, não existe como dar certo um casamento, e ter filhos, se não houver compromisso, responsabilidades, muita entrega e dedicação em fazer melhor aquilo que depende somente de cada um, para que as coisas aconteçam da melhor forma possível.

Sem compromisso com a realidade, que nos cerca todos os dias, a vida não tem muito sentido! Com o mundo e com tudo que as pessoas têm feito contra ele, está faltando compromisso, em ser melhor, como pessoa, e com o que essa pessoa tem feito de melhor, para que as coisas não sejam tão ruins, como tem sido. Temos que entender nossa culpa, pois podemos fazer melhor, aquilo que ainda não foi feito por nós, com mais compromisso com a verdade, podendo fazer de tudo, um pouco melhor, e não ser mais omissos, ou coniventes com tantos erros, ou pessoas que só querem continuar cometendo os mesmos erros sem o respeito por outras vidas ou lugares... Ninguém precisa nos dizer aquilo que precisamos fazer. Ou pelo menos, penso que não precisaria né!

Muitos entendem tudo que está acontecendo, mas ficam olhando de longe, e até querem se aproximar e ajudar de alguma forma, mas são sem ação, ou sem noção mesmo pelas coisas que são de fato muito importantes para a vida! Sei lá, o que sei, é que ficar olhando tudo acontecer, sem se manifestar contra tantas coisas tão erradas acontecendo tão perto de nós, e de alguma forma, não fazer nada que possa tornar aquilo menos prejudicial para alguém, é viver sem estar cumprindo o seu verdadeiro propósito existencial! É deixar a vida passar por você, sem você fazer algo pelo qual, sua existência diz o contrário de você.

Para muitos, tudo que está acontecendo de ruim no planeta, não é problema deles. Não querem se comprometer com nada, que não seja, suas vidinhas cômodas e as vezes muito sem graça, por não se importar com nada que esteja acontecendo de tão ruim em nosso mundo, virando as costas para um problema que também é seu! Muitos passam por cima de tantas coisas que estão vendo de errado, a qual estão ao seu alcance para ser resolvido, só que preferem ser invisíveis, junto aos tantos problemas, que eles poderiam ajudar a resolver, só pelo fato, de ter um pouco mais de compromisso, com o bem em comum, chamado planeta terra.

A proposta do livro, é mostrar que o mundo está entrando em COLAPSO, e isso irá tornar nossas vidas, muito pior do que já está! Quando tudo estiver totalmente tomado por essa força negativa e opressora, não se permitirá negociações, e tudo que teremos, serão muitos arrependimentos, por não ter feito algo, quando ainda podíamos. Ou seja: agora!

Se as pessoas de fato quisessem reagir contra tantas coisas erradas, poderíamos fazer desse mundo, um lugar que não nos pressione tanto. Podemos tornar nossas fraquezas, em algo produtivo, e que sirva de lição para outros, que também precisam fazer parte no processo de mobilização e ação, contra todo tipo de situações, que ameacem a vida, de um modo geral, como está sendo! Do mundo sabemos muito, e temos que aprender a viver dentro dele, sem torná-lo ainda pior.

Quando descobrimos que Deus nos ama de verdade, e que o sacrifício de Jesus foi real. Passamos a ver tudo de um outro jeito. O mundo passa a não ser mais o mesmo, porque o materialismo passa a ter menos valor em nossas vidas. O sentido da vida, se torna simples e tudo que queremos, é cuidar melhor de todos os tipos de vidas existentes. Pois passamos a ver Deus, em cada movimento e experiência, e também em tudo que tem vida...

Quando aceitamos Jesus em nossas vidas, saímos da hipnose do diabo, e passamos a ter uma vida sem tantas ilusões. Deixamos de ser pessoas cegas, sem tantas amarras e vícios, entre outros muitos tipos de situações, que nos mantinham, vendados por motivos religiosos, onde pensávamos ser cristãos!

Religiosidade é um perigo invisível! Deus e Jesus Cristo, não tem religião! Devemos lutar também, pelas pessoas que estão aprisionadas e cegas, pelas religiosidades, vivendo suas vidas por motivações erradas, em que o que parece estar certo para elas, na verdade, está muito errado de fato, fazendo dessas pessoas, além de tolas, seres ignorantes e totalmente equivocados, em relação ao verdadeiro Deus, que está sendo substituído por deuses e rituais, que nada tem a ver, com a forma simples e prática, de servir a Deus. Em que o próprio Jesus Cristo, nos ensina em seus Evangelhos, para não sermos pessoas religiosas, como eram os fariseus.

Fazer do mundo, e dos lugares em que moramos e gostamos tanto, em lugares melhores, é uma questão que precisa ser entendida como se fosse a lição de casa a ser feita. Quando isso não acontece, e não existe a fórmula mágica que pode resolver chamada consciência e respeito, e cada um puxa para o seu lado, a razão do que fazem, e também do que não estão fazendo, mas justificam de alguma forma seus atos errados, e tudo segue sendo destruído, mais e mais... tudo fica mais complicado. As pessoas estão justificando seus atos, sem entender direito as ações. Certo ou errado, todos somos de alguma forma culpados!

Temos que sair em defesa da vida, e não somente de algumas pessoas, ou lugares. Precisamos mudar em muito, nossos hábitos e começar a agir de forma diferente, de como estávamos fazendo até aqui! Encarar os fatos e ver a realidade sem desculpas, pode ajudar você a se decidir melhor, de que lado quer estar, em meio essa coisa toda de destruição e mundo entrando em COLAPSO. Assumir que precisamos ajudar mais, a resolver os problemas existentes por toda parte, é ter a consciência voltada para cuidar e não destruir ainda mais o nosso planeta, como muitos tem feito a todo momento. É o que nos torna pessoas melhores!

32

MOTIVAÇÃO É TUDO QUE PRECISAMOS PARA ENTENDER OS ACONTECIMENTOS E DEPOIS AGIR CONTRA TANTA DESTRUIÇÃO

Devemos estar motivados a querer entender o que se passa em nosso meio, e que se estende por todo o planeta, de forma que tudo se transforma em um imenso problema onde o COLAPSO, parece ser uma triste, mas possível realidade acontecendo, em muito pouco tempo em nossas vidas, se nada for feito agora pensando em desarmar essa bomba muito destrutiva para toda a humanidade. Sem estar de alguma forma motivados, não haverá solução para que se faça alguma coisa decente, e realista a favor das melhorias que o mundo tanto precisa. O arregaçar das mangas, e depois lutar por essa causa tão positiva, requer motivação e fé em Deus, acima de tudo!

Assistir ao mundo sendo destruído e nada fazer contra isso, é o mesmo que concordar que um ladrão entre em sua casa sem nenhuma resistência, onde você foi compassivo com esse ladrão, abrindo a porta da sua casa para que ele entrasse e levasse tudo o que é seu. Gostaria que essa analogia fizesse você entender que o mundo está cheio de ladrões e pessoas destruidoras, de todas maneiras possíveis. Só que não precisamos permitir que os ladrões e nem os destruidores continuem nos roubando tão facilmente, nem que os destruidores sigam acabando com tudo que precisa continuar existindo, para que as novas gerações possam conseguir viver suas vidas, tendo algo ainda para ser contemplado.

Dito isso, fico muito triste em ver que tudo que conseguimos fazer contra os ladrões e os destruidores é permitir que tudo continue ainda acontecendo, e nós estamos apenas abaixando nossas cabeças. Quero dizer a você que se aproxime mais de Deus, permita que ele te ajude a ter coragem, motivação e também visão, sobre o ladrão e o destruidor. Quando andamos com Deus, aprendemos mais da vida, e também valorizamos bem mais aquilo que de fato de verdade em nosso propósito.

O interessante, é que olhar para o mundo por uma perspectiva cristã, faz muita diferença sobre o ponto de vista, de tudo que estamos vendo e sentimos acontecer! O que eu quero dizer exatamente com isso, é que o mundo não deixa de ser o mundo que conhecemos, porque nos tornamos pessoas cristãs, claro que não! Mas eu digo pessoa cristã, e não religiosa! Pois os religiosos veem o mundo de outra forma! Não é disso que se trata o renovo quando nos tornamos cristão, homens de Deus! A questão, é muito simples de entender. O fato sobre a questão toda, é que nossos olhos se tornam limpos. Conseguimos ver as coisas que tem no mundo, de forma diferente, mais simples, sem tantos apegos, e usamos o perdão como uma arma contra o diabo, de forma a saber o que está sendo feito, exatamente! Aquilo que era feio e sujo de alguma forma, em que o pecado era predominante, e muito conivente, e muito "normal" em estar fazendo, passamos a ver de outra forma. Criamos uma certa repulsa, pelas coisas que podem nos prejudicar, e também aos outros, por conta da injustiça. O Espírito Santo, começa a ser ativo em nossas vidas, e nos mostra com clareza, como são as coisas, antes de Jesus, e depois, de ter Ele, em nossas vidas.

Quero afirmar que isso que escrevo, não tem nada a ver com religião! Tudo tem a ver com melhorias de vida, e libertação de tanta escravidão e cegueira humana totalmente motivada pela carne. Melhor que lutar para mudar o mundo, seria você mudar sua visão do mundo existente, e passar a ter uma visão limpa e saudável que te faça ver muito facilmente o ladrão e o destruidor. Pois, ambos têm a motivação do diabo para ser como são, e fazer o que fazem!

Quando se fala em mudanças, muitas pessoas já fazem cara feia e não aceitam muito bem essa proposta em ter que mudar alguma coisa, podendo ser nelas, ou algo a sua volta. Quando eu ainda não conhecia Jesus, eu não entendia e nem aceitava muito bem, quando as pessoas viam me falar Dele, Jesus, confesso que não gostava muito do assunto! Aquilo de alguma forma, me deixava desconfortável, e eu não sabia como lidar com o que estava ouvindo e sentido. As pessoas falavam dele, como se o conhecesse muito bem. A intimidade que falavam de Jesus, era algo lindo de ouvir, mas parece que para mim, aquilo não iria acontecer do mesmo jeito!

Os testemunhos que eu ouvia, e tudo que eu entendia, tinha algo diferente do que eu conhecia até então! Foi então, que eu percebi que precisava também daquilo que aquelas pessoas já tinham dentro delas, e parecia ser realmente muito bom! E isso era Jesus! Seu amor, seus ensinamentos, e o desejo de ser livre da cegueira e da ignorância espiritual, em não querer aceitar o óbvio, o que era para mim, é para muito, e talvez para você também!

A questão é que não tem como fugir de Jesus! Ele é o verdadeiro fundamento da vida! Sem Jesus, a vida não se cumpre como deve ser! Dentro de nós existe um espirito, e ele quer por tudo, encontrar com seu Senhor, que é Deus! E ninguém vai a Deus se não passar por Jesus! É como se dentro de nós existisse um imã, que nos atrai a todo tempo para Jesus. Mesmo que a pessoa não aceite isso, esse sempre será o maior conflito de toda a sua vida! Você sabe que precisa, mas não quer aceitar essa realidade! Essa é a verdadeira luta da carne, contra o espírito!

Testemunho de encontro com Jesus

Um dia eu e minha esposa recebemos um convite para ser padrinhos de casamento de um amigo nosso. Aceitamos e ficamos curiosos, porque eles eram evangélicos e o casamento seria logicamente em uma igreja evangélica, e nós não éramos evangélicos. Quando chegamos na igreja, estava tudo muito lindo. Era um cenário maravilhoso e tão tranquilo, que eu nunca tinha sentido em nenhum outro casamento, algo parecido! Tudo estava saindo como deveria ser, e se Deus queria mexer comigo, por ter me levado ali, havia dado certo, pois eu senti de imediato a presença de Deus, naquele lugar! Ficamos atentos a tudo... O casamento aconteceu, e a cerimônia foi "perfeita!". As palavras do pastor e as músicas, tudo estava muito harmonioso e eu como sempre, observei tudo, com muita atenção e respeito! Passados uns dias após o casamento, um outro casal de amigos, que também estavam no casamento, nos convidou para irmos em sua igreja, e nós aceitamos! Pegamos as crianças e fomos todos para a igreja. Quando chegamos na igreja, fomos tão bem recebidos, que não esqueço jamais daquele momento! Sentimos naquele dia, um amor que parecia não vir somente daquelas pessoas, era algo muito especial, que transmitia uma paz, e foi maravilhoso estar ali naquele momento! Aquele dia assistimos um culto lindo, a palavra de Deus, veio ao nosso encontro, de um jeito que eu nunca tinha sentido antes! Ficamos com uma alegria dentro do coração, que perecia não acabar nunca! Aquela experiência foi incrível! Tudo foi muito abençoado e as palavras que foram ditas, eram diferentes, foram realmente vindas de Deus para nossas vidas! Saímos de lá maravilhados, com aquele Jesus, que vimos tanta gente falando, tão bem, e que pude sentir sua presença muito forte, dentro mim! Depois daquele dia, eu queria saber mais sobre aquele Jesus, que me impactou e me fez querer mais Dele, na minha, e nossa vida familiar. Voltamos outras vezes naquela igreja e logo começamos a congregar com eles! Passadas algumas semanas, eu e minha esposa, aceitamos aquele Jesus, lindo, que já conhecíamos melhor, mas queríamos saber mais e mais sobre Ele. Decidimos cumprir o que está escrito na palavra de Deus, e passados alguns dias, após ter aceitado Jesus em nossas vidas, nos batizamos nas águas, para remissão de nossos pecados, e também para fazer cumprir o que está a palavra de Deus. Hoje, estou eu aqui, escrevendo sobre Jesus, e o mundo que pede socorro, porque está morrendo! Sendo destruído por tanta gente que deveria estar cuidando e sendo grato por tudo que ele nos proporciona de bom para a vida.

Tudo que desejo com palavras simples e colocações tão diretas, é que muitas pessoas, possam sentir também, o que eu, e minha esposa, um dia sentimos. Posso lhes afirmar, com toda segurança, que foi a melhor coisa que já fiz em minha vida! Não me custou absolutamente nada, para fazer isso, e ganhei um amigo, que posso contar com ele, para todo sempre! Jesus, é minha base sólida e Senhor da minha vida! Quando meu tempo de vida acabar, e isso vai acontecer para todos, eu quero ter a certeza que fiz a coisa certa, em ter preservado Ele do meu lado e que depois de morrer viverei pela salvação de Cristo! Pois essa é a certeza que precisamos ter em meio as tantas atribulações que existem nesse mundo, e são motivadas pelo diabo.

Eu não sei qual a sua religião, e nem se você pensa em seguir uma religião. O fato, é que não são as religiões que nos salvam, e sim Jesus Cristo! Tudo que vivo hoje, tendo Jesus em minha vida, não é mais como eu vivia antes! Hoje eu não vivo no engano, achando que estou vivendo algo bom, como vivia e gostava, antes de aceitar Jesus em minha vida! Não deixei de ter prazeres em minha vida, somente não permito mais, ser usado pelo diabo, e pensar que estava fazendo coisas sem consequências para mim, e também para os outros...

Hoje sou lúcido em relação as concupiscências desse mundo, em que o diabo é quem manipula as pessoas, oferecendo muitas coisas atrativas, e também enganosas. Quando entregamos nossas vidas a Jesus, aquela destruição invisível, motivada por muitas convicções contrárias a verdade, se desfaz. Nossa fundamentação de vida, passa a ter uma base sobre ensinamentos e afirmações que vem de Deus, onde passamos a saber ouvir e entender, de onde realmente estão vindo as respostas para nossas vidas que nos deixam tranquilos...

Eu e minha esposa, hoje, somos novas criaturas, somos filhos de Deus verdadeiramente! Independente de religião, Deus e Jesus não pode ser vinculado a nenhuma religião! Não são as religiões que determina se uma pessoa deve, ou não, aceitar Jesus em sua vida, e sim a palavra de Deus, que é clara e totalmente suficiente, e totalmente independente de qualquer religião! Deus e Jesus, não precisam de religião, para autenticar seu verdadeiro valor na vida das pessoas que os aceitam! Nossa verdadeira religião deve ser a Bíblia! Nela está tudo que alguém precisa para não ser engando pelo homem, usando meios religiosos para tais fins. Tenham uma Bíblia, e façam uso do seu conteúdo, pois esse livro Sagrado é a resposta para todos as nossas perguntas! Esse livro é o manual do ser humano! Quer conhecer você como de fato você é? Leia a Bíblia, e entenderá o propósito da sua existência! Nela estão todas as respostas que você tanto precisa! Isso eu te garanto!!!

O livro, fala do COLAPSO e do declínio da humanidade de forma simples e direta, onde todas as pessoas possam entender e entendendo, possam levar para suas vidas aquilo que tenha tocado em seus corações, fazendo-as pensarem de forma um pouco diferente daquilo que estavam tão acostumadas, e quem sabe, não era tão satisfatório assim! Espero não estar sendo pretencioso, pois tudo que mais quero com minhas palavras, é dar algum sentido para vida de alguém, como eu penso existir na minha!

Sabe de verdade o que isso quer dizer na íntegra? Sabe o que está por trás da realidade do mundo sendo destruído e muitos não conseguem ver? Pessoas cada vez mais caídas! Pessoas cada vez mais cegas por coisas contaminadas pelo diabo! Pessoas cada vez mais próximas da condenação, que Jesus tanto fala em seu evangelho, por várias parábolas e ensinamentos simples, mas direto ao coração daqueles que querem entender, e mudar de vida. É como se Jesus estivesse falando que suas verdades são como um antídoto, que livra as pessoas do veneno que o maligno satanás injeta na veia da humanidade! O evangelho de Jesus é acolhedor, esclarecedor e revigorante, para quem precisa de ânimo, motivação e respostas para seguir adiante, em meio a esse mundo tão destruído e pecaminoso, que faz de quem não consegue se livrar do diabo em sua vida, uma prisão, mas com as portas das celas abertas. Resumindo é isso!

O COLAPSO está dentro de cada um, cada pessoa vive de acordo com as suas decisões, isso pode ser um estado de paz com Jesus, ou um tormento que faz as pessoas entrarem em conflito, dentro do seu Eu, existencial, e viver um estado de COLAPSO muito pessoal, onde tudo que sai da pessoa, são maldades, e destruição de alguma forma. Essas pessoas vivem as atribulações por teimosias e coração endurecido, que as aprisionam em uma ilusão, que no fundo, muitos sabem que aquilo está errado, mas não se permitem aceitar, se aproximar de Jesus, talvez por vergonha dos amigos que pensam o contrário dele, sobre a verdade que revela o quanto a mentira e o engano tomou conta de suas vidas.

Quando alguém sente vergonha do evangelho, ele sente vergonha de Jesus! Isso assemelha essas pessoas com aqueles que o pregaram na Cruz, mesmo sendo Ele: o filho de Deus! As pessoas dos tempos modernos, pensam que pelo fato de viverem em outra época, em pleno século XXI, isso faz delas diferentes daqueles que cuspiram em Jesus. Os tempos mudaram com certeza, desde que Jesus foi crucificado, mas a forma que muitos o tratam, mesmo sabendo quem Ele é, não muda tanto assim a semelhança entre aquele tempo, e os dias de hoje!

O declínio maior da humanidade é espiritual! As pessoas estão muito perdidas dentro das convicções que Deus apresenta em suas palavras. Não acreditar no que Deus nos diz, é pedir para sofrer, sobre uma pena que pode ser muito dolorosa, em que o melhor mesmo, é não pagar para ver.

Conhecer Jesus e fazer dele, Senhor, e salvador de suas vidas, é um divisor de águas, na vida de todos que entende, que Ele, é o propósito de Deus, que levanta o homem da sua queda pecadora e infernal. Quando o homem caiu, ainda no jardim do Éden, se tornou uma vergonha para si mesmo e sem se dar conta disso, como deveria, o homem segue seu caminho, mais caído, do que de pé...

O que o homem tem revelado de sua conduta para o mundo, tem sido outra vergonha sobre o ponto de vista, que o homem é inteligente o bastante, para saber que não se render a Deus, torna seus dias não somente contados, mas terá também dias vazios e de muitas tristezas, e tribulações tão difíceis de aguentar, que só de imaginar, meu coração dói! As pessoas que vivem suas vidas sem a consciência do Espírito Santo, só irão viver, para obter coisas materiais, e curtir os prazeres, que em sua maioria, só representam sensações momentâneas, e depois um vazio sem respostas...

Sendo assim, pessoas vazias e sem base para estar realmente vivendo, sua vida por completo e plena de paz em meio as tantas atribulações que o mundo apresenta, seguem esse caminho sozinhas! Isso na verdade é morte, mas uma morte, que acontece lentamente, deixando a pessoa infeliz e atordoada, vivendo de medos, em meio as trevas, sem saber o que fazer, que possa mudar aquele estado de sofrimento em sua vida. Por isso muitos usam drogas ou bebidas, para tentar aliviar parte do vazio e da tristeza que parece nunca ter fim... Pois o que nos faz mortos vivos, é o pecado e o distanciamento de Deus. E no mundo reina o pecado, que é satanás em absoluto, sobre as pessoas! Ele é o dominador de todo o pecado, que ele mesmo introduziu em nós, no ato da desobediência de Eva, no Éden..., mas em Jesus, não existe pecado! Ou pecado consciente! Pois o pecado não deixa de existir, mas passa a não ser praticado como antes, sem a pessoa se importar com o que estava sendo feito de qualquer jeito! Ele quer nos libertar pelo entendimento do renovo e aceitação do seu sacrifício na cruz. **Romanos: 6- 6 "Sabendo disso: Que foi crucificado com ele o nosso velho homem, para que o corpo do pecado seja destruído e não sirvamos o pecado como escravos".**

Quero esclarecer uma coisa muito importante sobre o pecado! O pecado é o nosso pior argumento em termo de vida com Deus! Ele nos faz maliciosos demais, e essa malicia introduz em nós, um liberalismo em que fazer novamente algo, que sabemos que não está certo, pelos termos do bom senso, e conhecimento de conceitos e valores, que nos fazem saber quando algo é pecado ou não!

Alguém pode deixar de pecar? Não! Sabe por que? Porque o pecado é algo praticamente espontâneo em nós! As vezes pecamos sem perceber, e esse pecado está em nossa carne! A questão importante sobre o pecado, é que não podemos viver sobre a prática do fazê-lo, com consciência, sabendo que aquilo é pecado, e mesmo assim, não nos importamos com isso, e ainda fazemos! Pecar, é algo que iremos fazer independente de estarmos com Jesus ou não! As pessoas que entendem, quando Jesus diz que tirou o pecado do mundo, sabem que Ele está falando do pecado escravizador, aquele que a pessoa vive fazendo, por premeditação, e isso as deixam sem condições de argumentar seus atos pecaminosos que os faz serem pessoas absolutamente desacreditadas por outros, quando o que fazem, fazem sabendo que está errado, contra si, ou contra os outros!

Quem pratica o pecado, sabe que aquilo que está fazendo está errado, e mesmo assim continua fazendo sem importar com as consequências dos atos pecaminosos, se tornando escravo dessa prática, a qual Jesus diz que quem o aceita, fica liberto, pois seu entendimento passa a ser outro, e não mais aquele, que deixava a pessoa cega, para realidade do pecado permissivo! Viu a diferença entre uma coisa e outra, sobre o pecado? Somos todos pecadores, mas nem por isso, precisamos viver nossas vidas praticando o pecado e fazendo disso, um motivo para viver... Isso seria ser escravo do pecado! Entendeu como funciona a coisa toda?

Destruir o mundo como muitos estão fazendo é um grande pecado premeditado! Sabe por quê? Aquilo que está sendo feito por muitas pessoas, não são coisas sem entendimento, sobre a gravidade de suas ações! Está acontecendo e as pessoas que promovem essa condição em maior escala, sabe que estão fazendo algo errado e que suas ações estão causando situações ruins para mundo!

O fato é que elas sabem o que estão fazendo, mas não se importam com o efeito negativo para muitos, e nem com as consequências de seus atos pecaminosos para si próprio! Quando uma pessoa entende os princípios de Deus para sua vida, esse é o momento mais lindo que alguém poderia esperar viver, pois a consciência, gera obediência, e se torna a melhor arma contra todo tipo de coisas erradas existentes no mundo! Quando aceitamos que a espiritualidade precisa ser ativada em nossas vidas, com mais força, passamos a ter mais confiança sobre todos os aspectos, sobre tudo o que vivemos! Passamos a mudar o jeito de falar, pois o Espírito Santo, passa a nos conduzir e ensinar como fazer certas coisas, que antes estavam erradas... Quando conhecemos a Jesus, passamos a conhecer também a Deus, e também o Espírito Santo. Os três, formam um só! Pai, Filho e Espírito Santo.

Estar no mundo e não viver o pecado tão evidente que existe nele, só é possível através do renovo com Jesus! Para muitos, isso não existe, é coisa de gente fanática, religiosa, entre outras coisas... Mas eu digo que é loucura pensar assim! Essas afirmações não são minhas! Essa é uma certeza dita por Deus, e não por mim! **Romanos: 5- 20"Sobreveio a lei para que avultasse a ofensa; mas em que abundou o pecado, superabundou a graça, a fim de que, como o pecado reinou pela morte, assim também reinasse a graça pela justiça para vida eterna, mediante Jesus Cristo, nosso Senhor".** Viver uma vida enganados, é algo muito triste, pois toda a humanidade tem o mesmo direito, sobre a verdade que precisa ser dita. Deus tenta mostrar de todas as formas para o homem, que o pecado não só mata, mas também leva a pessoa que morre sem Jesus, para o inferno! Mas o homem, resiste, e não quer entender sua natureza espiritual.

Toda a destruição do mundo promovida pelo homem, é falta de Deus, na vida do mesmo! E isso eu já disse inúmeras vezes, aqui no livro, e ainda vou dizer mais algumas! Se o COLAPSO acontecer como os muitos sinais nos mostram claramente, será pela falta de Deus na vida das pessoas, que realmente permitiu que tudo se tornasse complexo e destrutivo como está acontecendo! Se o homem fosse mais temente a Deus, suas condutas seriam diferentes, e seus planos não incluiriam destruir o planeta de forma tão aceitável e tranquila!

Quando Deus existe na vida das pessoas verdadeiramente, a destruição por parte daquela pessoa, não será ativa, pois o esclarecimento do que se vive é pelo Espírito de Deus, que não permite que a carne seja mais forte que o espírito, e continue destruindo tudo que compõe a vida, de forma tão pecaminosa e ridícula, como o homem tem feito, e sendo o mesmo usado em grande parte pelo diabo! Pois o ser humano que não quer conhecer a Deus, é um destruidor de si próprio! Essa é a razão pelo qual o planeta está entrando em COLAPSO! O homem criou essa condição, e está fazendo dela, a sua causa diabólica. Pois, quem não percebe seus atos destrutivos de formas bem realista, está além de cego, morto espiritualmente, vivendo e fazendo parceria com diabo.

Sei que à primeira vista tudo parece muito confuso, ler tanto sobre Deus e Jesus. Mas isso pode ser para você, algo novo em sua vida, além de libertador e quem sabe, pode ser a sua virada de vida, saindo da escuridão e passando a andar pela luz. Tudo só depende de você, e de suas decisões!

Mudar de vida, é passar a ter um entendimento que não seja uma mesmice qualquer, mas que faça toda diferença, e mude concepções... Mas quando passamos a refletir sobre o que está escrito na palavra de Deus, e está compondo absolutamente Jesus, sobre um propósito maior para nossas vidas, em que o termo, é o verbo que constitui a vida, tudo começa a fazer ainda mais sentido e torna evidente, toda questão espiritual, que nos envolve totalmente, fazendo da carne, que estamos acostumados a viver, somente uma casca, que carrega o Espírito de Deus, e nos mantem vivos, pelo propósito do renovo, e do ficarmos vivos, até que o propósito sobre nós se cumpra.

A questão é bem simples! É só abrir a mente, e de fato querer entender a mensagem, que as dúvidas vão embora, e dão lugar, a uma novidade maravilhosa, que nos enche de esperança e desejo, em querer saber mais, sobre como mudar de vida, por completo... Pois isso é muitíssimo possível, quando abrimos nossos corações, para entender a verdade, e a verdade sempre vem de Deus!

Viver somente pela decisão da carne, sem nem querer ouvir ou tentar entender, nada sobre o espírito que nos compõe e nos faz de fato vivos, é uma decisão perigosa e contraditória a própria existência humana. Quando nos deixamos ser levados pela vaidade dos desejos e prazeres, é a carne quem está falando por você, o espírito fica calado, esperando o momento de mostrar a realidade que a pessoa em questão, não consegue ver. Quando a carne fala mais alto que o espírito, figuramos um personagem, que irá viver a nossa vida, e dar referências a ela, como se a única representação existente, fosse a aparência sobre tudo que pretendemos viver... Quem vive pelas aparências, ainda não sabe quem de fato é na vida!

Na verdade, o planeta virou um grande laboratório da espécie humana. O homem está inquieto com a sua existência gananciosa, e quer fazer as coisas do seu jeito, mesmo que para isso acontecer, ele precise destruir ainda mais, o ar que respira, o chão que pisa, e a água que lhe mata a sede, e o faz vivo. Está transformando todo tipo de vida do planeta, em cobaias, promovendo experiências loucas, com o intuito em ser mais poderoso na guerra, homem versus Deus.

Falo isso, porque o homem está tentando tomar o lugar de Deus, querendo ter poder aqui na terra, que o faça ser autossuficiente, que o faz pensar em seu estado de loucura, que não precisa de Deus em sua vida... Isso já deu muito errado, com Lúcifer, quando quis tomar o trono de Deus. Foi castigado, condenado, e agora vive no mundo dos homens, tentando destruir tudo que Deus criou, para se vingar da sua punição... Leiam esses versículos e entenderão melhor minhas colocações, sobre o diabo e suas intenções aqui na terra: **Isaias: 14: 12-16. Ezequiel: 28: 12 -18 Lucas: 10-18 Jó: 1: 6-7.**

Nesses versículos está um pouco da trajetória, que fez satanás, ser colocado na terra. Sua ganância por querer ser mais do que Deus, o colocou em declínio, como o próprio homem, está tentando fazer também com sua vida. Não dê lugar ao diabo, porque se não, ele pode fazer de você, um aliado dele, contra a sua própria espécie, e também contra Deus!

Tudo aquilo que vivemos, ou queremos muito viver ainda, está sendo colocado em xeque! Com certeza, esse é um jogo psicológico que satanás está fazendo, para ir destruindo aos poucos a estrutura dos homens, e ganhando forças para o embate final, contra tudo que somos e que ainda resistimos... Quando ele entrou na vida de Adão e Eva, ainda no Éden, ele conseguiu convencer Eva, a comer o fruto proibido por Deus. Seu objetivo maior ali, era jogar os dois, contra Deus. Naquele momento, o pecado se fez presente em nossas vidas e tudo se tornou, essa grande armadilha do diabo, contra a criação de Deus. Leia para entender melhor o contexto **Genesis: 3: 1-24.**

As pessoas estão tentando viver suas vidas, sem ter apego com Deus. Muitos não conseguem acreditar que o diabo de fato existe. Outros, acreditam em sua existência, mas não que ele seja culpado por tudo de ruim que acontece no mundo, mas nisso também eu não acredito! Mas nem por isso, deixo de acreditar que o diabo existe, e é sim, culpado por diversas coisas erradas, que as pessoas acreditam ser o certo para suas vidas... Nem tudo que criamos através de nossas decisões erradas, é culpa do diabo! Às vezes, as pessoas são seus próprios demônios, e ainda culpam o diabo por isso! Muitos dizem acreditar tanto no diabo, que se tornam tão satânicos quanto ele. Esses invocam seu nome e entregam suas vidas a ele, em rituais satanistas e sacrifícios macabros... Mas eu digo que agir assim, é muita ingenuidade ou um desejo real em conhecer o inferno não somente na teoria, mas na prática real, e todo o seu conceito de lugar tomado por forças malignas...

Sem Deus, a vida não existe! Com o diabo, a vida se torna um inferno, bem disfarçado aqui mesmo na terra, para confundir muitos, que são fracos e ambiciosos demais pelas coisas desse mundo. E mesmo que isso tenha a mão do diabo em sua vida, não querem deixar jamais, tudo que tem para traz, para viver uma vida de paz e com Deus! Quando eu digo deixar as coisas para traz, eu estou me referindo a não fazer mais aquilo que faziam de errado, e começar a andar por caminhos diferentes e retos, aos olhos de Deus. É disso que o mundo tanto precisa, para que a vida encontre as respostas mais coerentes, e as pessoas não sofram tanto, por conta da cegueira e ignorância sobre tudo que Deus ensina para aqueles que querem ouvir e ter realmente, paz em suas vidas!

As pessoas estão tentando passar uma mensagem, querendo viver essa identificação figurativa de um tempo moderno, que apresenta mudanças perigosas, que parece mais um registro de pessoas que querem criar um mundo que aparenta uma marca determinante, em que tudo mais parece pessoas prontas para participar de cenas de filmes apocalíticos, pois são tantos desenhos pelos corpos e ferros introduzido por vários membros de seus corpos, que certas pessoas nem parecem mais com elas mesmas!

Essas transfigurações das imagens, que as pessoas, principalmente os jovens, estão fazendo com seus corpos, só reforça o quanto tudo está de fato mudado na cabeça das pessoas, e que as novas gerações terão muitas coisas estranhas para viverem! Isso que faço aqui, não tem nada a ver, com censura ou preconceito a ninguém! Essa é a minha liberdade de expressão, dizendo o que penso de certas situações, das quais eu respeito, mas confesso que não entendo muito bem quais os reais motivos para isso! Esse é o meu ponto de vista, sobre a coisa toda! Eu acredito que tenho o direito de escrever meu ponto de vista, pela liberdade de expressão que me garante, como escritor! Pois para mim, isso serve de base, para tirarmos exemplos, de como as pessoas estão mudadas, e por isso os conceitos e valores que formam uma base sólida nas famílias estão deixando de existir, quebrando os princípios, que por milênios foram preservados, e agora estão sendo ignorados, de forma muito desrespeitosa.

33

AS DROGAS SÃO SEM DÚVIDAS A MAIOR FORMA DE ESCRAVIDÃO E DESTRUIÇÃO QUE O HOMEM JÁ VIU ACONTECER NO MUNDO

As drogas são sem dúvida algo que podemos ver acontecendo, como sendo a grande transformação nesse meio de pessoas sendo destruídas de todas as formas possíveis, e que ainda levam junto parte de sus famílias, que acabam sofrendo tanto quanto, os próprios dependentes químicos, que se tornam escravizados por esse mal tão diabólico e lucrativos para muitos...

O ser humano insiste em querer viver, pelo fio da navalha das drogas, onde a morte é a única certeza que vem junto com a fuga, e as alucinações que transformam qualquer pessoa, em seres irreconhecíveis. Esse ponto é crítico demais na vida quem se sujeita a viver essa condição tão humilhante e destrutiva ao mesmo tempo. As drogas levam as pessoas as piores condições, que alguém poderia imaginar viver...

Para os pais, ver a destruição de um filho, por ser um usuário, dependente de algum tipo de entorpecente, é algo muito difícil! Ninguém está preparado para isso, ninguém consegue vivenciar uma situação tão destrutiva, e não sofrer para o resto da vida, com as marcas, que muitos pais presenciam sendo vivida pelos filhos. Isso fica como prova, do quanto uma pessoa viciada pode sofrer, e também fazer sofrer outros muitos, antes da sua morte, de forma quase sempre triste e muito agressiva...

As drogas e o alcoolismo, além de matar como matam, fazem famílias inteiras sofrerem de forma humilhante. Transformam as pessoas que se submetem a tais dependências, a um caminho horrível, muitas vezes sem volta, e que quase sempre, é para o cemitério, a única saída mais provável!

As pessoas que aceitam sua escravidão, através dos vícios diversos, se tornam brinquedos, objetos sem valor humano, que servem apenas para gerar lucros altíssimos, para traficantes, que se enriquecem às custas de coitados, seres fracos e sem forças espiritual, para dizer chega, para tantos sofrimentos... Levantar suas cabeças e retomar suas vidas, saindo do inferno que consomem mais e mais pessoas todos os dias, somente através de Deus!

Esse mal, é um propósito do diabo na vida das pessoas e se Deus não for colocado dentro do propósito de vida das pessoas em questão, suas vidas serão destruídas da pior forma imaginável. Pois quando se trata do mundo das drogas, ninguém consegue sair inteiro como entrou, ou ter uma vida depois disso, sem ficar com marcas tão profundas, que viver normalmente depois disso, só tendo Deus como sustento e fundamento para um renovo.

Por traz de tudo isso, que faz as pessoas tão escravizadas, doentes e usadas como objetos, está o maligno! Ele trabalha inteligentemente, para fazer de uma parte da humanidade, a vergonha do mundo, tendo como maior objetivo, mostrar para Deus, o que ele pode fazer com as suas belas e inteligentes criaturas tão amadas.

Fico pensando, que quando Deus, olha para terra e vê tanta gente se sucumbindo a tantos males e sendo tão fracos, por não resistir aos pratos do diabo. Deve pensar no quanto nós, a sua criação amada, está sem controle e se destruindo como um bando de coisa qualquer, que não se dá o valor que tem, usando o maior poder que já nos ensinou a usar para nos libertar do mal, que tanto quer destruir tudo que Ele, Deus, criou e é perfeito aos seus olhos para vida de todos nós. Nossa semelhança vem de Deus, mas os desejos da carne, sem dúvidas, são de satanás! Pois são eles quem nos controlam e nos destroem tão facilmente! A vida nunca foi para ser perfeita, mas mesmo sendo pessoas imperfeitas, não precisamos ser diabólicos!

Como já foi dito anteriormente, Deus criou o homem, a sua imagem e semelhança! E deu poder a nós, sobre todas as outras criaturas existentes na terra. A pergunta é: Será que Deus, olhando no que o homem se transformou depois do pecado ter entrado em sua vida, Ele se arrepende de ter nos criado? A resposta é sim! Pois o dilúvio aconteceu com base nessa resposta; então disse Deus: **<u>Gênesis: 7-4</u> "Porque, daqui a sete dias, farei chover sobre a terra durante quarenta dias e quarenta noites; e da superfície da terra exterminarei todos os seres que fiz".** Essa é uma prova bem substancial, de que Deus de fato se arrependeu de ter nos criados!

O que mais faz separação entre Deus e as pessoas, são os pecados, e as dúvidas geradas sobre o próprio Deus. Muitas pessoas preferem acreditar em coisas banais do mundo, do que na palavra de Deus, que foi deixada para nós, para nos ensinar e nos tornar mais fortes contra satanás. Esse ensinamento de Deus para nossas vidas se chama: Bíblia Sagrada.

Muitas pessoas não acreditam em céu, e nem em inferno. Nem em Deus e nem no diabo. Mas eu digo a você, que não fique em cima do muro, tome uma decisão agora, por que amanhã poderá ser tarde, e você pode não ter tempo de se arrepender de seus muitos pecados. E digo mais, aqueles que não conseguem se decidir por Deus em suas vidas, já são do diabo e nem sabem! Se você ainda não tem uma bíblia, compre uma e comece a meditar. Se já tem, ótimo, faça o mesmo e estude o máximo que puder e conseguir, pois as respostas que você precisa, para se decidir, de que lado quer estar, quando sua hora chegar, estão todas te esperando! Luz ou trevas; Deus ou diabo. Pode ter certeza; os dois existem!

Na bíblia fala que o mundo jaz no maligno, e nesse caso, o maligno, é o diabo! Satanás é bicho mal! Na bíblia fala também, que aqueles que não acreditam no diabo, já são dele! Por que uma das suas maiores mentiras, é fazer as pessoas acreditarem que ele de fato não existe, ele gosta de se passar despercebido, é sorrateiro e muito astuto! Tome cuidado sobre isso e não o deixe continuar te enganando.

Não permita que o inimigo te tire do seu foco de vida, que é ser uma pessoa do bem, e que está aqui no mundo para ser um verdadeiro filho de Deus. Que o amor possa ser em sua vida, o seu reflexo positivo em meio as tantas maldades e tanto sofrimento que as pessoas estão sendo obrigadas a viver. Pois nem todas as pessoas tem força para dizer não para satanás e suas ofertas de prazeres...

Entenda que a vida é o nosso maior tesouro, que viver sem participar do que Deus tem para nós, é tolice! Temos que tomar posse daquilo que nos pertence, e que é nosso por direito e muitos estão abrindo mão dessa honra. Não se deixe levar somente pelos prazeres da vida, seja inteligente, faça suas escolhas com base em Deus, e seus ensinamentos. Ouça os conselhos de seus pais e valorize cada momento junto de sua família, pois esse é sem dúvida, o bem, mais precioso de nossas vidas! Procure não ignorar os sinais de Deus, em sua vida, pois Ele fala com conosco, através de outras pessoas. Preste mais atenção e entenderá o recado Dele para sua vida. Deixe nosso Senhor Jesus Cristo, lhe conduzir pelos caminhos que você não consegue sozinho. Não deixe que o orgulhoso lhe atrapalhe, e abra seu coração entregando sua vida a Deus. Não se suje mais com tantas coisas erradas, não permita que o diabo te confunda sobre suas decisões. Tenha muita fé em Deus e o mais ele fará em sua vida. Confie em Deus, acredite que ele fará o que prometeu!

Infelizmente, para muitas pessoas, Deus não passa de uma história bem contada, um personagem de cabelos brancos e barba longa, apresentado para pessoas por um livro que impressiona, por ser tão bem escrito e ser também tão atual, mesmo tendo sido escrito há muito tempo. A falta de temor do homem, para com Deus, é o que torna o mundo, um lugar tão tomado por forças malignas, oprimindo as pessoas, com o propósito do matar, roubar e destruir. Muitas pessoas se fazem malditas, pela frieza que tratam Deus, e por maldizerem o nome de Jesus, como se ele fosse uma criatura como nós. Muitos desprezam seu sacrifício, achando tudo uma tremenda bobagem. As pessoas têm perdido muito em valores de fé, não importam em fazer disso uma prática em suas vidas e orar então, parece ser uma palhaçada para muitos...

Uma pessoa que está morta espiritualmente, não sabe fazer boas escolhas para sua vida. Suas boas ações são inibidas por forças do mal, que não querem seu sucesso de forma alguma. Já o financeiro, quando o diabo dá algo para alguém, e isso acontece muito! Logo depois ele vem cobrar a conta. O diabo não dá nada para ninguém, sem depois cobrar sua parte do acordo. Muitas pessoas se enganam muito com isso! Pensam que estão bem de vida, e que conseguiram tudo sozinho, por esforço e merecimento. Mas quando Deus, não faz parte da vida da pessoa, é o diabo, quem está servindo de base para certos favorecimentos financeiros, e ou conquistas diversas... A questão, é que depois ele cobra os favores... Isso é o mundo em COLAPSO!

Pessoas sem Deus, corruptas e se enriquecendo roubando dos outros, e pensando que irão ter sucesso nesse caminho, sujo e alimentado por satanás. O certo, a se fazer, é se arrepender de seus maus caminhos e aceitar Jesus, em sua vida, o quanto antes você puder! Nascer de novo, através do renovo em Cristo Jesus, e deixar tudo de errado para tras, pelos motivos certos, e recomeçar fazendo forte o seu espirito. Dinheiro e prazeres, são coisas boas, mas quando não são permitidos por Deus, é o diabo quem valida a permissão! Aí fica a pergunta; será que vale mesmo a pena, morrer com o diabo e tendo muito dinheiro ilícito, ao invés de Jesus? **João: 3 –5 Jesus disse: "Em verdade, em verdade eu digo, que se alguém não nascer de novo, não pode ver o reino de Deus. Em verdade eu vos digo, quem não nascer da água e do Espirito não pode entrar no reino de Deus".**

É fundamental procurar saber a fundo, o significado dessas palavras, que Jesus disse, sobre o reino de Deus. Não podemos ser ignorantes quanto a vida espiritual! Ser alheios a isso, é dizer não a salvação! Devemos meditar no que Jesus nos ensina sobre a salvação, e ter conhecimento sobre as palavras de Deus, fazendo uso das mesmas, contra os principados e potestades, que estão por toda parte nesse mundo!

Quer se livrar das drogas e de outros males que satanás está usando contra sua vida, na intenção de te destruir? Busque Deus para sua vida e aprenda a orar, a reprender o mal, para que você possa ter autoridade sobre tudo que possa estar errado em sua vida! Abra sua boca, e comece a falar com Deus, primeiramente agradecendo pela sua vida, e pedindo força espiritual, para conseguir vencer as dificuldades. Use a oração, para reprender tudo que te oprime, tudo que te tire a paz. Só assim, você conseguirá ter força e ser um guerreiro, lutando da forma certa, contra tantos males existente em sua vida e também, por todo o mundo! Tudo será como ir para uma academia, iremos exercitando nossa fé aos poucos, e aprendendo a orar, até ficarmos mais fortes para depois podermos lutar, tendo ao nosso lado, um aliado que é muito poderoso, e não brinca em serviço, o nome dele é Jesus Cristo!

Quando usamos o seu nome, contra satanás, esse maligno ser do mal, bate em retirada mesmo! Eu garanto que funciona, já aconteceu comigo, eu sou testemunho dessa verdade! O que o mundo precisa, para sair desse COLAPSO, é de um exército de pessoas de Deus, lutando contra todos os tipos de demônios, que escravizam as pessoas e as fazem sujas, destruidoras e destruindo a si próprias. A luta que temos que entender, para saber lutar com as armas certas, tem mais a ver com a vida espiritual, do que carnal! Sejam servos de Deus, aprenda a falar com Ele. Ore, tenha intimidade com seu criador, e terá as armas que precisa contra tantos males, que estão transformando nosso mundo e pessoas, em um lugar infernal, destruído e entrando em COLAPSO! Pois o real objetivo de satanás, é tornar nosso mundo, em um inferno! Não podemos dar mole, para que ele consiga alcançar seu objetivo. Faça sua parte nessa guerra espiritual, e se fortaleça em Deus, aceitando

Jesus, como salvador de sua vida. Juntos e fortalecidos, o mundo pode se tornar menos possuído por tantas forças do mal, e pessoas tão satânicas e tão destrutivas.

Nada nessa vida é totalmente definitivo, a não ser a morte! Tudo pode mudar muito rápido em nossas vidas. Tudo é muito relativo e traz muitas incertezas. Mas ficar fazendo coisas erradas e achar que está tudo bem, é o que faz do planeta essa destruição que temos por todo lado.

Quando uma pessoa corrupta age aceitando em sua vida algo que não é licito, aquilo faz da pessoa um alguém negativo e nocivo sobre o propósito do termo justiça! Quando alguém é corrompido, se torna vulnerável e acaba cometendo outros erros, com base naqueles cometidos primeiro. Se essa porta não for fechada rapidamente, tudo se torna prático e lucrativo para aquela pessoa em questão, até que venha a vergonha e a humilhação de ter sido tão tola, e aceitado se sujar tanto. Se não houver um arrependimento verdadeiro bem rápido por parte da pessoa, pelo ato ilícito, aquela pessoa mesmo tendo sida envergonhada, tende a se tornar alguém, que pode passar a querer cada vez mais, aquilo que veio fácil para suas mãos. O ato ilícito quando é alimentado, acaba se tornando um ciclo vicioso, sendo passado também para outros, que serão contaminados e corrompidos, por alguém que já havia sido aliciado, também por outros! Está vendo como a coisa se torna grande e suja, quando o ato errado, é permitido? Por isso precisamos combater as coisas erradas que estão ao nosso alcance, para que elas não cresçam ainda mais, e tornem nosso mundo ainda pior do que já está!

Viver nossos sonhos, é sem dúvida, algo muito importante que temos que fazer acontecer. Não ter sonhos, nem planejar o futuro, mesmo ele sendo tão desconhecido, é algo que torna a vida, sem sentido algum! Existe uma frase que eu gosto muito, que diz; "Quem não sonha, jaz morto!". Então sonhar, nos faz vivos, gera em nós, uma condição positiva, de que as coisas podem se tornar melhores de alguma forma! Quando acreditamos em Deus de verdade, temos fé, e uma convicção, que dias melhores irão acontecer para as pessoas que são justas, honestas e que esperam em Deus, e não ignoram seus ensinamentos!

É claro também, que não podemos querer viver somente de sonhos! Temos que trabalhar muito, e agir para que as coisas, possam ser construídas, transformando os sonhos em realidades... Quando aceitamos as condições ruins das quais estamos vivendo, e essas condições, não são exatamente o que sonhamos para nossas vidas, não podemos cruzar os braços e simplesmente continuar aceitando-as. O esforço de cada pessoa, deve ser no sentido de melhorias, sem prejudicar os outros. Não podemos ser egoístas, em nossas conquistas. Saber compartilhar o que conquistamos, nos fará pessoas melhores, sobre vários aspectos. Se as pessoas conseguissem ver o mundo, sem olhar para as outras pessoas, se depararíam com uma realidade incrível, que mudaria com certeza, o jeito de cuidar de tudo a sua volta.

A questão, é que quando olhamos para o mundo, de forma convencional, não conseguimos ver como de fato ele é. Tudo que conseguimos ver com um olhar convencional, são as pessoas, e suas ações, em que muitas dessas, comprometem de alguma forma, aquilo que gostamos muito no mundo. O que precisa ser feito, é olhar diretamente para as necessidades, que o mundo tanto precisa, e procurar resolve-las, sem desculpas... Se cada pessoa fizesse a sua parte no processo de cuidar melhor do meio em que vivem, não estaríamos entrando em COLAPSO! Isso significa, que cada pessoa estaria fazendo a sua parte muito bem-feita, e nada do que temos hoje como resposta por conta do descaso de muitos, existiria do jeito que está. Consegue me entender?

O fato é, que o mundo está morrendo e entrando em COLAPSO, por muitos motivos ruins! Talvez eu esteja sendo muito visionário em falar da realidade sobre o mundo estar entrando em COLAPSO, de forma muito direta. Mas eu digo que sou, sim, um visionário! Que acredito muito em Deus, e também em possíveis respostas positivas das pessoas em prol das vidas no planeta! Não precisamos de tanto para viver uma vida boa e sustentável. Mas sem dúvida, precisaremos de água boa para beber, de ar menos poluído para respirar, de terras menos agredidas por agrotóxicos que também envenenam nossos mananciais, precisamos de menos drogas matando tantas pessoas e fazendo outras sofrerem tanto, precisamos de mais pessoas comprometidas com a verdade e tendo mais responsabilidades para com tudo que diz respeito a vida em nosso planeta. Precisamos também que a humanidade reconheça que Jesus Cristo é o caminho, a verdade e a vida, e que sem ele, as pessoas estão perdidas e acabadas!

Pois eu acredito de verdade, que Deus e Jesus Cristo, sejam a melhor de todas as opções que possam existir para que o mundo de cada pessoa possa de fato ser restaurado! Quando conseguimos arrumar o nosso próprio mundo ou nossa casa, estamos prontos para fazer a diferença no mundo de outros muitos também! Mas isso só se faz possível tendo Deus e Jesus Cristo do nosso lado! Pense um pouco mais sobre isso, e conclua, sendo de fato bem honesto com você.

Muitos estão acumulando riquezas e mais riquezas. Só pensam nisso, em seus tesouros materiais, mas não movem uma pena, para evitar a degradação da nossa sustentação existencial. O que te valerá tudo que você está acumulado, quando você estiver morto? Será mesmo que terá valido a pena tanto esforço para deixar para os outros? Para mim, isso não tem sentido algum! Mas... O verdadeiro COLAPSO para mim, são pessoas tirando de quem já tem tão pouco para acumular ainda mais seus tesouros, que irão ficar guardados ou nas mãos de quem não precisa ou não se importa nem um pouco com as necessidades dos outros, que tanto precisam e não tem.

34

OS EFEITOS COLATERAIS PELAS AÇÕES ERRADAS DO HOMEM JÁ PODEM SER VISTOS CLARAMENTE

Em resumo, entrar em COLAPSO é tudo de pior que a raça humana podia esperar viver. Pois é algo que está cada dia mais sem controle, e está vindo de encontro a tudo que mais amamos e queremos que continue existindo. Perder o controle daquilo que pensamos conseguir manter equilibrado e seguro, é terrível! Com o planeta aconteceu exatamente isso! Todos nós, pensamos que estávamos no controle, cada um fazendo do seu jeito, cada um querendo saber mais do que o outro, ou tentando de alguma forma atrapalhar o que está sendo feito de melhor, pelos mais comprometidos com a situação.

Na verdade, todas as pessoas foram subestimando a capacidade de resposta do planeta, sobre todas as coisas de errado, que fizemos, sem muita preocupação, se teria algum efeito colateral, contra nossas vidas de forma direta. Temos que ter uma consciência mais apurada em relação a isso, e aceitar, que em muitos momentos, contribuímos bem mais, para que o planeta fosse destruído, do que para mantê-lo saudável, sorrindo, e totalmente feliz por ser o homem o seu ilustre habitante. Os efeitos colaterais, como desastres ambientais, ou o próprio COLAPSO, que o homem criou, e está vindo contra ele mesmo, é prova do efeito negativo e da falta de capacidade do ser humano, em pensar em gratidão, ao invés de descaso e muita destruição para próprio mundo.

Quem gosta de levar tudo na brincadeira, ou no descaso mesmo, não está vendo tudo isso que estou falando, como sendo algo muito sério! Mas eu digo que continuar brincado com coisas serias, só implicará em resultados ainda piores. O COLAPSO, é um grande alerta corretivo. É um recado, das ações erradas e a ganância de muitos, que só pensam em se dar bem, aproveitando da fragilidade, e da falta de conhecimento de outros, para tirar algum tipo de proveito e se dar bem de alguma forma.

O tamanho do estrago, que as pessoas estão deixando para ser chamado de futuro, é algo totalmente desumano. As novíssimas gerações, irão receber para ser vivido, um monte de lixo, e um sistema corrompido, que torna a vida, uma dúvida, pois nada de bom para o futuro parece ser possível, se tudo continuar nesse ritmo que estão indo as coisas pelo mundo... Rumores de guerra e nações armadas até os dentes, só esperando para atacar seu semelhante, estão virando rotina, onde isso nem causa mais espanto nas pessoas, pois tudo já se tornou tão "normal", que isso, ou aquilo, falado sobre uma provável destruição do mundo, nem choca mais tanto assim!

Falar que o mundo está entrando em COLAPSO pode até parecer loucura para muitos, mas pode acreditar, que isso é algo dito com muita pertinência, pois os fatos não deixam dúvidas quanto a isso! Não querer ver os fatos, ou não aceitar que isso pode mesmo acontecer, não é o mesmo que estar vendo, e não fazer nada contra! Consegue entender isso? Não ver a realidade que está estampada por todas as partes do planeta, é o mesmo que acreditar em Papai Noel, ou em contos de fada... Ou seja, é querer continuar vivendo de ilusão e deixando tudo se acabar, por apatia, ou comodismo por não ter uma simples ação voltada ao compromisso de fazer algo melhor que ajude a preservar da destruição, fazendo coisas que estão ao nosso alcance, e podemos evitar que aconteça, tendo mais respeito com a verdade, mais coragem para agir, e mais força para libertar quem acredita em justiça e paz... Temos que ser realistas, e encarar os fatos!

Quando somos autênticos com o nosso modo de viver, criamos caminhos em que podemos pisar com segurança. Temos o controle sobre quem somos, e o que fazemos de nossas vidas, dentro do propósito do ajudar, no que for preciso, para que aquilo que estiver ao nosso alcance, não se degaste ainda mais. É entender a necessidade em fazer o melhor dentro do propósito daquilo que é a nossa responsabilidade, e as vezes deixamos de fazer, esperando que os outros façam primeiro, ou façam por nós.

Quando nos doamos em prol do fazer as coisas certas, rebemos em troca, algo que o dinheiro não pode pagar, pois fazer coisas boas, sempre gratifica o nosso ser, que cresce em maturidade e respeito pela vida, de um modo geral! O homem tem um poder incrível em suas palavras, como também, em tudo que ele faz... Se falamos coisas boas, edificamos e abençoamos praticamente tudo a nossa volta. Mas, quando queremos destruir algo, nossas palavras tem o efeito contrário das bênçãos, e tudo que sai de nós é maldição, dor, e muito sofrimento!

Da mesma forma, acontece, quando estamos fazendo algo. Se estamos realmente fazendo com prazer, e coração alegre, aquilo terá um efeito muito positivo, e em tudo que colocamos nossas mãos, fica bem feito, e todo mundo ganha, com os benefícios de um trabalho feito com respeito, amor e muita dedicação. As ações do homem quando são positivas, produzem um contágio que é automático, em fazer outros perceberem que também precisam fazer melhor suas ações... Mas, quando fazemos algo sem dedicação, amor e prazer, aquilo fica horrível, mal feito e o tempo de feitura se torna perdido!

Muitas pessoas não conseguem se manter empregados, justamente por esses motivos! São preguiçosos, não gostam do que fazem e ainda amaldiçoam o lugar que trabalham, quase que o tempo todo. Tudo que somos na vida, é aquilo que construímos em nós, ao longo do tempo. Se decidimos ser pessoas boas, iremos ser com certeza! Mas do mesmo jeito, acontece quando decidimos por ser infelizes e pessoas do mal, que alimenta todo um sistema pessoal, que além de destruir a si próprio, ainda leva outros muitos, juntos em sua maldade. Tudo que somos, é decidido por nós! Ninguém pode decidir por nós, o que queremos ser na vida. O que pode acontecer, e é muito normal, são pessoas motivando outras pessoas, a seguir por algum caminho, que talvez, a pessoa em questão ainda não teriam decidido, por si só. Isso pode ser, tanto pelos caminhos bons, como também, pelo ruim!

Com a realidade da humanidade tão à beira de um grande abismo, chamado COLAPSO, as perspectivas de um futuro promissor, sem riscos eminentes por conta dos índices de destruição que o próprio homem tem feito acontecer, não tornam muito animador os dias vindouros, pois ninguém precisa continuar vivendo de ilusões e pensar que o mundo é um lugar maravilhoso e tudo de ruim vai se arrumar sozinho. Isso até parece discurso político! Pois, como estão acontecendo as coisas, a tendência não é melhorar por si só, e só terá melhora se as pessoas começarem a ver esses acontecimentos ruins, que podem promover um estado de COLAPSO em nosso planeta, e que são tão explícitos para todos que querem de fato e ter mais atitudes compromissadas em fazer o que é certo e saudável, que ajude em parte, a catar o lixo, que foi espalhado por toda parte, e está contaminando todos os fluxos naturais, que possibilitam a vida de respirar, e reproduzir os efeitos positivos que poderão de certa forma, equilibrar pelo menos, parte dessa decadência humana, que ao invés de tratar as coisas, dos tantos problemas, estão empurram os problemas com a barriga, e fica por isso mesmo!

Um ótimo exemplo que quero dar sobre isso que acabei de escrever, é a educação dos filhos, em tempos tão modernos, e eu já falei algo sobre isso anteriormente, mas quero ressaltar, pois esse é um assunto que precisa ser muito discutido! Os pais precisam entender e rápido, que esse ponto tange falar sobre educar os filhos corretamente, para que eles façam a diferença em um mundo que está doente e precisa muito de ajuda para continuar existindo com o mínimo de condições e respeito possível, é crucial dentro do processo de ajuste saudável, que envolve as novas gerações, em um momento, em que os pequeninos de hoje, serão as pessoas adultas de amanhã, que irão colher os frutos positivos, gerados por uma boa educação, ou continuarão se destruindo, sendo pessoas vazias e sem preparação, em que a boa educação dos pais, que deveria formar pessoas melhores para o mundo, sendo um diferencial que fazem delas, seres humanos descentes e preenchidos de valores e conceitos que seus pais, ensinaram e transferiram para os filhos, muitas coisas boas através disso, dando a eles, uma base que os fortalecerá diante das tantas armadilhas que a vida irá lhes oferecer no decorrer dos dias vindouros, como se fosse um lanche da tarde.

Se nada for mudado em relação a forma que os pais estão educando seus filhos, hoje, tudo que iremos continuar vendo muito facilmente, são as mesmices em números ainda maiores de pessoas despreparadas, pois é nisso que muitos pais estão transformando seus filhos! E de pessoas criadas assim, o mundo já está cheio e não suporta mais tanta gente sem noção, achando que o mundo é uma colônia de férias, e que nada precisam fazer para manter limpo e organizado em todos os sentidos. Em que tudo que essas pessoas mal educadas e sem respeito e limites querem, é ficar de boa, sem compromisso e nenhuma responsabilidade que tire deles o tempo. Tudo que eles mais querem são prazeres diversos, em que as drogas e as bebidas, são a motivação perfeita para eles...

Pessoas mal formadas pelos pais, são jogadas no mundo e servem apenas para fazer números, em que esse quantitativo de pessoas sem noção, que não sabem diferenciar uma vaca de um cavalo, estão por toda parte, mas não contribuem como deveria para o equilíbrio daquilo que o mundo tanto precisa. Isso chama despreparo na educação dos filhos!

O efeito colateral da criação e educação dos filhos da forma errada promove desajuste no que deveria acontecer tendo uma sequência equilibrada e dosada na evolução da vida e seus ensinamentos e conhecimentos passados de gerações para gerações. Mas isso está sendo trocado por ilusões e muita incapacidade dos pais moderninhos, em fazer existir em seus filhos, um entendimento que acondicionado as suas raízes, em que os conhecimentos dos mais velhos, possam permanecer vivos e sendo aplicados.

Quem não aprende o básico da vida, e tem dentro de si, conceitos e valores firmes, mas de forma simples, não terá condições de entendimento, e nem força, para conter situações que surgirão em suas vidas. Eles precisaram dizer sim, ou não, em determinados momentos, em que quem é muito sem noção da realidade prática, e não tenha o mínimo de conhecimento sobre a vida real, será subjugado como objetos nas mãos daqueles aproveitadores que gostam muito desses jovens sem malícia e nenhuma estrutura com base familiar. Pois isso só aprende de verdade com os pais!

Quando os pais, não assumem o papel verdadeiro na criação dos filhos, tudo que continuará saindo de muitos lares, são pessoas sem preparação e educação, se tornando apenas mais um, em meio a uma multidão de outros já existindo vazios e perdidos em meio as loucuras desse mundo tomado pelo diabo. Esse tipo de gente mal formada pelos pais, não ajuda muito nos conceitos de renovação, em que suas ideias, quase sempre, têm a ver, com o lado sem compromisso, de tudo que estamos falando aqui no livro.

Nós os pais, temos que ter um compromisso, em formar nossos filhos, o melhor preparados possível! Uma boa formação que deve acontecer nos lares, e junto das famílias, em que os pais, se apresentam como sendo uma autoridade firme, que fará, os filhos enraizados, com base no equilíbrio e limites, que devem ser respeitados lá fora, quando saírem para viver suas vidas e enfrentar seus próprios desafios sozinhos...

O que muitos pais não entendem, é que formar uma pessoa, é ensiná-la a ter uma mínima noção de grande parte do que a vida representa para todos nós. O respeito é algo que tem deixado muito a desejar em relação as novas gerações. Os filhos precisam aprender com os pais a respeitar o seu próximo e valorizar ao máximo o que significa o termo família... Um ser humano bem educado, é lindo de se ver! Mas um outro sem educação e respeito, além muito feia as suas atitudes, é lastimável saber que os pais daquela pessoa fizeram um péssimo trabalho em educar e formar aquele ser humano, que agora se tornou um horrível exemplo para outros muitos...

Dar muito amor, impor limites e dar aos filhos, somente o que eles precisam e jamais tudo o que querem, é o começo do que será uma ótima educação e formação dos filhos! Quando assumimos o verdadeiro papel em ser pais, de verdade, sendo presentes na vida dos filhos e fazendo do respeito e da autoridade justa, e entendida, os resultados positivos aparecem com certeza! Criar filhos, para tornar o mundo um lugar ainda pior, do que já está, é o mesmo que dar novamente um tiro no próprio pé! E eu já falei sobre o tiro no pé tantas vezes aqui no livro, que até parece brincadeira! Mas infelizmente, muitos pais estão cegos em relação a isso tudo, que foi escrito acima e não aceitam que estão criando seus filhos erradamente e tornando os mesmo, pessoas mimadas, vazias, sem respeito pelos outros, viciados em futilidades virtuais, aliciando seus filhos a viver uma vida sem limites, em que os mesmos ainda muito cedo, já definem o que querem fazer de suas vidas, e os pais aceitam tais condições, pela modernidade dos tempos, e porque também, outros pais estão fazendo igual...

Entendam queridos pais, que os filhos não são bichos de estimação! Eles precisam bem mais de nós, do que somente comida, e mimos satisfazendo seus caprichos e desejos... O que os nossos filhos precisam de nós, os pais, mais do que qualquer outra coisa, é tudo aquilo que eles ainda não têm, e chamam-se ensinamentos, e isso precisa ser passado para eles, através de nós! Quando isso não é feito, eles não terão uma base legítima, e aprenderam certas coisas sem embasamento familiar, e sem nenhuma autoridade que precisa ser respeitada, para que eles entendam o sentido do respeito, e dos limites...

Muitos filhos estão sendo criados e educados, não pelos pais, mas por outras pessoas que são pagas para que isso aconteça, e por conta disso, as crianças vivem e crescem sem a referência de seus pais, e são preenchidos em sua formação, por condições nada convencionais se tornam quase sempre tristes e distantes da realidade que para eles parece não existir sendo criados longe dos pais. Pessoas assim são jogadas no mundo e muito facilmente se tornaram frias e repletas de dúvidas e problemas sociais...

Sem os pais tirarem tempo para ensinar os filhos, a educação deles ficará comprometida! Uma coisa que é essencial na vida de nossos filhos, e não pode ficar para depois, é o apresentá-los para Deus, e ensiná-los a entender o que isso significa em suas vidas. Nossos filhos devem saber desde muito cedo, o valor de Deus em suas vidas! Os pais que ensinam seus filhos a temer a Deus, e a respeitar seus ensinamentos, fundamentam a base da educação dos mesmos, de forma que o próprio Deus, diz ser o correto a se fazer; **Provérbios: 22-6 "Ensina a criança no caminho em que deve andar, e, ainda quando for velho, não se desviará dele" Provérbios: 29-15 "A vara e a disciplina dão sabedoria, mas a criança entregue a si mesma vem a envergonhar a sua mãe".**

35

REFERÊNCIAS POSITIVAS PODEM AJUDAR NO AMADURECIMENTO E CRESCIMENTOS DAS PESSOAS

Algumas referências a seguir podem dar a você uma ideia melhor sobre propósitos em ser alguém com mais valores, diante das tantas coisas erradas, e pessoas sem noção, agindo como se tudo que está acontecendo no mundo, elas não pudessem ajudar a arrumar de alguma forma. Por exemplo: ter mais respeito pela sua própria vida, não se viciando e se destruindo de forma tão absurda. Ter mais amor, para com as pessoas. Saber o valor de perdoar os outros, e também de se perdoar. Cuidar melhor dos lugares em que se vive. Aprender a dizer "não" para as coisas que escravizam e tornam a vida das pessoas algo tão sem sentido. Não ser tão alheios ao que está a sua frente e precisa da sua ajuda. Não participar de coisas que tem influências negativas e destrutivas. Ser mais temente a Deus. Aceitar que você pode fazer a diferença junto a outras pessoas, e jamais ser apenas uma mesmice na vida... Se valorizar o máximo possível sobre todos os aspectos... Não aceitar ser coagido estando certo e ficar calado. Ajudar todos que precisam de você, sendo solidário e proativo. Não ignorar os fatos jamais, e lutar sempre pelas coisas que você acredita. Criar filhos melhores para mundo, e não somente, querer um mundo melhor para seus filhos.

A questão é que se parte disso que foi escrito fosse feito de verdade pelas pessoas, a tendência decorrente pelas coisas ruins, sobre tudo que estamos vivendo hoje, poderia melhorar bastante! Mas se nada for feito, as coisas só tendem a piorar ainda mais! A decisão do querer fazer algo que diminua os excessos negativos, depende de cada um! Faça a sua parte, nesse processo de arrumação do mundo, e ajude a não destruir ainda mais o nosso planeta.

Seja uma pessoa melhor para sua própria vida, e consequentemente será também, alguém para outros muitos que precisam de você de alguma forma!

A importância de escrever um livro como este é dizer tudo que estou vendo acontecer e que acredito poder ser resolvido pelo menos em partes. Tudo foi escrito de forma bem fácil de entender, pois eu necessitava escrever o que penso, e dar meu grito de libertação e coragem, contra tantas coisas erradas, que tem feito tantos estragos por todo o planeta. Ninguém pode se calar, diante do que está acontecendo de tão errado por conta das injustiças, desrespeitos, corrupção, maus tratos que se referem a vida em termos gerais, entre outras coisas que também são importantes, e estão sendo agredidas pelos descasos...

Temos que nos pronunciar, dizer que não mais aceitamos tantas injustiças e sofrimentos. Tudo que procuro fazer aqui, é dizer a você, que estou vivo, e o livro é meu protesto, em que eu posso me apresentar, mostrando minha indignação e solidariedade, em prol das vidas que de fato querem viver, e que ainda resistem em meio as tantas destruições. Todos juntos, somos fortes! Podemos conseguir muitas coisas boas, quando fizermos dessa causa, um estilo de vida.

Devemos aprender mais com as formigas, elas trabalham unidas, e juntas fazem algo incrível em prol do formigueiro, que é o seu mundo! Esse trabalho de formiguinha é perfeito, e eu já usei as formigas antes como exemplo! Basta cada um, entender a causa, para qual precisa lutar, e começar a fazer aquilo que só você, pode fazer acontecer, como se fosse uma formiguinha, que sabe o que faz e nunca deixa seus companheiros na mão! A união das formigas é algo invejável, e o ser humano tem muito a aprenderem a fazer a sua parte nesse processo todo de arrumação, organização, e mais controle, para que o amanhã esteja mais limpo em todos os sentidos, em nosso jeito de viver, honrando os valores que nos foram ensinados e que precisam continuar existindo, mesmo depois de nós!

É como eu já disse antes, eu acredito no propósito da aceitação e na força que há dentro de cada pessoa quando essa pessoa quer de fato uma mudança verdadeira para sua vida. Acredito na diferença que cada um de nós pode fazer dentro desse cenário, em que o descaso e a preguiça devem sair de cena, dando lugar ao amor pela vida e muita cooperação, que fará da mesmice de muitos, um motivo para se levantarem e aprender o que ainda não lhes foram ensinados da forma certa, sendo eles preenchidos com entendimento valorosos e indispensáveis para vida de qualquer pessoa.

Que o hoje seja um marco, para que possamos olhar para o amanhã, e dizer, que todas as melhorias em nossas vidas e para o mundo, começaram a partir do dia, em que descobrimos que podemos fazer a diferença, em tudo aquilo que acreditarmos de verdade. Que você possa acreditar como eu, em possibilidades aceitáveis de renovo pela vida. A causa em prol de um mundo melhor não é minha por escrever esse livro, é de todos nós, que acreditamos que juntos, podemos mais! Por que todo problema existente no mundo, é um problema de todos nós! Que Deus abençoe aqueles que entendem o que precisa ser feito e decidem fazer melhor o seu papel de ser humano. Cada um de nós tem uma missão a se cumprir na vida, basta ter humildade e propósito, para que o nosso exemplo seja copiado por outros muitos, que com certeza, também irão querer fazer sua parte nesse processo positivo e contagiante em prol da vida.

A motivação é tudo na vida das pessoas. Sem motivação e sem compromisso o comodismo toma conta das pessoas. Quando estamos atentos as condições, o bom senso, eleva o nosso estado de alerta. Ficamos atentos, e quase sempre, decidimos por coisas em nossas vidas, de forma mais sensatas, quando ativamos o bom senso e fazemos dele, um aliado nessa luta contra o COLAPSO acontecendo em nosso mundo.

Não mentir, encarar desafios, falar sempre a verdade, lutar contra as coisas erradas, ser justo e promover a paz, parece não ser algo assim tão simples, que a maioria das pessoas querem fazer, considerando o quanto muitos de nós estão vivendo tão decididamente atolados em sujeiras e enganos... Fazer isso, é questão de princípios, e não somente fazer porque gosta. Os princípios são fundamentos e a essência que existem em nós, e não mudam jamais! Ou pelo menos, não deveria! O que quero dizer, é que quando decidimos assumir uma postura sobre algumas coisas que decidimos fazer e cria-se sobre essa postura definições com base em nossos princípios, nada ou ninguém, consegue mudar nossa opinião sobre aquilo que acreditamos ser o certo a fazer! Aquilo se torna em nossas vidas, algo muito forte. Temos que começar a gostar de fazer o que é certo. Não podemos mais importar com a opinião contraria de pessoas, que não são a favor das melhorias. Precisamos desenvolver uma personalidade, em que somente quem soma, dentro desse processo, merece ocupar nosso tempo e fazer dele, um tempo de muitas conquistas, em prol da vida, como um todo.

Dados curiosos: Apenas no século XX, por várias vezes, o mundo passou muito perto de entrar em COLAPSO: 1914, 1939, 1971 e 1998 em todas essas datas, chegamos bem próximo de uma falência total! Já no século XXI em 2008, flertamos com o abismo. Andamos bem na beira do desastre total da humanidade... O que o homem tem feito de ruim em sua trajetória, tem machucado muito o planeta! O fato de sermos uma espécie muito inteligente, tem proporcionado feituras incríveis, transformamos muitos lugares, em pedaços do paraíso aqui na terra. Mas em compensação, tornamos outros lugares, o próprio inferno aqui na terra! Quando olhamos para a imensidão do nosso planeta, e na quantidade de pessoas que existem dentro dele, é algo impressionante! Oficialmente, existem 193 países aglutinados à ONU (Organização das Nações Unidas), que possui poderes, para incluir e aprovar a constituição ou reconhecimento de um novo país. Mas dependendo do órgão que faz a contagem, o mundo pode ter de 193 a 206 nações. Políticas envolvida no processo de reconhecimento, faz com que os números sejam diferentes, ou seja, a política sempre mexendo de alguma forma, nas questões do planeta, para obter alguma vantagem que fundamente suas causas... A questão, é que somos muitos! É gente para todo lado. A população interina do planeta, até o ano de 2022, está em aproximadamente 8 bilhões de seres humanos... Olhar para um mundo tão grande, tomado de pessoas por todos os lados, entrando em um estado de COLAPSO, é algo desastroso demais, se considerarmos as baixas que isso irá causar nas mais diferentes condições... Tudo se torna muito assustador!

Desde a revolução industrial (século XVII), o crescimento da população mundial tem sido explosivo e constante, tanto que atualmente somamos cerca de 8 bilhões de pessoas. A uns 10 a 12 mil anos atrás, os seres humanos deixaram de ser nômades (caçadores, coletores) para estabelecer um estilo de vida sedentário. Assim surgiu a agricultara, a domesticação de animais e foram criados os primeiros assentamentos. Estima-se que naquela época havia cerca de um milhão de pessoas vivendo no mundo. O número de pessoas no planeta cresceu exponencialmente após a revolução industrial. Muitos estudos afirmam que em 2100 o mundo terá mais 10 bilhões de habitantes. Embora esses estudos apontam esses números, eu não consigo ver com muito otimismo, a chegada da população nesses patamares tão numerosos! Considerando as tantas questões negativas, que não favorecem em nada a evolução crescente da população mundial, como um COLAPSO e dentro desse prognóstico, uma possível terceira guerra mundial... O mundo está vivendo a sua pior situação de todos os tempos, entre rumores de uma terceira guerra mundial, montada totalmente com armas nucleares e pandemias virais mortais, o mundo nunca esteve tão perto da sua pior realidade, em que o homem procura de muitas formas, a sua própria extinção.

Por volta de 1800, no alvorecer da revolução industrial, estima-se que foi atingido o número de um bilhão de seres humanos na terra. Esse número dobrou em apenas um século depois, em 1930, foram somados 2 bilhões de pessoas. "A população mundial era de 2,6 bilhões de pessoas em 1950. Chegou a 5 bilhões em 1987 e, em 1999 a 6 bilhões. Em outubro de 2011, a população mundial era de 7 bilhões", afirma a Organizações das Nações Unidas (ONU). Segundo a Organização mundial, a população mundial deverá aumentar em 2 bilhões de pessoas nos próximos 30 anos, passando dos atuais 8 bilhões para 9,2 bilhões em 2050, e pode chegar a cerca de 10 bilhões em 2100. Como já foi dito anteriormente!

Os continentes e países mais populosos são: Cerca de 61% da população mundial vive na Ásia (4,7 bilhões de pessoas), 17% na África (1,3 bilhões de pessoas), 10% na Europa (750 milhões de pessoas), 8% na América latina e Caribe (650 milhões de pessoas) e os 5% restantes se dividem entre a América do Norte (370 milhões e a Oceania (43milhões de pessoas). A nível nacional, segundo dados das Nações Unidas, a China (1.440 bilhões de pessoas) e a Índia (1.390 bilhões de pessoas) são os países mais populosos do mundo. Ou seja, só essas duas nações abrigam 37% da população mundial.

De acordo com os dados do Worldomenter (Contador genérico permanentemente atualizado) hoje nascem cerca de 270 mil pessoas por dia no mundo, enquanto cerca de 115 mil seres humanos, morrem diariamente. Em outras palavras, a população mundial aumenta em mais de 155 mil pessoas a cada 24 horas. O crescimento populacional depende, em grande parte, da tendência que as taxas de fertilidade seguem. Segundo o estudo World Population Prospects (2015), o nível mundial de fertilidade chegou a passar de 2,5 filhos por mulher em 2019 para 2,2 em 2050. Em termos de longevidade, segundo as projeções da ONU, a expectativa de vida ao nascer aumentará, globalmente, de 72,6 anos em 2025 para 77,1 em 2050.

Essas informações são muito importantes, pois nos fazem pensar em quem somos, quantos somos, e como prosperamos em reprodução da espécie, e quais estimativas de vida temos dentro do processo evolutivo natural. Esses são dados informativos muito coerentes, que ressaltam o andamento da questão vivencial no mundo. Saber de tudo isso é muito importante, mas temos que ter mais consciência sobre o que estamos fazendo dentro do nosso planeta. Cada ação errada gera algo contra nós mesmos. Todos esses dados acima, só reforçam para nós, os muitos cuidados que precisamos ter daqui para frente.

O planeta é tão miscigenado, com tantas etnias diferentes, raças, e tantos credos, que forma um conjunto tão enigmático, que faz a vida ser ainda mais interessante. Muitos de nós vivemos uma vida toda sem nem nunca ter saído de sua cidade de origem, estado, ou País... O mundo é tão grande, cheio de lugares lindos, e muito especiais para serem vistos e vividos. Mas infelizmente, nem todos conseguem ter condições financeiras, ou querem conhecer lugares diferentes pelo mundo...

Dentro do planeta existe uma desigualdade incrível, em muitos aspectos diferentes. Uns nascem e morrem, quase que do mesmo jeito que nasceram, em termos de vida financeira e ou conhecimento por outras culturas. Essas pessoas decidiram optar por viver desse jeito. Nada além daquilo que entendiam como sendo de muito valor para elas, se alterou por conta muitas vezes do comodismo, ou medo mesmo, por se lançarem rumo ao desconhecido e encontrar respostas que poderiam mudar seu jeito de viver muito diferente do que estavam tão acostumados. Por outro um lado, tudo isso é muito bom, pois, a pessoa se mantem original sobre sua cultura, porque viveu de forma muito simples, sendo mais autêntica aos costumes, princípios e valores originais, que de alguma forma, serve como respostas para os dias de hoje, em que tudo está se tornando tão banalizado sem valor, por estar perdendo em muito os conceitos e os valores, que mantinham viva a simplicidade e o respeito, e foram engolidas em grande parte, pela grande evolução e um modernismo, que tira das pessoas, o lado mais verdadeiro e autentico, em que a simplicidade ainda é a grande diferença entre o original e ou artificial.

O fato de pessoas ainda insistirem em se manter firmes e valorizando suas origens simples, e preservando ao máximo um estilo, em que até parece que o futuro ainda não chegou trazendo a modernidade dos grandes centros, em que a grande maioria das pessoas vivem uma verdadeira adaptação diária, para não ficarem para trás, dentro dos conceitos da modernidade.

Aqueles que ainda resistem a toda essa correria alucinada, que mais parece uma loucura, se mantem somente olhando tudo acontecer a distância, sem querer aproximar muito de certos avanços modernos, não querendo deixar suas vidas simples, mas verdadeira em quase tudo que se tem para viver. O que quero dizer falando sobre essas pessoas, e seus modos de vida simples, é que o mundo tem em média, sessenta por cento, da sua população vivendo do jeito simples, ou muito simples, em que em parte dos casos, muitas vezes por falta de recursos financeiros, ou simplesmente porque querem manter suas origens tão preservadas, que não fazem questão de sair de em que vivem, e muito menos ostentar coisas, que para eles não passa de ilusão e tempo perdido, vivendo situações tão diferente daquelas que estão tão acostumados.

A desigualdade é muito grande e somente quarenta por cento, da massa mundial das pessoas, podem dizer que são viajadas, que vivem com recursos financeiros, com sobra, podendo viver, tendo quase de tudo que o dinheiro pode comprar... Talvez essas pessoas se tornaram diferentes, conseguiram recursos, por atitudes e decisão em mudar realmente o estilo de se viver... É claro que dentro desses 40% muitos aí, já nasceram ricos, e nada precisaram fazer de tão extravagante, para mudar de estilo e nem batalharam para conseguirem o que tem na vida.

O fato é que entre os dois estilos de pessoas, ricas e pobres, existem pessoas que estão lutando muito para conseguir uma melhor posição na vida. Querem sair do estilo pobre e chegar o mais próximo possível do estilo melhor de vida, ou talvez até se enriquecer... Ser pobre não é defeito! Ser acomodado e preguiçoso é um problema que precisa ser trabalhada! Ter atitude, lutar pelas melhorias de vida, faz parte do que somos.

Quem não luta para melhorar sua vida, tanto financeira, como em conhecimento intelectual, ficando parado no tempo, não conseguirá evoluir para ter as melhorias que almejam alcançar na vida. O interessante é que o tempo não espera por ninguém! Quem não procura agir rápido em direção ao que quer para sua vida, fica para trás e quando se dá conta, o tempo já passou, em que para muito fica difícil ainda alcançar seus objetivos. Acho muito bonito as pessoas preservarem suas origens, manter sua cultura viva e não se envergonhar do que são, por serem pessoas simples. Mas não andar na direção do futuro, procurando se atualizar com o progresso, buscando ter mais conhecimento que é indispensável, para qualquer pessoa, é o mesmo que esperar pela morte, sem querer sair do lugar.

Deus nos criou para crescer, prosperar e reproduzir à vontade. Dentro desses parâmetros da evolução humana, existem limitações e devemos respeita-las. Tem coisas na vida que não são para nós! Mas aquilo que nos cabe ter por direito, temos que conquistar, temos que ser produtivos e ensinar as novas gerações, a terem mais valores como pessoas, para não viverem somente sonhando, e olhando de longe a conquistas dos outros, sem conseguir as suas próprias conquistas.

Todas as pessoas podem muito na vida, quando acreditam em seus valores, em sua capacidade, e partem nessa direção em busca de suas conquistas. Geralmente, as pessoas mais simples, sem muitos recursos financeiros, ou conhecimentos do mundo moderno, conseguem ver a vida de forma diferente, sabem mais sobre a prática das coisas funcional da vida, e seus muitos complementos que torna a base de tudo somos ligados a natureza e seus conhecimentos.

As pessoas que possuem muitos recursos financeiros, e são ricas, e viajadas. Com isso acabam se tornando arrogantes e olham as coisas mais simples, inclusive as pessoas, por cima. O mundo definitivamente não é o mesmo para todos! A natureza de forma geral, é o que mais aproxima da igualdade as pessoas, pois, sobre o restante, os sessenta por cento, com menos recursos, os pobres, não compartilham desse mundo tão bonito, do mesmo modo, que os 40% que são ricos!

Essa é uma outra realidade das muitas que estamos falando no livro, que não pode ser contestada! O que torna tudo tão desigual, são as regras, que o homem foi criando ao longo dos tempos, e elas estabeleceram limites e posições entre as pessoas. Cada um de nós, somos donos por direito desse imenso planeta tão exuberante. Mas o dinheiro que está a tempos nas mãos da minoria, em maior quantidade tornando essas pessoas ricas, milionárias ou até bilionárias, estabeleceu e fixou nesse mundo que é de todos nós, certos limites, que nem todos podem pagar por eles. Isso é injusto, descabido e abusivo ao mesmo tempo! Por isso que eu disse anteriormente, que muitas pessoas nascem, crescem e morrem, sem se quer ter saído da sua cidade, área rural, estado, ou país... Infelizmente, essa é uma dura realidade vivida por bilhões de pessoas em todo o mundo. Quero deixar claro que nem todas as pessoas gostariam de ser viajadas pelo mundo, mas querer conhecer lugares que tanto sonhamos, e não ter recursos para isso, é no mínimo frustrante!

Um fator muito predominante sobre as pessoas consideradas como pobres, tem muita relevância, quando é observado a mentalidade de cada uma dessas pessoas. Esse é um assunto muito delicado, e eu não tenho nenhuma pretensão em ser preconceituoso e muito menos descriminar ninguém, pelo fato de serem pobres, ou ter uma mentalidade a aquém, daquilo que poderia ser melhor para vida da pessoa em questão.

Geralmente as pessoas menos providas de recursos financeiros, são mais simples e também acabam obtendo menos conhecimento sobre a vida de um modo geral. Muitos desses, se acomodam por serem pessoas pobres financeiramente, e por isso acabam se tornando ainda mais pobres como pessoa, porque aceitam muito fácil as suas condições e param de lutar da forma honesta, para tentar sair da posição em que se encontram na vida. Muitos desistem de lutar por melhores condições de forma honesta, e se tornam pessoa literalmente desonestas tentando alcançar seus objetivos na vida, roubando ou trapaceando de alguma forma. A corrupção é a melhor aliada dessas pessoas que decidem se tornarem bem financeiramente as custas dos recursos tirados dos outros.

Nós, as pessoas, fazemos as nossas condições através de nossas decisões. Se somente aceitamos tudo como está, iremos nos render a uma certa condição, que nem sempre é de fato a desejada. Quando as pessoas se acomodam de alguma forma, não querendo seguir adiante, por achar que não irão conseguir nada além daquilo que estão acostumados a viver, elas estão desistindo de si mesmo, o que é uma grande fraqueza pensar assim!

Ninguém pode ou deve se render, a ponto de não querer algo melhor para sua vida! Nós somos criados para vencer sempre! Ser pobre, não é defeito, mas não lutar pelo seu crescimento, é se tornar fracassado no romper da vida, em que muitos preferem se entregar as drogas e a bebidas, tentando se esquecer de uma realidade que é dura para todas as pessoas, ricas ou pobres, não é nenhuma saída inteligente!

A única grande diferença entre as pessoas, é que umas entendem o sentido do efeito existencial de cada coisa existente, e vão atrás de seus sonhos. E outras não querem saber muito sobre isso, se contentando com uma pequena parte de tudo que a vida oferece, aceitando muito facilmente essa condição para suas vidas. Por isso eu digo, e digo por experiência própria: qualquer pessoa pode ser alguém tão boa, quanto qualquer outro que já conseguiu alcançar uma posição melhor na vida.

Ser pobre, na verdade, é um conceito que as pessoas criaram e deixou que se tornassem um grande paradigma em suas vidas, se limitando em muitos aspectos, e colocando a culpa de suas frustrações e fracassos, em cima dos outros. Mas quero te dar uma boa notícia sobre isso tudo! Os paradigmas existem para serem quebrados, tome uma atitude diferente sobre o que você está vivendo, dentro desse conceito de ser pobre, e mude sua história, como um dia, eu, mudei a minha! Quebre os paradigmas que lhe separam de uma vida com mais recursos e conhecimentos... O que ninguém pode deixar acontecer correndo atrás das melhorias para sua vida, é permitir se perder dentro da vaidade, ou caminhos errados, que parecem leva-los ao crescimento, mas na verdade, só irão desgraçar sua vida e fazer de você, um ser do diabo, tornando sua vida um inferno...

Sendo assim, é melhor então que continue pobre, mas digno, sendo uma pessoa honesta, do que ir para lado errado, e desonesto, e se perder em meio aos caminhos sujos e corruptos, em que muitos tem se permitido essa condição, que para mim significa se tornar ainda mais pobre!

Sozinho, ninguém pode nada nessa vida! Somos seres compostos pelos outros e precisamos uns dos outros, para que possamos ser alguém na vida! O meu próximo me faz ser quem eu sou, e assim sucessivamente, a vida vai sendo desenhada através de cada pessoa, que entende esse princípio. Queria eu, poder fazer tudo que vejo necessário nesse mundo, para impedir que o COLAPSO, se estabeleça em nosso meio. Mas não é assim que funciona! O máximo que posso fazer, é minha parte, tendo mais consciência sobre as coisas que faço, e que falo...

Esse livro, é na verdade minha parte no processo todo, contra aquilo que não aceito estar acontecendo de tão ruim e que está destruindo o nosso planeta. Esse livro é minha arma, meu desabafo, contra tudo isso que tanto repugno, sendo deixado acontecer pelas pessoas de forma tão natural, que não estão nem aí, se iremos entrar em COLAPSO, ou não. Eu sei que para muitos, isso tanto faz!

O livro, é sem dúvida minha parte inteligente na luta contra tudo que o mundo, e as pessoas então se transformando. Ficar calado em meio a isso tudo, seria eu estar louco e praticamente morto, vendo tudo se acabar e ficar de braços cruzados, como muitos estão fazendo! Esse é meu protesto pacífico, e com muita fé em Deus, sobre o propósito de ser entendido por muito, que também são indignados como eu, e juntos, podemos criar muita força, gerando assim, uma corrente tão positiva, que fará do mundo um lugar melhor e possivelmente livre do de entrar em COLAPSO!

Estou procurando fazer a minha parte dentro daquilo que me é possível. Tento ser o melhor, fazendo aquilo que acredito estar contribuindo para as coisas não piorarem ainda mais do já estão..., mas sei que juntos podemos muitas coisas boas, pois o coletivo quando bem aplicado, gera frutos com resultados divinos! Nunca devemos nos colocar como sendo "EU" a pessoa que resolve tais coisas que são vividas no coletivo. Dentro de um problema tão grande, sempre devemos dizer, "NÓS". Pois o problema de fato, é de todos nós!

36

A FALTA DE RESPEITO E CONSCIÊNCIA DO HOMEM ESTÁ DESTRUINDO O BEM MAIS PRECIOSO DA VIDA: A ÁGUA!

Um bom exemplo de como as pessoas estão sem noção, em se tratando de conter coisas erradas e preservar o que garante em melhores condições a vida. A água doce e potável, é um ótimo aferidor entre tudo isso, pois está se acabando, e nós as pessoas, estamos fazendo isso acontecer se ter consciência do tanto isso é mortal para todos! A água doce, é ainda muito abundante, ainda temos com sobras, em muitos países... É muito importante saber, que apenas 3% de toda água do planeta é doce, própria para o consumo humano! Isso é algo muito preocupante, que as pessoas não estão dando uma total importância como deveriam, para essa condição que é de suma importância para todos.

Nos últimos anos, a água tem sido tratada de forma muito desrespeitosa! As pessoas não estão dando o verdadeiro valor que ela precisa ter, pois nós, seres humanos somos compostos de 70% de água, e além disso, precisamos muito dela para cultivar plantações e criar animais que servem diretamente para o nosso próprio consumo e sobrevivência. Sem água doce, limpa e potável, o planeta morre!!! A vida não existirá! Tudo que somos, já era! A raça humana não mais existirá, se a água doce se acabar!

O que eu estou vendo a tempos, é que as pessoas estão brincando com isso também, e estão poluindo e esnobando o bem mais precioso que tanto precisamos para viver! Já existem lugares pelo mundo que a poluição já tomou conta de quase tudo que são, e a água, já não serve mais para ser consumida.

As pessoas com a sua ganância desenfreada por dinheiro, está passando por cima de quase tudo para obter seu enriquecimento a todo custo. Só que estão esquecendo do futuro, dos dias que ainda virão, e que cobrará sem dúvidas, um alto preço por essas ações erradas que foram, e ainda estão sendo usadas contra a própria vida.

A água, é sem dúvida nenhuma, o nosso maior patrimônio aqui na terra, e deve ser muito bem cuidada! A água é a nossa melhor riqueza, pois ela representa a vida de forma totalmente literal, e precisamos cuidar desse bem maior, de forma muito especial! Água doce, é a nossa única forma vital de vida, é um tesouro incalculável! Se a água acabar, esquece tudo, pois nada mais terá sentido, o valor, pois a vida se acaba junto com a água! Dinheiro, sucesso, vaidade, luxuria, ganância, e muitos prazeres, entre outras coisas que as pessoas apreciam tanto na vida, nada disso chega nem perto da preciosidade da água para nossas vidas, por que sem a água, nada disso pode continuar existindo! Esses adjetivos acima, são parte da feiura e dos motivos que faz tantas pessoas perderem as suas essências verdadeiras, e também a consciência pelos cuidados que precisam ter com as coisas pelo mundo. Isso em grande parte, é o que tornam as pessoas em seres doentes e armados com um poder tão destrutivo, por conta do desrespeito e da falta de compromissos com as coisas que de fato são realmente muito importantes, e as pessoas estão matando tudo que mais deveríamos cultivar, valorizando e fazendo a vida ser mais bela e as pessoas mais felizes, sem nenhum interesse que não fosse pelo amor acima de tudo.

Você entendeu, né? A conta que iremos ter que pagar, se a água do planeta se acabar, será com a própria vida, seremos extintos! Sem a água, não a meio termo, a vida se acaba no planeta de forma generalizada! Entende a gravidade do problema que estamos falando? Com os muitos desmatamentos que o homem insiste em continuar fazendo, a natureza sofre de forma muito triste e vai dando seus muitos sinais de que já não suporta mais tanta destruição, imposta pelas mãos do homem! As pessoas estão emporcalhando nossos rios e matando nossas nascentes, de forma que nem um animal irracional, consegue fazer igual! Até parece ser de propósito essas atitudes do homem, pensando definitivamente em acabar com a vida no planeta de forma bem planejada e executada sem nenhum remorso ou culpa.

O homem de uma forma geral, não pensa muito no falar, e com suas bocas malditas, amaldiçoam as coisas que são benéficas para sua própria vida, e também as dos outros. Se chove reclamam! Mas se faz sol, reclamam também! Ninguém entende bem o que faz as pessoas satisfeitas de verdade!

O planeta está tão doente e sendo totalmente destruindo, e muitas pessoas ainda acham que a culpa não são delas. Acredito que se fosse dar uma nota para as pessoas, sobre a questão da consciência pelas ações erradas, e práticas nocivas contra a vida de modo geral, a nota seria bem alta, referindo o quanto sem consciência está o ser humano. Acho que essa nota ficaria na casa dos 80%! Ou seja, classificaria de fato as pessoas como as vilãs, que estão acabando com os recursos naturais do planeta, se tornando muito focados somente em criar tantos sistemas que irão se tornar os próprios carrascos do seu criador, e fazendo o mundo entrar em COLPASO.

As chuvas estão a cada ano, em menor volumes por todo o mundo! O desequilíbrio é tanto, que as estações do ano estão todas alternadas. Mas isso se dá, por conta das mexidas que o homem está fazendo a tempos, por meio da destruição da natureza. Isso obriga o meio ambiente a tomar medidas drásticas, que acaba respondendo com muita violência, contra o seu agressor, o homem que não tem consciência, e segue destruindo o próprio chão que pisa, o ar que respira e a água que o faz vivo.

O homem está poluindo praticamente tudo pela frente, não tem respeito pelos lugares em que vivem, e tira seu sustento. Está fazendo da natureza um lugar sujo e muito feio de se ver, e pior ainda, para se viver. Quando eu digo a você que o homem é o maior culpado por tudo de ruim que estamos vivendo, eu não falo por falar, não quero simplesmente ofender a raça humana com minhas palavras, pois os fatos não me deixam mentir, e esse exemplo é só uma parte do quanto o ser humano é estupido, e sem noção, quando o assunto é fazer melhor hoje, para o bem do amanhã.

Quando eu digo também, que temos um problemão para corrigir, mudando nossas ações e tendo mais responsabilidades e respeito pelas vidas de uma forma geral, e falo disso muito repetidamente nesse livro, eu não estou querendo alarmar as pessoas, e muito menos ser dramático, com toda a situação que apresento para você! O fato, é que se quisermos continuar existindo, e eu não estou exagerando, temos que abraçar a mesma causa, e resolver bem rápido, grande parte dos problemas, que não irão se resolver sozinhos. Caso o contrário, todos nós podemos esperar o que é muito obvio: as coisas irão piorar, e piorar ainda mais, até sermos destruídos como uma raça que já está condenada, e não tem para onde correr.

37

O TEMPO, A SIMPLICIDADE E A FELICIDADE SÃO COISAS VALIOSAS QUE O HOMEM TEM IGNORADO POR CONTA DA AMBIÇÃO

O COLAPSO é uma das sentenças do efeito colateral que está colocando as pessoas em uma grande decadência psicológica, em que a doença que predomina nessa era tão opressiva chama-se: estresse, depressão e ansiedade! O estresse já é a doença mais falada do século XXI! Está fazendo com que as pessoas se tornem impotentes diante de tantas situações descontroladas, em que tudo isso gera um cansaço imensurável... já a depressão e ansiedade estão sendo causadas pela opressão e o medo, que aumenta todos os dias, fazendo das pessoas, seres tão doentes sem uma resposta pela cura.

As pessoas estão sendo oprimidas de tal forma, que ninguém pode dizer com total afirmação, que está livre desses males citados. As muitas situações que envolvem as pessoas dentro desse processo de desgaste emocional e psicológico, está tirado o tempo de vida de muitos indivíduos, e colocando-os bem de frente com uma amarga realidade, em que viver suas vidas, é estar fazendo parte de uma correria, e uma pressão tão grande, que nada mais parece ter sentido na vida das pessoas. De que vale tanta correria, para ganhar tanto dinheiro, e ter bens materiais sobrando, se a pessoa em questão, não tiver como desfrutar disso, que está lutando tanto para acumular?

O homem tem passado por cima de valores muito preciosos, para conseguir o que tanto querem na vida. A família, os amigos, os parentes próximos, entre outras coisas que são muito importante, e estão ficando de lado, recebendo um tempo muito pequeno da atenção de quem deveria entender o real significado da vida, para poder vivê-la com mais intensidade e valor, de forma simples e considerando o que de fato importa de verdade para todos, e não se comprometer tanto, com aquilo que na hora que for preciso ter uma resposta que represente a necessidade do amor verdadeiro como amparo, nada do que conquistamos em meio a essa correria toda, como; careira, dinheiro e bens materiais, conseguirá dar o apoio que somente quem nos ama de verdade, consegue fazer, e é a coisa mais linda, e importante que existe no mundo, e muitos estão deixando tudo isso de tão valoroso de lado, em busca de grandeza, dinheiro e vaidade.

No fim das contas, somente o valor da família e seu amor, terá de fato a importância verdadeira, em nossas vidas! O resto, aquilo que corremos tanto para conquistar, e perdemos um tempo precioso, compensa de verdade o tempo perdido. Pense nisso, e dê mais valor para as coisas que de fato compensa nessa vida!

De que vale tanta destruição contra natureza, ou de coisas que são essenciais para vida, se a pessoa não conseguir explicar para si mesmo, o porquê fez tantas coisas erradas para conseguir o que tanto queria? Será que você consegue se convencer dos seus erros, do seu tempo perdido, com questões realisticamente banais? O ser humano está destruindo o mundo, por ganância, ou pelo simples fato de ser mesmo incompetente em suas ações irresponsáveis, e não conseguir entender que essas ações ruins, por menor que pareça, causam problemas de ordem irreversíveis, contra todo o sistema existencial...

O homem destrói o solo que pisa e se alimenta, polui a água que mata sua sede e o faz vivo literalmente, mata seus semelhantes sem piedade, e trata com ódio, o que precisaria ser alimentado com amor, e ainda justifica as suas ações, ao invés de admitir seus erros, mas segue ignorando os fatos e brincando de ser pessoas com razões e direitos, sobre tudo que fazem. Ninguém é tão rico, que não tenha nada para aprender, ou tão pobre, que não tenha nada para ensinar! Esse é o retrato que temos como reflexo da nossa imagem, que é tão feia, que chega a ser diabólica, se considerarmos o tamanho do descaso das pessoas, para com as coisas óbvias e que precisam ser arrumadas.

O mais triste em tudo isso, é que as pessoas não querem saber da verdade que as faz pensar sobre suas atitudes erradas, e decisões que nem sempre, são em prol das melhorias que pode beneficiar muitos... Falar em dias melhores pode até parecer utopia, considerando as situações que nos acorda para realidade, diante dos sonhos que muitos estão vivendo sem se dar conta que na verdade, o que estão vivendo é um grande pesadelo!

Para obter a tão sonhada riqueza a todo custo, e deixar para traz importâncias verdadeiras que lhes farão tanta falta amanhã, o homem se desdobra para e se torna aficionado a essa possibilidade, que quase o enlouquece por conta do seu desejo em conseguir o que tanto deseja, e o fará ter uma melhor posição acima de muitos... Mas será que realmente vale a pena tanto esforço?

O dinheiro ajuda todos a ter uma vida melhor, dá conforto e abre algumas portas com mais facilidade, e isso é um fato! Mas tirando isso, ele promove a frieza, e uma arrogância automática, sem falar na postura desconfiada, e um ceticismo, em que somente o dinheiro tem a razão de ser, no deslumbre que a pessoa consegue entender como sendo logico e cultural...

A naturalidade de cada coisa, é simples e já foi muito bem definida, e ninguém pode mudar essa real condição! Quando entendemos o quanto a simplicidade é de fato importante em nossas vidas, redescobrimos a essência da verdade que a vida nos apresenta, mas poucos conseguem ver, e menos ainda, conseguem vive-la da forma correta! Pois para a grande maioria, ser simples é o mesmo que ser pobre. Mas eu digo que nada tem a ver, uma coisa, com a outra! A simplicidade é uma condição em que as pessoas entendem com mais valor e respeito, a vida do outro. Ser uma pessoa simples só tem a ver com humildade, aceitação e muito amor. Pena que poucas pessoas definem isso dessa forma!

Correr atrás do dinheiro de forma obcecada, é o mesmo que vender a alma para o diabo, e depois querer ela de volta sem ter tido êxito nesse feito. O dinheiro deve ser consequência de um trabalho feito com prazer, e dentro de um tempo, que não se torna perdido, ou muito desgastado, por exceder em distanciamento daqueles que nos ama de verdade e que devemos o mesmo a eles!

Se você não está conseguindo desfrutar da vida de cara limpa, sem precisar de fugas entorpecentes, álcool, ou enfiar a cara no trabalho, de forma que sua vida se torne somente isso, eu lamento de dizer, mas você não está vivendo! Sua vida é uma grande mentira, e seu tempo está sendo desperdiçado de forma muito idiota! Viver de verdade, é não se sabotar, tentando se destruir procurando com as próprias mãos, os motivos errados, que justifique suas piores decisões...

Só se vive uma vez, por isso a nossa decisão em entender o significado de ser feliz, requer de nós um compromisso com a verdade, que faz do natural, a simples formula que traduz em caminhos autênticos, nossos passos em direção de um amanhã, em que podemos hoje, deixa-lo melhor para alguém que vem depois de nós! Não viva mais com uma corda no pescoço, e nem permita que outras pessoas decidam por você, o seu viver, roube seu tempo, como se ele não tivesse valor algum. Só seremos de fato felizes, quando fizermos também os outros felizes! Lembrem sempre disso! Quando eu faço o outro feliz, eu também serei feliz! É assim que a vida funciona, ou pelo menos deveria ser!

O que destrói o mundo e torna o convívio humano, algo tão estranho, frio e desconfiado, é o mesmo que mata, e faz dele um ser tão tolo e estupido, por agir em maior tempo, pelos interesses em se ter mais, e não se preocupar com os outros. Você consegue entender minha colocação sobre isso? Deixar passar aquilo que é realmente importante, sendo trocado por questões que depois quando a vida estiver dando sinais de desgaste sem volta, a importância das coisas materiais conquistados, tendo pago um alto preço, não terá nenhum valor, enquanto aquilo que era de fato importante naquele tempo, foi deixado de lado, e o tempo não pode mais voltar, para ser recuperado.

O tempo que perdemos com coisas que não são tão importantes, deixando outras que são, de lado, nos mostrará com uma lição muito séria, em que talvez, aquilo que tanto queríamos dizer, ou fazer, já não dá mais tempo, e tudo que fica, é o arrendamento que irá corroer a alma da pessoa, para resto de seus dias. Por conta disso, nada é mais importante que o tempo que passamos juntos de quem amamos, e sentimos bem, por estar perto. Isso não tem preço! A vida quanto mais simples melhor! Quanto mais honesta, mais digna! Quanto mais verdadeira, mais bem aproveitada! Quanto mais dermos atenção para o que de fato é importante, mais felizes seremos!

Por outro lado, quando insistimos em coisas que na maioria do tempo nos garanta somente recursos financeiros, atrairemos para nossas vidas, o vazio e a tristeza, porque alegrias verdadeiras e uma paz que nos garante tranquilidade, isso o dinheiro não pode preencher em nós, e nem comprar de volta o tempo perdido! Eu sempre pensei em tudo isso que agora estou escrevendo aqui nesse livro, de forma muito clara!

Quando eu ainda era um garoto, eu olhava o que se passava a minha volta, e sempre ficava me perguntando, o porquê, de certas coisas serem tão diferentes, de uma pessoa para outra. Eu nunca aceitei muito bem, a questão de certas coisas serem como são, e pronto. Eu entendia que em muitas dessas coisas, das quais eu via acontecendo com as pessoas não tinha justiça, alegria verdadeira, paz, e nem Deus... Eu queria respostas mais autênticas, eu precisava entender melhor o que estava vendo acontecer, e as repostas que me passavam, não me convenciam da verdade! Aquilo era algo que não me deixava tranquilo!

Eu sempre fui muito crítico, em muitas coisas na minha vida, e nunca me dei por vencido sobre certas situações, das quais eu me encontrava vivendo. Lutar pelo que acreditamos é muito prazeroso, e faz um bem enorme para vida de qualquer pessoa que acredita como eu, em dias renovados por decisão de mudar de vida, pelo simples fato de ter descoberto, que sua vida tem um outro propósito para existir, e aquilo que estava vivendo, não é o seu verdadeiro caminho dentro do objetivo a seguir...

Jamais devemos deixar de acreditar no melhor, em alcançar nossos objetivos com a maior simplicidade possível, e fazer o que é certo a qualquer momento, pois tudo que fazemos de bom para outras pessoas, sempre volta para nós de alguma forma! Mas não se iluda, pois o que fazemos de errado, também volta e tem com certeza um outro peso, e duras consequências Lembre-se sempre: Na vida não existe prêmios e nem fracassos, o que existe são consequências... Reflita sobre nisso, e poderá ter dias melhores em seu futuro.

Eu amo a vida! Eu amo vivê-la procurando ser alguém mais compatível e sincero, dentro de uma resposta positiva, que me permite ser prestativo e coerente em tudo que me for apresentado. Fingir não entender o que se passa a minha volta, e tornar minha realidade um tempo de dúvidas, não é o que entendo como decisão tomada, com atitude coerente sobre minha vida, e depois escrever tudo isso, falando o que penso, sobre o mundo, e as pessoas... Por amar a vida, eu estou procurando fazer com que você entenda, que sua vida é o seu maior patrimônio, e que o mundo em COLAPSO, somos todos nós, os oito bilhões de pessoas, sendo sufocadas por uma pressão tão grande, que até parece que o planeta vai explodir a qualquer momento. Invista em sua vida de forma que os resultados não sejam somente através do dinheiro, mas do crescimento espiritual, e familiar, e também da sua autoafirmação como sendo uma pessoa de Deus, vivendo em um mundo em que o diabo, dá as cartas do jogo e cobra os resultados das jogadas. Procure ter o compromisso em fazer das outras pessoas, seres melhores, e também mais felizes...

Lutar por esse patrimônio único, que é você, é se dar o direito em continuar existindo, mesmo depois de já ter ido embora desse mundo, pois não podemos ser egoístas, depois de nós, sempre virá outros que também deverão amar suas vidas, e precisarão de um mundo, em condições possíveis de se viver, para que suas vidas também possam acontecer. Sendo assim, temos que fazer a nossa parte e deixar esse mundo menos destruído, para as novas gerações conhece-lo, sem estar COLAPSO total! Isso é nosso dever como pessoas sensatas, e filhos de Deus, que devemos ser em todos os momentos! Mas acho que isso é um dos grandes problemas dos homens, não estão sendo filhos de Deus! Mas aí vem a pergunta, se não estão sendo filhos de Deus, estão sendo filhos de quem? A resposta é sua, conclua, pois já falamos muito sobre isso aqui no livro! Devemos buscar alcançar sempre as melhores respostas, dentro da nossa capacidade e empenho. Só assim iremos conquistar de verdade algum sucesso na vida!

Quando fui começar a escrever este livro, eu fiquei pensando nesse projeto, como um divisor de águas na vida de algumas pessoas. Pois queria escrever algo que seria impactante, simples, e ao mesmo tempo, desafiador e muito fácil de ser entendido! Eu quis muito falar sobre essas muitas coisas polêmicas, que estão tornando o mundo um lugar tão difícil para se viver, porque isso é o dia a dia te todos nós! Olhar os acontecimentos que promovem todas essas situações degradantes e que estão destruindo o planeta, faz tudo que está no livro, ser algo bem reflexivo! Eu quis tornar tudo que foi escrito bem repetitivo, no intuito de alcançar as pessoas, e fazer com elas consigam pensar fora da caixa, tira-las da sua zona de conforto por alguns momentos, e deixar com que elas se localizassem dentro de tudo isso, que foi jogado em suas mãos, e que cada um entenda do seu jeito, e consiga ver em que estão dentro disso tudo.

Quero de verdade que esse livro chegue para você, lapidado pela seriedade do tema, que é absolutamente real, e simples de entender. Que o tema tenha um teor de agressividade nas palavras, sem ofender, discriminar, ou ser de forma algum preconceituoso! Pois não é!!! Minhas colocações são pontos de vista, diretos, em que em alguns momentos, pode te fazer pensar que estou te ofendendo, mas quero afirmar que não existe isso! Tudo que mais quero escrevendo tudo isso, é mostrar minha indignação em protesto a tudo de ruim, que vejo sendo despejado erroneamente, mais e mais, dentro do nosso planeta... E isso são muitas coisas que não poderiam estar sendo permitidas! Mas, mesmo pensando como penso, sobre as pessoas, e suas atitudes e condutas muitas vezes tão erradas, em relação a uma direção em prol das melhorias para todo tipo de vida no planeta, mesmo assim, contudo isso, nada tira o meu respeito por nenhuma pessoa desse planeta! Cada pessoa vive como decidir viver, e isso é algo que ninguém pode mudar por ela! Se alguns querem fingir não ver os fatos, em uma ordem destrutiva, como eu estou vendo, fazer o que! Se também preferem continuar criando seus filhos de forma errada, e fazer deles, seres despreparados e vazios, fazer o que! Se outros querem se matar usando drogas, e bebendo de forma totalmente destrutiva, fazer o quê! Nossas ações com certeza definem muito bem quem somos, e pode afirmar com mais precisão, se nossos caminhos estão de fato nos levando na direção que precisamos realmente seguir, com base em nosso propósito existencial definidos por Deus. Isso ninguém pode mudar!

O livro faz muitas referências pertinentes a nossa realidade, e por isso foi escrito de forma um pouco dura, e bem direta ao coração das pessoas, em que ao mesmo tempo, tocasse em você com a leveza, e a verdade de um amigo, falando para outro amigo, o que ele precisa ouvir. Sei que muitas coisas foram bem repetidas, mas esse foi também, algo muito bem pensando, para que houvesse mais fixação do conteúdo em termo de conscientização e mais respeito pela vida de um modo geral.

Desejo de coração, que essas palavras tenham uma impactante mexida com sua forma de ver as coisas a sua frente, cumprindo o seu papel, que é dar uma sacodida, fazendo com que você saia da sua zona de conforto, e faça o que ainda não foi feito por você, em benefício de tudo aquilo que precisa da sua ajuda, e você estava se esquecendo, ou simplesmente sendo alguém muito irresponsável, em saber tudo isso, e não fazer nada, sem ter compromisso algum pela sua vida, e também a do outro, que depende de você para existir sendo mais feliz! Lembra que já falamos sobre isso?

Certas lições só aprendemos quando erramos e erramos feio, por isso devemos olhar o tamanho dos nossos erros, e tentar corrigir enquanto ainda há tempo.

Temos que entender que o respeito pela vida, não é simplesmente viver por viver. Pois nem os animais irracionais, vivem dessa forma! Até os animais tem compromisso com os lugares em que vivem, pois são eles que mantêm o equilíbrio do meio ambiente, tornando o seu papel, um efeito natural e significante dentro do processo existencial de cada espécie... E mesmo sendo animais irracionais, não participam do efeito destrutivo do planeta, como faz o ser humano! Ter a compreensão, e a confiança que garanta o equilíbrio de tudo que somos, é parte essencial no processo em que a nossa existência significa decisões melhores, ou piores, dentro da construção do amanhã. Cruzar os braços diante de tantas coisas a serem feitas, em relação ao que torna o mundo um lugar tão sujo, e afetado de inúmeras formas, é o mesmo que dizer; dane-se, para as condições que estão estampadas em todos os lugares que conhecemos, como se fosse uma doença, que precisa ser erradicada! Se você de fato entende isso, olha diferente para as coisas que estão erradas primeiramente em sua vida e procurem ser mais sinceros com suas palavras, ações e principalmente com condição espiritual. Não se permita mais ignorar os termos, que faz a sua pessoa ajudar a resolver questões que pode salvar muitas vidas, e tornar o planeta menos oprimido.

O COLAPSO é sem dúvida um grande obstáculo em nosso caminho, e para chegar em que precisamos, que é no futuro, precisamos conter esse mal de qualquer forma! Não temos mais tempo para acharmos algo sobre isso, precisamos ter a certeza e afirmar com base nisso, que agir agora, é o que precisa ser feito por todos, pois, já está mais que evidenciado entre nós, a realidade destrutiva do planeta, e só nos resta combatê-la agora, já! Não podemos perder mais tempo somente olhando para os problemas, que só tendência a crescer, se nada for feito e rápido por nós!

Falar a você todas essas palavras sem nem te conhecer, parece até abuso, pois são palavras fortes e colocações que as vezes são bem diretas a sua pessoa! Mas, o propósito é fazer com que você entenda o teor, e a necessidade de se mobilizar na direção daquilo que precisa ser feito por você! Posso lhes afirmar que absurdo maior do que falar com você dessa forma, sem te conhecer, é aceitar certas coisas acontecendo de tão ruim, sem nada fazer, ou falar para tentar mudar esse cenário horrível, que as pessoas deixaram acontecer, e não estão se importando tanto, o quanto deveria, para corrigir seus erros, fazendo do nosso planeta tão lindo, um lugar deprimente, toxico, e mortal, entre outras palavras... Devemos praticar mais o amor, e dizer para as pessoas o quanto elas são importante sendo quem são! O perdão deve ser uma condição muito usada em nosso dia a dia, dando liberdade a muitos, que talvez precisem do nosso perdão, e nos libertando também de situações, em que precisamos nós mesmos, nos perdoar de coisas que sabemos que fizemos errado, contra outras pessoas, e que nos causa algum tipo de sofrimento ainda. Sem o perdão, muitas condições que as vezes permitimos em nossas vidas, acabam se tornando prisões, que nos acorrenta de tal maneira, que andar na direção certa, se torna um grande problema, que só o perdão, pode resolver nos libertando!

Amigos falam a outros amigos, o que eles precisam ouvir, e não somente aquilo que gostariam de ouvir! Lembre-se disso sempre, pois vou continuar lhes falando o que vocês estão precisando ouvir, amigos e amigas!

A forma direta e bem simples, que adotei para escrever esse livro, retrata a minha real intenção em abordar todos os públicos. Não quero palavras bonitas, e difíceis de serem entendidas. Quero que todas as pessoas entendam as palavras e captam a concepção do meu desejo em lhes mostrar o que tanto me intriga nisso tudo... Falar sobre a realidade que estão as coisas em nosso planeta, não é tão simples como parece ser! A impressão que se tem, é que qualquer um já sabe muito bem como tudo está acontecendo, mas para muitos, com certeza tudo parece comum e sem tantos riscos, e até já falamos disso antes, lembra? Pois as pessoas já se acostumaram a viver em meio a isso tudo, que de tão "anormal", as vezes nem percebem muitas diferenças, e nem parece tão sério assim, esses relatos feitos por mim, sendo colocando por um outro ângulo de visão, perspectivas tão ruins de destrutivas. Mas digo a você, que não se engane e nem se acomode tanto, que por essa ótica que muitos estão acostumados a olhar a nossa realidade, em que o mundo não está assim tão feio e assustador, como eu estou colocando para você, do meu jeito! Talvez falar de um COLAPSO de forma tão direta, como eu estou, colocando ele bem a nossa frente, em que as pessoas são protagonistas direta, na destruição de algumas situações, em que as pessoas já estão sofrendo cada um a seu modo, e não suportam mais tantos descasos e abusos, em que a sobre carga estabelece condições tão precárias, que o retrato da nossa realidade, não permite dizer outra coisa, que não seja o COLAPSO acontecendo, de forma ainda um pouco maquiada, mas mesmo assim, já mostra suas intensões, e não são boas para a humanidade no geral!

Quando encontramos pela vida parâmetros que nos motiva a querer fazer o que ainda não fizemos, algo como esse livro por exemplo, pode ser um grande propulsor em direção ao que nos torna pessoas melhores, em que precisamos ser receptivos e aceitar que as mudanças podem gerar benefícios extraordinários em nossas vidas, e essa motivação torne possível o entendimento de muitos, fazendo acontecer situações positivas, que renove a esperança de muitos em direção a um feito coletivo em que os dias vindouros, sejam menos hipócritas, e com mais consciência por uma grande maioria. Gostaria muito que esse livro fizesse você pensar assim, por alguns momentos de forma diferente, em que essa diferença gerasse aceitação pelo compromisso em fazer a diferença entre tantos, que não se importam em nada com tudo isso que foi dito aqui no livro. Que essas tantas palavras repetidas possam motivar as pessoas pela razão e a simplicidade, pelo entendimento e o respeito, pela decisão em querer ser mais útil e menos destrutivos, em que muitos se perdem de si mesmo, se iludindo com coisas que no fim da jornada, acabará sem ter o valor, que muitos achavam ser o prazer absoluto por certas coisas tão viciantes, a maior importância de suas vidas!

Por conta do descaso, e do comodismo de milhares de pessoas que não querem nada de compromisso com a verdade, e muito menos com Deus, o que estamos presenciando de forma tão evidente, é um tempo sem cortes, de uma realidade assustadora, em que as pessoas estão preferindo viver de forma muito doida, procurando fugir dessa realidade, que não pode desaparecer sozinha, usando meios entorpecentes, para justificar suas fraquezas, em relação aos acontecimentos...

As pessoas que usam drogas e bebem álcool, de forma mais aleatórias, procuram por fugas, para fugir de seus problemas cotidianos, e acabam criando outros problema ainda maiores, por conta da dependência, e do quanto ficaram doentes por conta dessas fugas, que mais parece com um suicídio, a médio e longo prazo! As drogas e o alcoolismo têm ajudado em muito, no sentido negativo, as pessoas a se distanciarem de seus compromissos e responsabilidades, que precisam assumir diante daquilo que o mundo todo está enfrentando. Esses produtos, e suas condições viciantes, tem transformado as pessoas em verdadeiros seres relapsos, e em colapso interno, que se torna possível uma comparação com os zumbis, ou pessoas possuídas por algum tipo de demônio, quando estão em pleno momento de torpeza, e embriagados.

A grande questão sobre essas duas situações, em que as pessoas se deixam levar por esses caminhos que quase sempre começam pela curtição com os amigos, e depois se tornam pessoas viciadas e totalmente dependente dessas substâncias, que além de toxicas, causam sensações alucinógenas, e transtornos psicológicos e orgânicos, que podem se tornar crônicos e mortais! As pessoas viciadas em drogas e álcool se tornam incapazes de tomar decisões fundamentadas pela razão, ou ter algum equilíbrio, usando o bom senso de responsabilidade comum, que gera confiança, ou seja, um exemplo positivo a ser seguido. Muitas famílias estão vivendo hoje, um pesadelo que já dura anos a fio, de muito sofrimento, e uma tristeza que não pode ser definida facilmente...

As drogas, e o alcoolismo, representam números altíssimos de desordem e destruição, em que o mundo todo, vive infelizmente, essa mesma condição. O COLAPSO, que tanto estamos falando aqui no livro, tem uma parte formada pelas drogas, e o alcoolismo, que alimenta uma grande fatia no processo de destruição, dos valores familiares, que não poderia estar sofrendo com tantos eventos negativos contra a própria vida, e estrutura familiar, em que o vício entra e destrói o equilíbrio das pessoas, que por muito tempo, tenta lidar com tudo que acontece, de forma ainda tranquila, mas depois, a coisa geralmente se agrava, e tudo que era bem estável, desmorona junto com a pessoa viciada!

Esses dois problemas existente no mundo, somam juntos 27% da população global, viciadas e sofrendo com as consequências pelo uso, e a dependência! Esses números são ainda maiores, quando englobamos as pessoas que usam somente uma, ou duas vezes por semana, e ainda não são consideradas viciadas. O uso excessivo de drogas, e álcool, pelas pessoas adultas, é algo bem mais preocupante, quando olhamos para as crianças, e os jovens adolescentes, que formarão o futuro do amanhã, e precisariam estar sendo bem preparados pelos pais, para que os ensinamentos recebidos, possa fazer de fato a diferença em suas vidas, que estão no meio disso tudo, em que as drogas, e as bebidas são vendidas por toda parte, e muito fácil de conseguir alguém que faz questão de fornecer os primeiros ensaios, para que a pessoa em questão, possa experimentar. Isso realmente é muito preocupante, e a juventude está muito exposta de forma totalmente aberta, pois as coisas ruins no mundo, estão com as portas abertas, e cada vez mais acessíveis para aqueles que querem entrar por essas portas, em que o diabo espera por elas de braços bem abertos!

É disso que o COLAPSO se alimenta! Da falta de equilíbrio das pessoas, de um sistema que deveria garantir sustentação e controle em condições apropriadas e seguras, que não permitisse o crescimento de mais situações negativas, e que destrói a vida de forma tão banal e brutal. Tudo que mais precisamos nesse momento tão difícil de nossas vidas, em que o mundo todo sofre a mesma pressão, é o entendimento que vem de Deus, e somente Ele, pode fazer a grande diferença em meio a isso tudo que se tornou a vida humana! Quando nos redemos a Deus, e seus ensinamentos, aprendemos que a vida é mais simples do que aquilo que à transformamos, em que viver não significa ser o melhor, ou ter mais do que o outro! Viver uma vida com Deus, representa justiça, liberdade, que se traduz em paz, e torna tudo que conhecemos em um caminho, em que o amor é o único e verdadeiro valor que precisamos entender de verdade, e que faz a vida ter um sentido mais bem definido, dentro desse mundo tomado por foças do mal... Pois, é justamente esse ponto, o que as pessoas tanto estão precisando, para se redimir de seus absurdos motivos, que muitos querem justificar estar vivendo em suas vidas, e fazendo o mundo entrar em COLAPSO total!

Aliada às drogas, e ao álcool, está o sexo, que se tornou algo tão sem compromisso, que as pessoas transam sem nem saber o nome de quem está ali, na intimidade, e na depravação. Essas três situações, estão tão ligadas, e espalhadas por todo o mundo, que por todos os lugares que se anda, elas estão tão evidentes, que as pessoas estão vivendo um tempo de Sodoma e Gomorra em pleno século XXI! Fico pensando; será como Deus está olhando para o mundo, estando as pessoas tão tomadas por essas condições viciantes pelos entorpecentes e um sexo tão sujo e artificial, animal, e explicito como tem acontecido? Chego a pensar, que talvez Deus não faça como em Sodoma e Gomorra, que as pessoas profanava seu nome, e tratavam uns aos outros, sem nenhum respeito, em que tudo que o povo daquelas cidades conseguia pensar, era em profanar o nome de Deus, em sexo, bebidas, drogas, festas, e muita sacanagem... Acredito que Deus não se manifesta com ira, sobre o mundo, como fez naquelas cidades tão tomadas pelo pecado, por conta de Jesus Cristo, que veio na terra com o propósito de libertar as pessoas através do seu sacrifício de cruz, deixando as pessoas conhecerem a verdade, e se decidirem. Pois, a propostas foi bem clara; quem nele crer, se libertará, e encontrará o caminho, a verdade, e a vida, e também a sua salvação! Tendo essa grande consideração em relação ao propósito de Jesus aqui na terra, cabe a cada um decidir então, o que quer viver, e como quer estar, e com quem; Jesus ou diabo, quando seu tempo de vida findar! Isso com certeza é algo muito sério, e muitos estão brincando, achando que tudo que se refere a Deus, Jesus, salvação, diabo e inferno, seja algo improvável para eles! Sendo assim, tudo que posso dizer para esses, é boa sorte!

Se até aqui, você ainda não se convenceu que o mundo está realmente entrando em COLAPSO, eu quero te apresentar mais uma situação, em que se isso não for um prenúncio mais que evidente de um COLAPSO no mundo, tudo que foi escrito por mim, deve ser entendido, como sendo apenas balela!

38

COVID-19: UM VÍRUS MORTAL QUE ABALOU A HUMANIDADE

O vírus da covid-19 é a maior evidência vivida pela humanidade, que mostra o mundo realmente entrando em COLAPSO absoluto e tão mortal, que não somente fez as pessoas ficarem amedrontadas, como mostrou uma realidade em que o homem pode e está criando a própria destruição da sua espécie. Eu acredito que todos no mundo, conheceram de alguma forma, o que isso significou, e o quanto esse vírus maldito, que foi criado pelo homem para matar, os seus semelhantes, mexeu com a cabeça das pessoas e transformou suas vidas, em um verdadeiro tormento de dores, e muitos sofrimentos... No final do ano de 2019, o mundo passou a conhecer e conviver com um vírus mortal, chamado covid-19. Desse tempo em diante, as pessoas se tornaram reféns de uma doença, que matou e assustou as pessoas, criando um efeito psicológico negativo tão forte, que quase provocou um COLAPSO, na economia mundial. A coisa toda saiu do controle, e o mundo todo foi infectado de forma generalizada, onde milhares de pessoas morreram de forma muito triste e rápida! A palavra de Deus fala, que o salário do pecado é a morte; Romanos: 6-23 "Porque o salário do pecado é a morte, mas o dom gratuito de Deus é a vida eterna em Cristo Jesus, nosso Senhor". Quando o homem não mede as consequências de seus atos, e quase sempre eles não fazem isso! Os resultados infelizmente são esses, dores e muitos sofrimentos...

A cidade de Wuhan, na China, foi o epicentro, onde tudo começou! Logo depois, seguindo o plano dos mentores da operação, o mundo todo foi infectando, com o vírus da covid-19 em uma manobra que o homem elaborou e executou, contaminado a vida humana em todo o planeta, de forma mortal, em que para muitos milhares de pessoas, esse foi o fim de um tempo, em que a morte foi apresentada de forma negociada, e muito bem administrada pelos interesses de poucos investidores, que ganharam bilhões, desestabilizando a economia mundial, e supostamente encontrando a "cura" para uma doença que eles mesmo criaram... Com a dor e o sofrimento de tantas pessoas que tiveram seus sonhos transformados em pesadelos muito rapidamente, e vidas que se tornaram apenas histórias do passado, o mundo conheceu a sua sexta pandemia, e um estado de COLAPSO, tão próximo da sua realidade, que deu para sentir a decadência da humanidade, diante de nossos olhos, e tão próximo de suas vidas frágeis e acuadas sem ter para em que correr! É disso que se trata o COLAPSO que tanto falei aqui nesse livro! Agora ficou um pouco mais claro para você o entendimento?

A coisa toda tomou proporções gigantescas, quando os políticos por todo o mundo, perceberam que poderiam também se beneficiar, com toda essa pandemia, fazendo as informações circularem a seu favor, e ganhando muito dinheiro com essa manobra, em que os meios de comunicação; TV e Rádio, se tornaram o próprio vírus, pois as informações eram a favor de quem pagasse mais! A questão política foi envolvida em todo processo pandêmico, gerando ainda, mais confusão e polêmica, sobre o que as pessoas deveriam, ou não, fazer, diante de tantas questões de risco...

O mundo foi infectado com um vírus, que o próprio homem criou para desestabilizar a humanidade, e conseguir ter controle sobre a mesma, de forma que esse controle mexeria com na espinha dorsal, de todo o planeta, fazendo com que os Países do primeiro mundo, ficassem vulneráveis, e com isso, expostos a um COLAPSO, econômico sem precedentes, e toda a sua estrutura ruísse, fazendo dessas nações, poderes fragilizados por tantos prejuízos causados pela pandemia da covid-19.

O vírus da covid-19 está sendo a sexta pandemia que o planeta enfrenta com proporções tão grande em termos de morte! O que faz esse vírus tão diferente dos outros que já existiram, é a manobra política que está por traz da coisa toda!

O homem e sua ganância tão ambiciosos por dinheiro e poder, dessa vez parece ter se superado nos quesitos, ousadia e satanismo. Toda essa condição, em que o homem aparece como sendo a mão que criou a desgraça contra os seus semelhantes, define de uma vez por toda, qual é seu lado, quando o assunto é Deus e o diabo! Totalmente intencional, e com o propósito em matar, o homem fez o mundo entrar em COLAPSO viral, e mostrou claramente suas reais intenções, daqui para frente, em que ninguém consegue prever quanto tempo ainda, esse mal tão mortal, permanecerá ativo em nosso meio, e muito menos, o que virá depois desse assassinato em massa, que o homem patrocinou, e depois lucrou muito, com seu investimento totalmente diabólico!

Para os poderosos, que pensam que podem controlar o mundo, e pensam que o dinheiro é a única estabilidade que o homem precisa para se sentir protegido e superior a outros, esse problema que o mundo todo está enfrentando com a covid-19, ainda não é o bastante! Isso é só o começo da grande aflição que ainda está por vir, considerando que o homem não irá parar, enquanto não se destruir por completo! O efeito do vírus sobre o mundo toda, foi só uma prova, que o homem está mesmo disposto a coisas muito piores, e com destruição ainda maiores...

Ver as pessoas acuadas dentro de suas casas, em que o medo tomou conta de suas vidas, e a morte chegando tão rápido, de forma bizarra, não permitindo que as pessoas pudessem se quer, velar seus mortos... Tudo se tornou tão estranho em tão pouco tempo, que ninguém conseguiu se preparar para quase nada daquilo que a pandemia trouxe de condições horríveis, e jogou dentro da vida das pessoas, do dia para noite. Diante das situações mortais que a pandemia está causando para vida das pessoas, fica muito fácil entender, o quanto é frágil a vida humana! Basta um vírus, para que tudo se torne caótico e se transforme em desolação, dor, e muito desespero, que faz das pessoas que outrora, eram tão superiores a outros, tão ricas e poderosas, arrogantes e intolerantes, se tornarem comuns e mortais, como outros qualquer... Toda essa situação pandêmica que o mundo está conhecendo, e faz as pessoas tão apagadas, é o retrato eminente de um COLAPSO anunciado, e vindo em nossa direção, mais e mais a cada dia, com uma força de um impacto muito destrutivo, que não dá para prever exatamente os resultados negativos. O fato, é que não podemos mais ignorar sua existência!

No auge da pandemia da covid-19, o COLAPSO, pode ser visto em vários momentos, em que as pessoas já não sabiam mais o que fazer, diante do tamanho do mostro viral, que tomou conta das forças humanas, e também dos recursos financeiros, fazendo o mundo conhecer um lado, que o homem diz ser muito forte, mas que na verdade, não passa de um sopro, que só precisa de uma infecção, um pouco mais forte, que a vida deixa de existir muito facilmente, como aconteceu com milhões de pessoas por todo o mundo! Tudo isso serve para mostrar com total evidencia para as pessoas, que ninguém é superior aos outros, como pensa ser! Que o dinheiro não compra a vida, e que o homem é sem dúvida, o seu pior inimigo! Todos dentro desse planeta são mortais, e basta um mísero vírus, para atestar essa condição, que muitos pensam que pelo fato de terem muito dinheiro e poder, não podem ser tocados como outras pessoas comuns, simples e sem muito dinheiro! Esse é um tolo engano, de muitos soberbos e arrogantes seres desprezíveis, e filhos do diabo, que tentam ditar regras e dizer quem vive, e quem morre, nesse processo em que somente Deus, está no comando da natureza maior da vida! Isso que o próprio homem fez contra a humanidade, foi um assassinato em massa, sem amor e compaixão nenhuma pela vida!

Dizendo isso, eu não quero de maneira nenhuma subestimar esse vírus da covid-19, mas também não quero ficar somente me escondendo, e morrendo de medo da morte, sem falar aquilo que é preciso ser dito, de forma simples e direta! Com tudo isso acontecendo em nosso meio, eu pude ver com muita clareza, o quanto precisamos de Deus em nossas vidas! Passar por tudo isso que o mundo todo está enfrentando, com Deus, é com certeza, bem mais confortante, que sozinho, e desesperado espiritualmente, em que para muitos não saber exatamente o que vem depois da nossa morte, é um verdadeiro martilho. O mundo se encontra em sua totalidade, infectado por esse vírus e ninguém sabe ainda, quando isso poderá ter fim!

Considerando isso, as pessoas precisam entender, que a vida continua, e nós que estamos vivos, precisamos deixar de lado a estupidez, e considerar mediante as tantas situações de mortes, dores e sofrimentos, de diversas maneiras, que somente Deus, é quem está no comando de nossas vidas! A questão que atesta isso muito bem, está nas pessoas que se infectaram, e morreram muito rapidamente, que nem parecia ser verdade que aquilo de fato estava acontecendo. Já em outros casos, as pessoas também se infectavam da mesma forma, muitos ficavam tão doentes, que precisavam ser entubados, mas logo depois de um tempo, essas pessoas saiam daquele coma, e testemunhavam suas vitórias, contra o vírus da covid-19. Isso não é uma simples questão de sorte!

Ao meu ver, isso é obra de Deus, na vida dessas pessoas que conseguiram voltar para continuidade de suas vidas, e isso deve ser razão suficiente, para que nós, os sobreviventes, possamos aprender a entender que sem

Deus, não existe vida, e que se estamos ainda, relatando os fatos, é porque nossa missão deve ser cumprida, e de forma consciente, em que o valor por todas as coisas, devem ser maior, começando pela verdade, e pelo o amor... Com certeza para muitos, esse tempo de pandemia está sendo os momentos mais difíceis de suas vidas!

Quando olhamos para tudo isso, e procuramos entender as respostas, em que Deus está dizendo do seu jeito, que nós precisamos nos fortalecer espiritualmente, para conseguir lidar, com o que ainda está por vir, e não será como esse vírus da covid-19, será muito pior ainda! Entende agora, porque eu falei tanto sobre o COLAPSO durante o livro todo? E procurei ser tão claro, sobre minhas colocações, chamado você a ter mais compromisso e respeito com tudo que precisamos fazer em prol da vida? Da forma que o mundo está, tão manipulado por forças malignas, e pessoas fazendo disso uma missão de extermínio da humanidade, em busca de dinheiro e poder, ninguém pode prever quando teremos algo que mostre a sua cara, ainda mais evidente para o mundo todo, como foi em relação ao vírus da covid-19!

O que muito me entristece em meio a tudo isso, que está acontecendo por todo o mundo, é ver que as pessoas não aprendem certas lições, nem com muito sofrimento! O respeito que tanto precisamos existindo mutualmente na vida das pessoas, é algo que durante os momentos mais fortes da pandemia, existiu, e a solidariedade em todo o mundo, aconteceu de forma muito humana! Mas logo quando tudo deu uma acalmada, as pessoas voltaram a ser como antes, e aquele respeito tão bonito que estava muito evidente entre as pessoas, de forma tão especial, e unindo as nações, deu lugar novamente ao orgulho, e o egoísmo, fazendo o ser humano ser novamente o que ele sabe fazer de melhor, que é não se importar com o seu próximo, e tratar o mundo, e as coisas que são muito importantes para grande maioria, com muito descaso novamente. Além do respeito uns pelos outros, de forma mais solidaria, durante o auge da pandemia, as pessoas também ficaram mais conscientes em relação a outras muitas coisas, que vinham fazendo de qualquer jeito, antes da pandemia, sem ter a devida responsabilidade comum, sobre esses feitos...

Diante da situação pandêmica mundo a fora, as pessoas de alguma forma, conseguiram olhar com mais sensibilidade para todas as áreas, que estavam sendo tão agredidas com as mesmas mãos, dos homens, que agora avia feito muito pior ainda, avia criado um vírus tão mortal, que estava matando pessoas de todas as idades, e classes, por todo o planeta... O fato, é que quem não preserva a vida de um modo geral, cria a morte, e se torna um verdadeiro assassino culposo, em que o sentido figurado dessa questão, torna a pessoa tão culpada, como no sentido literário, em que quem comete esse erro, responde rapidamente pelas leis do homem, mas no outro caso, sentido figurado, quem vai nos julgar é Deus... Procure ter mais consciência sobre seus atos, e ajude as pessoas a viverem melhor a suas vidas, isso é ser alguém realmente considerado filho Deus!

O ser humano está tão sem noção sobre o quanto ele é nocivo contra si mesmo, que ele continua fazendo coisas erradas, sem a devida consciência que ter responsabilidades sobre seus atos destrutivos, parece não o incomodar!

39

VACINA CONTRA O VIRUS DA COVID-19

Na verdade, tudo é muito estranho, em relação a essa vacina. Até parece que a China, já estava com a vacina pronta, antes mesmo do vírus contaminar todo o mundo! As muitas controvérsias que essa vacina tem causado, não é simplesmente uma questão qualquer. Várias questões estão sendo analisadas, e a significância de sérios efeitos colaterais, pode ser um grande problema na vida de bilhões de pessoas, que foram inoculados com esse produto, que tem bem mais do que somente anticorpos, e proposta de imunizar as pessoas contra o vírus da covid-19. A questão toda, sobre essa vacina polemica, é com certeza bem mais séria, do que possa parecer! Após o surgimento da "vacina" contra a covid-19 várias pessoas altamente gabaritadas; como infecciologistas, médicos de várias áreas, entre outras pessoas, que estudam e pesquisam sobre condições de riscos para vida humana, em que vários medicamentos podem causar danos irreversíveis a vida das pessoas... Muitos desses se manifestaram contrários esse produto chamado "vacina", contra a covid-19. Entre tantas questões polêmicas sobre a "vacina" contra o vírus da covid-19, estão os muitos efeitos colaterais que essa vacina pode causa no corpo das pessoas, isso é algo que ninguém consegue ainda dizer como poderá acontecer, ao longo do tempo! Nunca se criou uma vacina tão rápido, como aconteceu, com essa, para conter o vírus da covid-19! Nunca existiu tantas polemicas quanto a uma "vacina", como aconteceu com essa! Nunca se soube de tantas reações colaterais, causadas por outras vacinas, como aconteceu com essa! Estranho, ou não, a questão é que bilhões de pessoas foram inoculados com essa "vacina" polemica, e agora só resta esperar, e ver exatamente qual vai ser a verdade sobre, efeitos colaterais, ou não, desse produto que precisa ser aplicado em tempo muito curto, doses, e mais doses, com promessa de efeito eficaz contra o vírus.

Após dois anos de pandemia, o mundo está 70% vacinado! As pessoas que se vacinaram, estão começando a se perguntar, porque ainda estão pegando o vírus da COVID-19 e muitos estão morrendo mesmo vacinados? As repostas para essas perguntas não poderão ser respondidas ainda! Somente com o tempo, tudo irá ser respondido, e teremos a certeza, que tantos gostaríamos de ter nesse exato momento!

Desde quando começou a covid-19 em Wuhan, China, no final de 2019, até hoje, 10 de fevereiro de 2022, já morreram cerca de 5 milhões de pessoas, por conta da infecção causada pelo vírus. O número de pessoas que foram infectados por todo o mundo, é de aproximadamente 246,7 milhões de pessoas, em que boa parte dessas pessoas, tiveram complicações graves e foram internadas, e até intubadas, segundo dados da OMS.

Esse vírus da covid-19 traz em seu currículo o grande feito em ser o único evento causado pelas vias humanas, que conseguiu mexer de forma tão impactante, que fez todo o planeta parar por completo e ficar em pânico. Nem as duas guerras mundiais, impactaram o mundo de forma tão significante negativamente, como esse vírus da covid19 conseguiu fazer. O mundo jamais conheceu algo que fizesse as pessoas ficarem tão quietas e sem ação, como agora está acontecendo!

Os muitos sinais de COLAPSO que os hospitais públicos por todo o mundo enfrentaram deixaram bem claro que a fragilidade por todo sistema de saúde é algo que precisa ser muito bem reavaliado pelos governos, em que esses mesmo, desviam tanto dinheiro público da saúde deixando as pessoas expostas e altamente vulneráveis a todo tipo de situação, que implica em mortes pelos descasos, em que o ser humano mais parece uma coisa qualquer sem direitos quando procuram por serviços de saúde públicas.

A economia de muitos países, estados e municípios no auge da pandemia, mostrou sinais de fortes de desequilíbrio financeiros por conta do Lockdown (bloqueio total ou confinamento, e isolamento que geralmente impede o movimento de pessoas ou cargas.) A questão que fica como lição para o futuro, vindo disso tudo, é que os governos precisam e rápido investir fortemente na área da saúde, criando melhores condições em todos os sentidos, em que daqui para frente, e a qualquer momento, tudo pode acontecer da mesma forma, ou até mesmo de forma ainda pior, e precisamos estar mais bem preparados para conseguir enfrentar eventuais novas situações pandêmicas, em um futuro muito próximo. Ignorar os novos possíveis acontecimentos, é loucura! Pois se foi mesmo o homem quem criou esse vírus da covid-19, o mesmo, não vai desistir de tentar novamente ainda mais, se não conseguiu alcançar seus objetivos desejados com esse vírus criado em Wuhan. Mas isso ninguém sabe e só tempo pode dizer como vai ser o futuro da humanidade!

Dentro do propósito de escrever sobre o COLAPSO que o mundo começa a conhecer de forma muito assustadora, e teve uma proposta de destruição de forma bem acentuada, matando milhões de pessoas, eu acredito ter conseguido passar um pouco da minha visão sobre tudo que tenho observado, e espero ter dado sentido sobre os acontecimentos relatados para você. Espero que com isso, vocês consigam entender, qual foi a minha real intenção, em falar tão repetidamente sobre o COLAPSO! Da mesma forma que foi o homem quem criou o vírus da covid-19, o mesmo, está criando situações negativas, em que a destruição do planeta, está acontecendo pelas mãos desse mesmo homem, que somos todos nós que agimos com egoísmo, ganância e uma ambição sem controle. Precisamos aceitar que somos corruptos, matamos, roubamos e destruímos a nossa própria natureza, e também os nossos semelhantes de forma muito impiedosa... O fato, é que as mãos do homem, estão muito contaminadas com sangue, e com todo tipo de sujeira pecaminosa que torna o homem tão monstruoso e distante de Deus, que parece que a única condição que o ser humano consegue entender de verdade, é aquela que alimenta ainda mais, sua perversidade. Em que o pecado está muito bem acentuado em sua condição diabólica, em que ele parece gostar muito do que se tornou e está fazendo contra o chão que pisa e a terra que produz o seu próprio alimento um lugar sem valor e totalmente contaminado, em que ainda vai chegar um tempo, que esse chão chamado terra, não produzirá mais nada. Sem consciência hoje, não teremos futuro amanhã!

Em meio as tantas mentiras que o homem tem contado sobre ele mesmo, e sua ambição tão gananciosa, criou-se contradições irreversíveis, em que os efeitos colaterais são pandemias como essa. Em que o vírus da covid-19 foi um projeto diabólico que o homem assina como sendo sua a ousadia, e também o desejo em matar, correndo o risco de ser também, uma vítima da sua própria estupidez...

Com o vírus da covid-19, dentro da maioria das pessoas por todo o mundo, e outros muitos vírus que já circulam pelo mundo, ninguém pode prever o que vem amanhã, em nossa direção! Tudo que sabemos e precisamos aprender ainda mais, pode fazer de nós pessoas melhores, no sentido que Deus não pode mais ser ignorado pelas pessoas como está sendo! As pessoas precisam se aproximar de Deus, e se fortalecer espiritualmente, para que as coisas a sua volta possam ficar mais claras, e não causem tanto pânico em suas vidas, quando for preciso ter uma resposta saudável sobre qualquer situação em que nós precisamos estar firmes quando o mal bater a nossa porta! Não continue se enganado mais sobre as ilusões que te convencem a ser uma pessoa estupida, e tão vaidosa em relação ao materialismo e prazeres desse mundo, vivendo de aparência, olhando somente para o Deus, que tanto de cega, chamado dinheiro... Procure viver com menos, e dando mais valor para coisas que realmente ainda são importantes em sua vida. Os maiores prazeres da vida, estão nas coisas mais simples! E o real valor da prosperidade, é não precisar de tantas coisas para viver uma vida saudável e feliz! Pois nada daquilo que pensamos ter na vida, na verdade, é nosso realmente! Você sabia disso? Quero encerrar esse livro, dizendo que aprendi muito escrevendo todas essas palavras, mesmo que repetitivas!

Cada colocação que fiz, teve uma conformidade, de acordo com o efeito apresentando por si só, diante de uma realidade que se faz tão notória em nosso meio, que não ver isso acontecendo, é o mesmo que dizer foda-se para todos as coisas tão ruins que está matando –roubando e destruindo, a vida de um modo geral, dentro do planeta... Cada colocação, mesmo que pesada, e bem direta ao seu coração, teve com certeza a mão de Deus me guiando na direção que foi preciso seguir até chegar em você! Nada que foi escrito, e eu reafirmo, não houve preconceitos, ou discriminação, por parte da minha pessoa! Tudo que fiz, foi expressar minha indignação, por ver as pessoas brincando com suas vidas, e por consequência disso, destruindo a vida de outros muitos... O COLAPSO é só uma questão de tempo! Se você ainda não está conseguindo vê-lo e senti-lo, você precisa ficar mais atento sobre tudo que está vivendo. Quem continuar dormindo, não será acordado a tempo de reagir, quando o COLAPSO de fato chegar!

Procure fazer sua parte, promovendo boas ações, e tendo mais responsabilidades e respeito com a vida do outro, e sucessivamente com o mundo, de forma honesta, digna, e compromissada com a felicidade do seu próximo, pois é o próximo que faz você ser quem você é! Por isso, jamais se esqueça dele. Procure descobrir qual é o verdadeiro propósito de sua existência.

Quando descobrir isso, faça ele se cumprir de forma, que o amor e a justiça, estejam aliados a esse propósito, promovendo mais sorrisos, e alegrias nas pessoas, e menos dores, lágrimas, e tristezas...

Procure Deus para sua vida, aceite Jesus como seu salvador, e fale para o diabo, que você não pertence mais a ele! Não continue dando legalidade para o diabo em sua vida. Mundo em COLAPSO e pessoas em declínio absoluto, é exatamente isso: Pessoas dando legalidade para o diabo agir em suas vidas, promovendo o caos, e a destruição generalizada...

Viva para fazer a diferença, e não para ser apenas mais um indivíduo qualquer, sendo uma mesmice, o mundo já não suporta mais esse tipo de gente! Pois pessoas que não fazem a diferença no mundo, são apenas mais um ser humano que existe, mas, que não conta em relevância positiva, e vivem para o desequilíbrio da condição satisfatória e produtiva, que não gera possíveis melhorias, e torna a vida de mais pessoas, uma dúvida, para acreditar que viver, ainda possa ter suas vantagens... O compromisso que precisamos ter com a verdade, é o que revela em nós, o quanto estamos compromissados de fato, em ser pessoas melhores e prontas para fazer a diferença dentro disso tudo, que está tão agressivo, destruidor e doente, que o mundo apresenta como resposta atual, e é muito preocupante!

Fazer a diferença quer dizer, se mobilizar, e começar a agir se comprometendo com sua missão aqui na terra, que com certeza não é somente sobreviver em meio a tudo isso de tão caótico e altamente nocivo, a todo tipo de vida existente. Faça sua parte e não olhe o que o outro não está fazendo, seja uma motivação para outros e respostas uma positiva em suas ações, quando tiver que falar sobre a vida, e o quanto ela representa para você... Nós somos a resposta de Deus para muitas outras vidas além da nossa... Pense melhor sobre isso e faça a diferença. O mundo precisa de você com atitude renovada.

Que Deus e Jesus Cristo iluminem sua vida e abençoe os seus dias. Decisões acertadas são decisões que geram justiça e paz! É disso que mundo precisa.

Todos juntos podemos fazer a diferença!

Divino Antônio de Oliveira, o autor.